# VIVER A MISSÃO NA INTERCULTURALIDADE

Dados Internacionais de Catalogação na Publicação (CIP)
(Câmara Brasileira do Livro, SP, Brasil)

Gittins, Anthony J.
  Viver a missão na interculturalidade : fé, cultura e a renovação da práxis / Anthony J. Gittins ; tradução de Heres Drian de O. Freitas. – Petrópolis, RJ : Vozes, 2025.

  Título original: Living mission interculturally
  Bibliografia.

  ISBN 978-85-326-7086-1

  1. Comunicação intercultural – Aspectos religiosos – Igreja Católica 2. Cristianismo e cultura 3. Igreja Católica – Missão I. Título.

24-231481                                          CDD-282.09

Índices para catálogo sistemático:
1. Igreja Católica : Interculturalidade : História   282.09

Cibele Maria Dias – Bibliotecária – CRB-8/9427

ANTHONY J. GITTINS, CSSP

# VIVER A MISSÃO NA INTERCULTURALIDADE
Fé, cultura e a renovação da práxis

Tradução de Heres Drian de O. Freitas

EDITORA VOZES

Petrópolis

© 2015 by Order of Saint Benedict, Collegeville, Minnesota, United States of America. Este livro foi originalmente publicado em inglês pela Liturgical Press, Saint John's Abbey, Collegeville, Minnesota, 56321, U.S.A., e a presente edição é publicada mediante acordo com a Liturgical Press. Todos os direitos reservados.

"Radical Welcome" © 2006 Stephanie Spellers. Utilizado mediante permissão de Church Publishing Incorporated, New York, NY.

"Effects of Culture Contact on Individuals and Community", adaptado de David Venter, "Mending the Multi-Coloured Coat of a Rainbow Nation", *Missionalia* (1995): 316-317

Tradução do original em inglês intitulado *Living mission interculturally – Faith, culture, and the renewal of praxis.*

Direitos de publicação em língua portuguesa – Brasil:
2025, Editora Vozes Ltda.
Rua Frei Luís, 100
25689-900 Petrópolis, RJ, Brasil
www.vozes.com.br

Todos os direitos reservados. Nenhuma parte desta obra poderá ser reproduzida ou transmitida por qualquer forma e/ou quaisquer meios (eletrônico ou mecânico, incluindo fotocópia e gravação) ou arquivada em qualquer sistema ou banco de dados sem permissão escrita da editora.

**CONSELHO EDITORIAL**

**Diretor**
Volney J. Berkenbrock

**Editores**
Aline dos Santos Carneiro
Edrian Josué Pasini
Marilac Loraine Oleniki
Welder Lancieri Marchini

**Conselheiros**
Elói Dionísio Piva
Francisco Morás
Teobaldo Heidemann
Thiago Alexandre Hayakawa

**Secretário executivo**
Leonardo A.R.T. dos Santos

**PRODUÇÃO EDITORIAL**

Aline L.R. de Barros
Anna Catharina Miranda
Eric Parrot
Jailson Scota
Marcelo Telles
Mirela de Oliveira
Natália França
Otaviano M. Cunha
Priscilla A.F. Alves
Rafael de Oliveira
Samuel Rezende
Verônica M. Guedes

*Editoração*: A.J.B.
*Diagramação*: Editora Vozes
*Revisão gráfica*: Fernanda Guerriero Antunes
*Capa*: Ana Ferreira Coelho

ISBN 978-85-326-7086-1 (Brasil)
ISBN 978-0-8146-8318-7 (Estados Unidos)

Este livro foi composto e impresso pela Editora Vozes Ltda.

# Sumário

*Prefácio*, 9
*Introdução*, 13

1  **Chamado à conversão**, 25
   A nova face das comunidades religiosas internacionais, 25
   Definições e uso, 27
   Dez teses sobre a vida intercultural, 28
   Três diretrizes, 32
   O chamado à conversão: o quê, quem, onde, quando?, 39
   Sugestões para continuidade, 43

2  **De monocultural a intercultural**, 45
   Definindo e esclarecendo termos, 45
   Características de comunidades interculturais, 58
   Mudando contornos, percepções e necessidades, 65
   Sugestões para continuidade, 67

3  **Cultura, "a parte humana do ambiente"**, 69
   Abordando a "cultura", 69
   Cultura como "a parte do ambiente feita pelo ser humano", 73
   Sugestões para continuidade, 87

4  **Cultura: vida, significado, pele, realidade**, 89
   Introdução, 89
   Cultura como "forma de vida social", 90
   Cultura como "sistema gerador de significado", 95
   Cultura como "pele social", 100
   Cultura como "realidade social duradoura", 101
   A necessidade de esclarecer a terminologia, 103
   Sugestões para continuidade, 109

## 5 Cultura, fé e vida intercultural, 111

Espiritualidade vivida, 111
Variáveis culturais e a formação da fé, 113
A compreensão cultural do passado, do presente e do futuro, 127
Viver nossa fé e espiritualidade na interculturalidade, 128
Dois exemplos: Oscar Romero e Jesus, 131
Sugestões para continuidade, 132

## 6 Perfis sociais e interação social, 133

Um aviso e um incentivo, 133
A caracterização dos tipos sociais, 135
Estilos de comunicação de "alto contexto" (sociocêntrico) e de "baixo contexto" (egocêntrico), 149
Interpretar, aplicar e viver com estilos comunicativos, 151
Sugestões para continuidade, 154

## 7 Desenvolvendo competência intercultural, 155

"Modelos de" e "modelos para", 155
Do etnocentrismo ao etnorrelativismo, 158
Os estágios etnocêntricos do desenvolvimento, 158
Os estágios etnorrelativos do desenvolvimento, 167
Coda, 175
Sugestões para continuidade, 175

## 8 Missão, margens e vida intercultural, 177

Revisão e previsão, 177
Margens e marginalidade, 180
Marginalidade como fardo ou oportunidade, 185
Liminaridade como "rito de passagem", 187
Margens: problemas e possibilidades, 189
Jesus: marginal por escolha e por exemplo, 192
O potencial missionário do povo marginal, 193
Sugestões para continuidade, 197

## 9 Reações psicológicas à vida intercultural, 199

A necessidade de ajustes mútuos, 199
Um diagrama esquemático de ajuste psicológico, 202
Da teoria à prática: a vida intercultural autêntica, 213
Sugestões para continuidade, 219

10 Reações culturais à vida intercultural, 221
   O controle da cultura, 221
   A dignidade da diferença, 223
   Do paraíso ao rompimento: "a falha cultural", 226
   Os de dentro e os de fora, participantes e não participantes, 229
   A solução de Jesus: remover a barreira, 236
   Sugestões para continuidade, 240

11 Comunidade, *communitas* e vida plena, 241
   O sentido de tudo, 241
   Comunidade e institucionalização, 244
   *Communitas*: comunidade com uma missão, 248
   Comunidade normativa: a institucionalização do carisma, 250
   Comunidade mecânica, 252
   Quanta energia-*communitas* é necessária?, 254
   *Communitas*, liminaridade e criatividade, 257
   Avivar a chama, 259
   Sugestões para continuidade, 260

12 Do convite à acolhida radical, 261
   A realização da comunidade intercultural, 261
   Três tipos ou estilos de comunidade, 264
   Sugestões para continuidade, 271

*Apêndice I – Bagagem cultural*, 273
   Etnocentrismo, 274
   Relativismo, 275
   Romantismo, 276
   Pessimismo, 277
   Os "-ismos": tribalismo, racismo, sexismo, clericalismo, 277
   Grupos silenciados e representatividade, 278

*Apêndice II – Habilidades e virtudes para a vida intercultural*, 281
   Identificando um conjunto de habilidades, 282
   Formando um "habitus" ou disposição, 285
   Formando pessoas virtuosas, 289

*Apêndice III – Vida intergeracional,* 293
    O desafio, 293
    Gerações: mesmas, adjacentes e alternadas, 294
    Turmas transversais e gerações misturadas, 295
    O que é possível e o que não é?, 298
    Ferramenta de análise SWOT, 299

*Apêndice IV – A opção preferencial pelo "Outro",* 301
    O estranho em cada um de nós, 301
    Reflexão teológica, 302
    Vivendo com a ambiguidade, 305

*Apêndice V – Poder e autoridade,* 309
    Limpando o terreno, 309
    A distância do poder, 310
    O exemplo de Jesus, 313
    Análise do poder, 314
    Líderes devem liderar, 315
    Sugestões para continuidade, 317

*Referências,* 319
*Índice,* 331

# Prefácio

O mundo está dividido por conflitos ideológicos, genocídios, formas patológicas de nacionalismo e tensões interculturais – um mundo que "geme e sente dores de parto" (Rm 8,22)[*], que precisa de reconciliação além e dentro das fronteiras culturais. Precisamos de pessoas sábias para ajudar-nos a entender o que acontece e oferecer-nos diretrizes práticas para vivermos harmoniosamente juntos. Sabedoria é um conhecimento e uma compreensão obtidos por uma contemplação da experiência que orientará o comportamento. É uma forma de compreensão que combina uma atitude reflexiva e uma preocupação prática para agir virtuosamente.

O autor Anthony Gittins tem a sabedoria de que precisamos para viver na interculturalidade. Este livro é o resultado de seus anos de inteligente contemplação e vivência em muitas culturas diferentes. O leitor descobrirá, como descobri, que por trás do texto do livro está sua crença inquestionável de que Deus nos chama a construir culturas purificadas de tudo que obstrua a presença do Espírito. Seu entusiasmo é contagiante. Os leitores também o acharão irresistível.

Embora o livro seja escrito para membros de comunidades religiosas internacionais (mulheres ou homens, leigos ou clérigos), grande parte das perspectivas teóricas e práticas contidas no livro pode ser aplicada igualmente bem a qualquer pessoa comprometida com um ministério que envolva relacionamen-

---

[*] Todas as citações bíblicas segundo a *Bíblia Sagrada*. 51. ed. Petrópolis: Vozes, 2012 [N.T.]

tos entre pessoas de diferentes culturas. Para ilustrar a relevância mais ampla e urgente do livro, Anthony menciona, por exemplo, a necessidade urgente de promover a vida intercultural para clérigos que foram recrutados no exterior e a necessidade de congregações religiosas abandonarem suas costumeiras políticas de assimilação cultural, que são cada vez menos adequadas às realidades de uma Igreja global e incapazes de produzir comunidades integradas compostas de membros que se respeitam e se apoiam mutuamente (cf. p. 17).

Ele também afirma que os temas do livro são necessários para auxiliar agentes pastorais leigos em dioceses multiculturais. Ele está correto. Certa vez, enquanto eu fazia pesquisas em uma aldeia no Pacífico Sul, ouvi os aldeões falarem sobre o "Homem da minha terra". Cada vez que usavam essa expressão, havia gargalhadas. Descobri, então, que o homem que tanto os divertia era um agente pastoral de outro país, que começava suas sentenças com a expressão "na minha terra..." com tanta frequência que as pessoas o apelidaram de "Homem da minha terra". O generoso agente tinha o dom do internacionalismo – isto é, estava preparado para viver na cultura do outro –, mas lhe faltavam as habilidades para aprender algo com as culturas anfitriãs e integrar-se a elas. Resumidamente, as percepções de Anthony sobre a complexidade da cultura e suas implicações práticas são válidas para qualquer um que vive e trabalha em culturas diferentes da sua, não somente para pessoas de orientação religiosa comprometidas com uma vida intercultural.

A combinação de teoria e prática presente no livro é tão eficaz que ele poderia muito bem ser chamado *Manual para viver a missão na interculturalidade*. A vida intercultural é um empreendimento intencional e inequivocamente fundamentado na fé. Mas a fé deve ser vivida em um contexto cultural, pois "trazemos esse tesouro em vasos de barro" (2Cor 4,7). Daí a importância de compreender de modo perspicaz as dinâmicas complexas da cultura. Se quisermos ser membros autênticos de comunidades de fé internacionais, precisamos descobrir, respeitar e honrar as demandas genuínas de nossas culturas e comprometermo-nos a encontrar pessoas de outras culturas com gratidão e disposição para aprender. Isso significa que devemos compreender a natureza e o poder da cultura. Precisamos identificar, enquanto nos esforçamos para viver na interculturalidade, o que pode estar sufocando-nos ou libertando-nos em nossas culturas.

O autor prossegue explicando esses pontos de maneira facilmente compreensível para o leitor não acadêmico. Ele insiste, justamente, que a vida intercultural exige habilidades que devem ser adquiridas e aprimoradas diligente e incessantemente, *se* as pessoas desejam viver amigavelmente. A boa intenção sozinha não é suficiente. Como isso é verdade! Ele se baseia de modo magistral nas lições oferecidas pelas ciências sociais, com particular referência à psicologia, à sociologia e à antropologia social/cultural. O autor não só articula claramente as habilidades necessárias para a vida intercultural, mas também descreve modos práticos para alcançá-las e avaliá-las.

A segunda palavra no título do livro é "Missão", porque, referindo-se à exortação do Papa Francisco, "*todos* são chamados a ser 'discípulos missionários': não há outro tipo de discípulo de Jesus" (p. 164). Não podemos ter uma vida intercultural *se* não estivermos em missão. Uma comunidade voltada para si mesma morre. Vale dizer, o objetivo e a validação essenciais para a vida intercultural são a missão de Deus e nossa participação alegre e entusiasmada nela. A vida intercultural sempre será humanamente desafiadora, pois significa deixar de lado vínculos culturais valorizados e estar aberto a novas experiências culturais. Isso exige um constante esforço inspirado pela fé. Nas palavras do autor: "A vida intercultural é, de fato, revolucionária: afeta a todos os envolvidos, não favorece ninguém e exige de cada um uma transformação" (p. 20). Transformação é o fruto contínuo da conversão à missão de Cristo. São nossas vidas transformadas que convidarão outros a ouvir-nos.

Em *O Hobbit – ou Lá e de volta outra vez*, de J. R. R. Tolkien, Bilbo Baggins inicialmente recusa um convite para embarcar em uma jornada. Ele está muito confortável em seu modo de vida para ser incomodado com as provações de uma aventura. Por fim, aceita o desafio e até começa a gostar dele. Mas logo se cansa da necessidade incessante de adaptar-se e aprender com novas culturas. Ele, então, volta para casa e se retira do mundo da aventura, cantando: "Mas os pés que percorreram caminhos um dia para casa vão voltar. Olhos... um dia verdes prados voltam a contemplar". Anthony explica que podemos comprometer-nos com a vida intercultural, mas há sempre a tentação de enfraquecer nossos esforços, de buscar refúgio novamente, como Bilbo Baggins, em nossas próprias culturas familiares e em nossos preconceitos. Ele escreve: "Jesus nos chama a *transformar* nossas culturas particulares, desafiando o pecado e buscando a graça, como ele se esforçou para transformar a sua. E isso não custa menos que tudo: esta é a medida de nossa fé, vivida culturalmente" (p. 132). São Paulo usa a analogia de um corredor quando explica o processo de conversão exigido pela vida intercultural: parar de correr para o Senhor é cair de volta em percepções e confortos puramente humanos (1Cor 9,24-27). A disciplina constante de todo o ser é requerida: "E quem se prepara [...] abstêm-se de tudo [...]. Eu corro, mas não sem direção [...]. Porém castigo meu corpo e o domino, para que não suceda que, tendo anunciado a mensagem para os outros, venha eu mesmo a ser reprovado" (1Cor 9,25-27).

*Gerald A. Arbuckle*, SM, PhD
Unidade de Refundação e Desenvolvimento Pastoral
Sydney, Austrália

# Introdução

**Desafio e oportunidade na missão e no ministério contemporâneos**

Alguns tópicos demonstram-se de interesse perene para muitas pessoas, enquanto outros tornam-se interessantes devido a circunstâncias particulares: incêndios ou enchentes em geral podem não despertar o interesse ou a imaginação das pessoas, até que um incêndio ou uma enchente em particular envolva a elas ou a seus entes queridos. Com o fenômeno da globalização nas últimas décadas, a vida intercultural tem se mostrado um assunto cada vez mais relevante para cada vez mais pessoas e, francamente, muito desafiador para muitos cujas circunstâncias os colocam em contato frequente com pessoas de culturas diferentes. Houve um tempo em que a maioria dos indivíduos passava toda a sua existência em uma área a curta distância de sua casa ou mudava-se para lugares nos quais se falava a mesma língua e onde a vida cultural era muito semelhante à sua própria. Mas as acessíveis viagens aéreas, a migração humana (escolhida ou forçada), a expansão dos mercados e do comércio, a disponibilidade de educação quase universal e o aumento do alcance missionário da pastoral modificaram radicalmente a natureza dos relacionamentos humanos por todo o mundo.

Internacionalidade e multiculturalidade descrevem aspectos das mudanças que afetam indivíduos e grupos, mas as palavras frequentemente ocultam tanto quanto revelam – elas nem sempre são adequadas para descrever certos processos sociais.

Em vez disso, elas descrevem situações ou fatos sociais: "internacional" geralmente se aplica a qualquer situação envolvendo pessoas de diferentes nacionalidades, desde "uma crise internacional" até "cooperação internacional"; enquanto "multicultural" é tipicamente utilizada quando os envolvidos são principalmente distinguíveis ou diferenciados não por nacionalidade, mas por cultura. Nenhuma delas, no entanto, identifica a qualidade real dos relacionamentos envolvidos. Ajuda internacional pode ser unilateral e sem criar um relacionamento positivo ou significativo de reciprocidade entre doadores e receptores. De fato, muitos doadores nunca encontram nenhum dos destinatários, enquanto esses muitas vezes não têm ideia de onde a ajuda se originou. Ajuda internacional pode facilmente gerar ressentimento nos receptores e complacência nos doadores.

A palavra "multicultural" pode ser aplicada a uma realidade social de fato, sem revelar nada sobre a qualidade dos relacionamentos envolvidos. Milhões de pessoas vivem em cidades ou bairros multiculturais, lado a lado com outras de culturas muito diferentes, mas sem nunca tentar aprender outra língua ou relacionar-se com seus vizinhos de outra maneira que não seja superficial ou convencionalmente cívica. O multiculturalismo tem sido descrito como "viver juntos separadamente". Para nós, como pessoas de fé, isso simplesmente não é suficiente.

No mundo de hoje vem acontecendo algo cada vez mais frequente, seja por motivos comerciais, humanitários ou devido a um compromisso intencional com "o outro" (qualquer um, mas particularmente alguém de cultura ou língua diferente). Trata-se do fenômeno de certas pessoas, sob certas circunstâncias, escolherem deliberadamente trabalhar através de divisões linguísticas e culturais para construir uma comunidade que possa ser chamada de "intercultural". Esse é o foco deste livro. No entanto, assim como as palavras "internacional" e "multicultural", a palavra "intercultural" pode descrever um simples fato social ou pode ser aplicada a uma qualidade específica de relacionamentos entre as pessoas envolvidas. É este último significado que definiremos, identificaremos e promoveremos.

Escrito principalmente para membros de comunidades religiosas internacionais (mulheres ou homens, leigos ou clérigos), grande parte do conteúdo deste livro também pode aplicar-se igualmente a qualquer um que esteja comprometido com um ministério que envolva relacionamentos entre indivíduos de diferentes culturas – a grande maioria dos ministros eclesiais no mundo globalizado de hoje. A significação mais importante de "intercultural" nestas páginas está em ser uma palavra teológica e, portanto, aplicar-se a pessoas que são motivadas, explícita ou implicitamente, pela fé em Deus. Mas, antes de explorar isso, eis aqui quatro possíveis cenários ou situações em que a vida intercultural pode ser necessária e em que este livro pode ser relevante.

*1. Clero internacional em dioceses extensas*

Há várias razões pelas quais pessoas de diferentes línguas e culturas podem tentar formar uma comunidade intercultural, virtual ou real. Pense em uma diocese distante nas Províncias da Pradaria no Canadá, ou em muitas outras partes do mundo, onde o clero é escasso e idoso, e o bispo está preocupado em proporcionar-lhe padres como pastores e ministros sacramentais. Ele viaja para países muito longínquos, com clero mais numeroso, e consegue recrutar alguns das Filipinas, da África, da Polônia e da Índia para complementar seu clero diocesano atual, em que todos são canadenses. Sua esperança é que esse novo afluxo de padres de diversas culturas se una de tal maneira que demonstre ao povo local a possibilidade e o poder da vida intercultural. No entanto, após três ou quatro anos, sua experiência é que um número considerável dos padres expatriados cuidadosamente recrutados retornou para casa ou falhou de alguma forma com seu bispo, seu povo e talvez consigo mesmos. Além disso, aqueles que permanecem buscam a companhia de colegas sacerdotes de sua própria cultura e não se misturam muito bem com os de outras culturas. Além disso, o clero canadense local crê que sejam difíceis de entender e os consideram problemáticos de várias maneiras, enquanto o bispo acredita que sua tentativa não apenas fracassou, mas também criou um número maior de problemas pastorais relacionados a equipes, serviços pastorais eficazes e supervisão.

Os detalhes de tal cenário podem ser preenchidos por qualquer pessoa com imaginação e um pouco de experiência. A questão então se torna: o que, se é que algo, pode ser feito? Este livro tenta fornecer algumas respostas.

*2. A expansão de uma congregação alemã de irmãs*

Imagine uma fundação religiosa datada do meio do século XIX que estabelece uma nova comunidade nos Estados Unidos na década de 1860. Ela é composta apenas de um punhado de freiras de língua alemã. Inicialmente, seu ministério é limitado a uma única diocese, onde trabalham principalmente entre imigrantes de língua alemã. Mas, à medida que se estabelecem e desenvolvem seu apostolado, aprimoram sua proficiência em inglês e começam a buscar e acolher vocações locais. No momento do Concílio Vaticano II, elas já estão bem estabelecidas, com comunidades e escolas desde a costa oeste até a costa leste. Muitas das irmãs mais jovens são de origem alemã de segunda ou terceira geração, portanto, há um forte *éthos* alemão e forte vinculação às fundadoras alemãs, embora uma parcela substancial das freiras seja de origem inglesa, irlandesa, italiana e francesa. O hábito religioso, o estilo litúrgico e de oração, bem como muitos costumes e pratos do menu derivam diretamente das origens alemãs da comunidade. Uma característica dessa comunidade é que postulantes e noviças em potencial são admitidas por meio de um processo de assimilação: elas são obrigadas a modificar seu comportamento para aceitar as convenções bem estabelecidas da comunidade com sua forte influência alemã, e qualquer pessoa incapaz de fazê-lo acabará deixando a comunidade mais cedo ou mais tarde. Esse modelo assimilacionista foi o modelo-padrão na vida religiosa por séculos: a ordem ou congregação considerava-se possuidora de um carisma fundacional (uma identidade e propósito específico ou "missão") incorporado em sua regra e constituições, e esse carisma deveria ser vivido de uma geração para outra com pouquíssima variação e muita fidelidade à tradição. A abordagem em si não era extraordinária e garantia continuidade e conformidade ao minimizar ou suprimir diferenças individuais de natureza pessoal, temperamental e cultural.

Impulsionadas pelas reformas do Concílio Vaticano II, tais comunidades gradativamente se diversificaram e expandiram-se além de suas antigas fronteiras territoriais. Com as mudanças nas condições sociais, novos membros passaram a ingressar como adultos maduros em vez de apenas saídos do ensino fundamental, e o modelo assimilacionista tornou-se cada vez menos adequado às realidades de uma Igreja global e incapaz de produzir comunidades integradas compostas de membros que se respeitam e se apoiam mutuamente. Hoje, enquanto algumas comunidades permanecem predominantemente monoculturais e homogêneas, a maioria dos religiosos pós-Vaticano II examinou sua inspiração original e tentou aplicá-la ao mundo atual, incorporando pessoas de culturas e Igrejas locais além da Europa e dos Estados Unidos. Muitos descobriram, para sua própria surpresa, ou desgosto, e com grande custo pessoal para os aspirantes, que é impossível continuar com os padrões tradicionais de formação. Aos poucos, porém, e com segurança, eles se convenceram de que o modelo assimilacionista não é mais adequado se comunidades internacionais e, de fato, multiculturais devam ser apropriadamente capacitadas para o apostolado atual. Mas eles também estão cientes de que simplesmente viver sob o mesmo teto não torna as pessoas uma comunidade ou uma família. A menos que enfrentem o desafio da vida *intercultural*, as comunidades correm o risco da fragmentação, da perda de membros e da incapacidade de servir à missão. Este livro é uma tentativa de traçar um curso para o futuro.

### 3. Individualismo em comunidades missionárias estabelecidas

Nem todo grupo internacional ou multicultural é intercultural. A verdadeira vida intercultural é uma empreitada baseada na fé que exige o comprometimento de cada indivíduo com pessoas de diferentes etnias e culturas. Um espírito de independência e individualismo minará qualquer projeto intercultural, e fazer parte de comunidades religiosas internacionais não produz automaticamente vida intercultural. Algumas pessoas viveram por décadas fora de seu ambiente cultural original sem serem verdadeiramente aceitas ou integradas à comunidade em que vivem. Algumas mantêm laços muito mais fortes com sua terra natal do que com aquelas que afirmam servir, buscam a companhia de outros expatriados em vez das pessoas locais e se apegam à sua própria língua em vez de fazerem esforços sérios para aprender a língua de seus anfitriões. Não apenas suas vidas estão longe de serem interculturais, mas mal podem ser consideradas realmente transculturais. Ironicamente, algumas comunidades recentemente internacionalizadas (internacionais tanto em recrutamento quanto em alcance) parecem ser mais comprometidas com uma vida intercultural do que comunidades estabelecidas há muito tempo. Identificaremos alguns pontos cegos que limitam a visão e o comprometimento das pessoas e tentaremos oferecer algumas orientações relevantes para uma vida intercultural.

### 4. Agentes pastorais (leigos) em dioceses multiculturais

Nas últimas décadas, a quantidade de agentes pastorais qualificados e empregados oficialmente se elevou a um número sem precedentes. Somente nos Estados Unidos, não havia nenhum em 1967, mas 10.500 em 1986 e eram 22.791 em2013[1]. Dada a grande mudança de paróquias monoculturais ou de uma única etnia para as paróquias multiculturais atuais, fica evidente que agora os agentes pastorais são chamados a trabalhar com e entre uma ampla variedade de estilos culturais. O trabalho de Eric H. F. Law tem sido uma grande contribuição para o ministério multicultural e será examinado nestas páginas. No entanto, este livro também está estruturado de forma a oferecer aos agentes pastorais alguma assistência na identificação de desafios que fazem parte de seu ministério. Uma vez que todos os cristãos são chamados pelo Batismo a alcançar não apenas irmãs e irmãos que já conhecem, mas também aqueles que ainda conhecerão, e considerando que vivemos em um mundo globalizado e multicultural, deve haver algo nestas páginas para quem leva a sério o componente cultural de sua fé. Encontros interculturais e vida intercultural não se aplicam apenas às pessoas *das* comunidades de religiosos, mulheres ou homens consagrados, mas também às relações *entre* comunidades e os membros que as constituem. Portanto, qualquer pessoa que realize um trabalho pastoral em favelas, hospitais, prisões, asilos, paróquias, e assim por diante, onde ela mesma (*ego*) é a estranha\* comprometida em aprender acerca dos e com os de dentro daquele ambiente, adota uma forma de vida intercultural.

*Todos* que se dedicam a esse empreendimento experimentarão vulnerabilidade, limitações e uma sensação de "estranhamento" em alguma medida. Mas, ao identificar a maneira como o próprio Jesus abraçou tal situação e nos chamou a fa-

---

1. Estatística de Mary Gauthier, "Catholic Ministry Formation Enrollments: Statistical Overview for 2013-2014", 11, 25, 31. Disponível em http://cara.georgetown.edu/Overview201314.pdf

\* "Estranha" e, em seguida, "de dentro daquele ambiente" traduzem, respectivamente, *outsider* e *insider*. Em geral, porém, tais termos são traduzidos simplesmente por "de fora" e "de dentro", que melhor distinguem quem não é e quem é "pertencente" a determinado ambiente, cultura e/ou grupo [N.T.].

zer o mesmo, a vida intercultural não apenas se torna possível (com comprometimento e resoluta aquisição de habilidades e sensibilidade adequadas), como também pode ser redentora tanto para os de dentro quanto para os de fora dela.

A vida intercultural é, de fato, revolucionária: afeta a todos os envolvidos, não favorece ninguém e exige de cada um uma transformação. Afeta todos os recém-chegados, inclusive os responsáveis por esses; afeta o modo como as pessoas se adaptam a novas nomeações, inclusive seus mentores; desafia os membros da cultura dominante em qualquer comunidade ou grupo e afeta o modo como os indivíduos em grupos minoritários são tratados e respondem a tal tratamento. Os estilos de liderança e o processo de seleção de futuros líderes precisarão ser examinados e modificados em resposta tanto ao chamado reiterado do Papa Francisco quanto às necessidades daqueles a que realmente servimos. E, se quisermos que a vida intercultural tenha um futuro viável e de longo prazo, todo candidato – clérigo, religioso ou leigo – precisará demonstrar não apenas disposição, mas também um comprometimento real e uma capacidade comprovada para a vida intercultural.

**Limites e limitações deste livro**

O tema da interculturalidade e da vida intercultural tem gerado quase uma biblioteca de estudos acadêmicos, inicialmente, e em grande parte, nas ciências sociais e, mais recentemente, no domínio da teologia. O presente trabalho não pretende ser uma adição estritamente acadêmica a essa literatura nem reivindica tal objetivo. Se distinguirmos o conhecimento acadêmico ou exterior ("saber sobre") do conhecimento do aprendizado ou interno ("saber de"), sendo o primeiro mais teórico e o último mais prático, os objetivos deste livro estão claramente voltados para o conhecimento prático e do aprendizado. Há teoria envolvida, é claro, e há muitas referências bibliográficas para leitura adicional. Mas minha preocupação principal é descrever características da vida intercultural e convidar os leitores a trilhar um caminho que possa levar à experiência real desse modo de viver. Ao longo do livro, há sugestões para experimentação e ação prática, tanto para indivíduos como para comunidades inteiras, e cada capítulo termina com sugestões para uma maior assimilação. Alguns dos diagramas podem servir como estímulo para a meditação ou para compartilhar a fé em comunidade, enquanto outros, como o dos perfis sociais (cap. 6) ou das reações psicológicas (cap. 9), podem ser úteis para oficinas com membros da comunidade. Este livro, então, é voltado principalmente para praticantes, em vez de teóricos.

*Viver a missão na interculturalidade* não é resultado de pesquisas primárias sobre práticas diárias em diversas comunidades, embora algum conhecimento e experiência nesse sentido tenham contribuído para sua configuração. Em vez disso, oferece-se uma série de "abordagens para" a vida intercultural, baseadas tanto em pesquisas de outras pessoas quanto na sabedoria prática condensada por antropólogos que trabalham com indivíduos de diferentes culturas. Nesse sentido, o livro é de natureza eclética ou sintetizadora, visando apresentar a vida intercultural não apenas como um desafio sério, mas também como algo perfeitamente viável e valioso pelo qual vale a pena esforçar-se. Ele tenta oferecer modos de abordar a "diferença" das outras pessoas e estimular os leitores a lembrarem de sua própria "diferença" em relação àqueles com quem vivem e trabalham.

Há muitos recursos que oferecem caminhos de discernimento espiritual ou avaliação psicológica da prontidão para viver de forma transcultural ou intercultural. Este livro, no entanto, é mais um "procedimento de descoberta" pelo qual as pessoas podem avaliar sua própria adequação temperamental, prontidão ou disposição para adaptar-se e aprender os elementos da vida intercultural através da exposição a alguma análise social, alguma reflexão teológica e algum *exame* pessoal. Ao longo dessa introspecção e conversa, cada um deve ser capaz de entender melhor se está pronto para as exigências da vida intercultural e, caso contrário, se pode oferecer apoio moral e espiritual para aqueles que o estão. Não há vergonha em reconhecer que a vida intercultural pode estar além das próprias habilidades atuais, seja por idade, seja por estado de saúde, seja por outras limitações. O que importa é saber como contribuir da melhor maneira para o bem da comunidade e para o objetivo missionário com o qual ela está comprometida.

Este livro, então, é uma espécie de "guia prático", mas, porque a vida intercultural é uma empreitada essencialmente teológica ou fundamentada na fé, algumas de suas bases teológicas e filosóficas mais profundas são abordadas ao longo do texto. No entanto, em última análise, não há reflexão teológica ou filosófica suficiente que possa substituir a necessidade de comprometimento individual e de esforços contínuos.

Aqui vão dois pontos que devemos ter conosco, e cada um deles reaparecerá ao longo destas páginas. Primeiro, devemos aprender a apreciar nossas diferenças, e não simplesmente amalgamar ou misturar nossas semelhanças. A comunidade intercultural que construímos deve tornar-se um lar (distante do lar) para todos, não apenas para aqueles que pertencem à cultura dominante ou para indivíduos dominantes. As palavras de Jonathan Sacks nos alertam com razão sobre as consequências de falharmos nisso: "A segregação está rapidamente substituindo a integração como um ideal. As comunidades estão se voltando para dentro" (Sacks, 2007, p. 84). Em segundo lugar, devemos aprender a identificar a maneira como pensamos e, em seguida, repensá-la pelo bem da missão. Mais adiante, citaremos as sábias palavras de Rudy Wiebe: "Você se arrepende não se sentindo mal, mas pensando [e agindo] diferente[mente]".

E, por último, eis uma parábola ou um conto. Quando criança, eu gostava de jogar críquete. Adoraria ter sido bom nisso. Tinha grande entusiasmo. Tinha um pouco de talento.

Mas nunca recebi treinamento. Nunca recebi nenhum encorajamento. E não tinha acesso a equipamentos decentes. Consequentemente, nunca desenvolvi nenhum talento que eu talvez tivesse. Mas poderia tê-lo feito se as circunstâncias fossem diferentes.

Muitos indivíduos e comunidades gostariam de viver *in unum* na interculturalidade. Muitos indivíduos e comunidades têm um pouco de talento e um reservatório de boa vontade. Nestas páginas, eu gostaria de oferecer algum equipamento, uma grande dose de encorajamento, algum treinamento e algumas sugestões para uma prática contínua, seja sozinho, seja em equipe. Nem todos quererão acompanhar este assunto. Nem todos podem tornar-se excepcionalmente bons nisto. Mas todos são capazes de estimular certo entusiasmo e certo encorajamento em outros. E todos são capazes de comprometer-se a aprender algumas habilidades e abordagens, e a apoiar e afirmar outros em vez de menosprezá-los ou criticá-los.

Há realmente comunidades interculturais? Sim, certamente existem, de fato, onde quer que as pessoas intencionalmente vivam como uma comunidade unida em suas diferenças e verdadeiramente respeitosas "com o outro". Mas poderia haver muitas mais, se as pessoas acreditassem que viver na interculturalidade não apenas é desejável, mas também realmente possível, e se sentissem que é algo que pode ser aprendido e praticado de forma sistemática e eficaz. Embora a boa vontade por si só não seja suficiente, é um pré-requisito importante. Alguns dos outros elementos necessários são descritos, oferecidos e incentivados nas páginas que se seguem.

# 1

# Chamado à conversão

**A nova face das comunidades religiosas internacionais**

A organização social dos institutos religiosos, tanto femininos quanto masculinos (incluindo irmãos e clérigos), varia amplamente, de acordo com seu *carisma* fundacional e propósito pastoral, e é bastante diferente daquele do clero paroquial ou secular. Em princípio, pelo menos, este último era formado por homens que viviam nos limites de determinada diocese e geralmente compartilhavam língua, cultura e nacionalidade comuns. Por outro lado, muitas ordens e congregações religiosas se espalharam rapidamente e além de suas origens históricas. Recrutando ao longo do tempo pessoas de várias culturas, elas se tornaram verdadeiramente internacionais em extensão e membros. Outras, embora também internacionais em suas filiações, deliberadamente se abstiveram de recrutar um novo pessoal das áreas distantes que evangelizavam ("as missões", como eram então chamadas), até que um clero nativo ou uma comunidade diocesana de religiosas fosse estabelecida na e para a Igreja da região. Outras comunidades ainda, mais localizadas em suas ambições e alcance, prosperaram por muitos anos relativamente próximas às suas fundações originais, mas posteriormente (especialmente desde o Concílio Vaticano II) começaram a expandir-se além de sua área de influência anterior, a fim de compartilhar seu *carisma* e pessoal entre pessoas que buscavam assistência pastoral e experiência em partes diferentes e desconhecidas do mundo.

Os tempos mudam. Foram-se os dias em que membros de diferentes províncias de comunidades religiosas internacionais eram amplamente distribuídos tanto étnica quanto linguisticamente. E, se cada uma dessas várias províncias costumava carregar a marca inconfundível e pesada de província originária ou "mãe" (em vestimenta e horário diário), sua identidade no século XXI frequentemente é muito diferente – em termos de membros, de teologia, de missiologia, de foco e obras – do que era até meados do século XX. Mobilidades social e geográfica são muito mais evidentes hoje do que antes do surgimento do "redutor do globo", o grande avião a jato na década de 1960; e o impacto dessas mobilidades afeta e remodela atualmente os contornos das comunidades religiosas internacionais.

O modelo clássico de recrutamento era o da assimilação: após um período adequado de escrutínio ou avaliação, os candidatos eram admitidos com a compreensão geral e específica de que deveriam aprender a adaptar-se a um modo de vida já existente e bem testado. Se, e quando, os aspirantes eram admitidos em uma comunidade específica, mas traziam consigo cultura ou primeira língua diferente, a adaptação necessária seria em grande parte unilateral: simplesmente se esperava que o novo membro "se encaixasse", enquanto a comunidade como um todo continuaria como antes – com um mínimo de perturbação.

A tese deste livro é que, dadas as mudanças demográficas globais que ocorreram ao longo da vida dos membros mais antigos que temos hoje, o futuro das comunidades religiosas internacionais deve tornar-se intencionalmente e cada vez mais intercultural. Na verdade, sem essa mudança tectônica do internacional para o intercultural, não haverá futuro viável para as ordens religiosas internacionais. A menos que possamos viver juntos na interculturalidade, nos desintegraremos, nos retrairemos a nossos respectivos grupos culturais ou continuaremos sem entusiasmo, talvez professando de modo pouco convincente o que não vivemos verdadeiramente.

O desafio que todos – juniores e seniores – enfrentam agora é identificar e responder às demandas específicas da vida intercultural. Os aspirantes a membros naturalmente reconhecerão que sua própria identidade cultural não apenas deve ser respeitada, mas também seriamente considerada pelos membros atuais, enquanto estes últimos serão desafiados a reconhecer não apenas que o antigo modelo de assimilação não serve mais ao propósito da comunidade, mas também que agora cabe a cada membro mais antigo identificar e responder ao verdadeiro desafio da vida intercultural, seja abraçando-a de todo o coração, ou nem tanto, seja resistindo a ela e esperando pela morte.

Todos devem estar dispostos a posicionar-se e ser considerados: o futuro, viável ou não, exige isso e depende disso.

**Definições e uso**

Ao longo destas páginas, gradualmente construiremos uma imagem composta do significado e da importância da palavra "intercultural", usada teologicamente. Nesse sentido, ela não está em muitos dicionários, e, quando é empregada, pode-se observar que possui vários referentes. Quando utilizada teologicamente, seu foco é claramente diferente do das ciências sociais, onde provavelmente teve origem, e este livro a emprega explicitamente em um sentido teológico, ou seja, intrinsecamente tem algo a ver com Deus e com fé. Quando ocorre em um dicionário, seu significado-padrão é algo como "de, relativo a, ou representação de diferentes culturas", e geralmente aparece na expressão "comunicação intercultural", que, por sua vez, é descrita como partilha de comunicação entre comunidades culturalmente diferentes. Ambas são perfeitamente úteis e valiosas até certo ponto, mas as levaremos consideravelmente além, situando-as em um contexto teológico. Há várias décadas, teólogos e missiólogos falam de "teologia intercultural" e "interculturalidade"[2].

---

2. Pode-se encontrar um compêndio de artigos muito útil em *Verbum SVD* 54, n. 1 (2013).

Quando usada nestas páginas com um foco teológico, a palavra "intercultural" está muito frequentemente associada a um modo de viver: "vida intercultural" é nosso tema. Ela será distinta de "internacionalidade" e de "multiculturalidade". Tomo como descrição de trabalho esta que se segue e que tentarei expandir, explicando seus funcionamentos e implicações:

> [A abordagem intercultural] busca, em última instância, estabelecer na realidade as condições práticas que possibilitam aos sujeitos de qualquer universo cultural utilizar as "reservas" de sua tradição de origem como um ponto de apoio para sua própria identidade pessoal, sem consequências discriminatórias, e participar do uso dessas referências culturais no processo de troca de ideias. Tudo isso está voltado para o objetivo comum de busca da verdade (Michael, 2013, p. 62).

Isso é claro e útil, embora o objetivo destas páginas não seja unicamente buscar a verdade. Elas são principalmente destinadas a pessoas que percebem que é urgentemente necessário algo mais do que internacionalidade ou do que uma comunidade de vida multicultural. Alguns, de fato, já se comprometeram – e podem estar há muitos anos – com uma vida intercultural como modo de vida que serve aos propósitos pastorais e missionários de sua comunidade religiosa internacional. No entanto, as circunstâncias atuais exigem que muitos mais adotem esse modo de vida.

**Dez teses sobre a vida intercultural**

Há mais de meio século, a necessidade de cooperação entre culturas[3] e de amplo aprimoramento das habilidades de comunicação transcultural foi identificada por empresas multinacionais e abordada pelas ciências sociais (M. Bennett, 1986, p. 179-196; Gudykunst, 1991; Hall, 1959, 1966, 1976). O termo "multicul-

---

3. Devemos sempre estar atentos a não *essencializar* a cultura ou o Evangelho: a cultura não pode "falar" com o Evangelho, assim como o Evangelho não pode "falar" com a cultura. Os agentes são sempre pessoas humanas, com o devido respeito a F.-J. Eilers (*Verbum SVD*, 56) e a outros, inclusive a mim mesmo, que às vezes escrevemos como se uma cultura ou religião tivesse voz.

tural", antes regularmente usado, agora vem sendo amplamente substituído por "intercultural"[4], a fim de focar não apenas no fato social de que pessoas de diversas culturas muitas vezes vivem em estreita proximidade, mas também nos desafios específicos enfrentados por corporações multinacionais ao tentarem criar uma força de trabalho combinada formada por pessoal culturalmente diverso. Como essas palavras ainda são às vezes usadas indistintamente – e as ciências sociais e a missiologia abordam realidades sociais diferentes –, esclarecerei o uso quando necessário.

Assim como a palavra *inculturação* se tornou um termo especificamente teológico, desconhecido ou insignificante para os cientistas sociais, o mesmo ocorre com a palavra *intercultural*. Embora possa ser usada para enfatizar a cooperação e a mutualidade entre culturas, esse é seu único significado em uso comum ou secular. Assim, é importante identificarmos, já do início, algumas características específicas da *vida intercultural*, conforme será desenvolvida nas páginas seguintes, como um *termo ponderado teologicamente*. Eis aqui dez delas:

1. A vida intercultural é uma empreitada intencional e explicitamente fundamentada na fé. É, portanto, radicalmente diferente de simplesmente ser membro de uma comunidade internacional e viver sob o mesmo teto que outras pessoas, incluindo aquelas de culturas diversas.

2. Porque cada pessoa é marcada por uma cultura específica (ou conjunto de traços culturais), segue-se que a fé de uma pessoa só pode ser vivida *culturalmente*: não há fé vivida sem uma cultura vivida que lhe corresponda. A fé se expressa na prática. Isso exige que todos sejam encorajados a expressar sua fé mediante a própria cultura e sejam conscientizados de que a incapacidade de viver profundamente a fé dentro e por meio de sua própria cultura pode levar a uma espécie de esquizofrenia religiosa ou espiritual.

---

4. Mas a terminologia ainda não é padronizada e, às vezes, "multicultural" significa "intercultural", especialmente como usada por E. H. Law, autor muito popular e amplamente lido.

3. A vida intercultural em si não deve ser imaginada primeiramente como um *problema*. Seria muito melhor se as pessoas a identificassem como um *desafio* a ser apropriadamente enfrentado e tratado. Tampouco deve ser vista como um desafio (ou problema) de outra pessoa, pois é um desafio que todos enfrentam igualmente. Uma comunidade polarizada entre "nós" e "eles" nunca alcançará a vida intercultural. Esta somente poderá ser bem-sucedida em uma comunidade que se esforça para tornar-se um "nós".

4. Para a grande maioria das pessoas, a vida intercultural é indesejável e desnecessária. Na verdade, é antinatural ou, pelo menos, não "natural" (como veremos mais tarde). Mas é possível, talvez "sobrenatural", se for realizada a partir de um motivo sobrenatural. E, porque é um modo de vida fundamentado na fé, não é alcançada simplesmente pelo domínio de novas técnicas[5]; requer virtude e, de fato, a transformação ou a conversão de todos os envolvidos (cf. Gittins, 2009, p. 9-22; Nguyen, 2013, p. 35).

5. Como qualquer pessoa que tenha tentado a vida intercultural poderá atestar, ela está longe de ser fácil. Mas é altamente desejável e parece ser urgentemente desejada por Deus, para que uma única cultura não domine em uma comunidade culturalmente diversa e para que os indivíduos não se sintam seriamente angustiados, alienados ou pior.

6. Boa vontade não é suficiente para promover a vida intercultural. A boa vontade tem sido responsável pela perpetração de muitas tragédias e escândalos humanos, tanto dentro da Igreja quanto fora dela. Certamente, precisa-se muito de boa vontade, mas ela é insuficien-

---

5. Novas técnicas são necessárias, mas não são suficientes por si só. Como observa S. M. Michael: "A convivência diária [entre pessoas] de culturas diferentes exige um trabalho constante e intenso para superar os próprios limites" (2013, p. 61). As palavras-chave são "constante" e "intenso".

te sozinha. Precisa-se também de comprometimento e trabalho árduo contínuo, necessários para adquirir habilidades e virtudes.

7. A vida intercultural exige gentileza, diplomacia, compromisso, respeito mútuo, diálogo sério e o desenvolvimento de uma visão comum e contínua. Uma visão é algo que inspira o esforço conjunto de uma vida toda e também fornece meios apropriados para alcançar um objetivo desejado.

8. Para a maioria das pessoas – mesmo em comunidades religiosas internacionais estabelecidas –, a vida intercultural é algo completamente novo. Ao longo da história, os humanos geralmente foram monoculturais, e isso continua a ser verdade neste nosso tempo, mesmo com as pessoas vivendo em um ambiente multicultural ou internacional.

9. A vida intercultural é cada vez mais percebida como necessária para uma vida religiosa internacional viável, mas seu custo é alto. Onde ela tem sucesso, trará uma revolução na vida religiosa como a conhecemos atualmente, mas tal revolução é obrigatória se os ossos secos devem viver.

10. A vida intercultural – pelo menos em uma forma modificada – não é exigida apenas de membros de comunidades religiosas internacionais. Mais amplamente, ela apresenta um desafio para qualquer pessoa de fé que se envolva em ministério com qualquer "outro", seja o outro caracterizado por gênero, idade, etnia, religião, cultura ou qualquer critério de diferença.

À medida que avançarmos, essas afirmações serão exemplificadas e esclarecidas, conforme necessário, mas elas são já articuladas aqui para fornecer uma perspectiva inicial sobre a jornada que temos diante de nós – uma jornada que exigirá tanto uma preparação cuidadosa quanto um planejamento estratégico.

**Três diretrizes**

As indicações seguintes podem servir como guia, orientação ou estrutura dentro da qual tentamos construir comunidades interculturais e vida intercultural.

1. *Somos chamados a construir um lar juntos* (Sacks, 2007). A vida intercultural só se torna possível se tivermos um lugar que possamos chamar de nosso, ao qual todos possam reivindicar igualmente, pelo qual cada um assuma igual responsabilidade e onde todos possam viver em coexistência harmoniosa. Mas isso não significa que todos, ou mesmo qualquer um, se sentirão completa e inteiramente "em casa" o tempo todo, nem que a vida será como um *Shangri-La* perfeito ou um paraíso. Isso é assim porque, em parte, o chamado para a vida religiosa missionária é também um chamado a deixar o lar por causa do Evangelho. Portanto, precisaremos abordar esse paradoxo com cuidado.

É importante não romantizar e ser realista em relação ao que é viável, mas, se as pessoas sob um mesmo teto se afastam umas das outras ou não se importam umas com as outras, formam grupos ou se isolam, a vida intercultural se torna claramente impossível. Jonathan Sacks, ex-rabino-chefe das Congregações Hebraicas Unidas da Comunidade Britânica, discrimina uma variedade de lugares diferentes em que as pessoas podem viver, seja como residentes permanentes, seja como transitórios. Ele considera as diferenças entre uma casa familiar e outros espaços em que se pode viver, como um hotel, uma estalagem, uma casa de campo, um clube de elite, um lar de idosos, um hospital, uma prisão, um castelo ou fortaleza, entre outros. Sacks distingue cada um desses lugares de acordo com os direitos, as responsabilidades, os graus de liberdade ou propriedade, o nível de conforto de cada um, bem como outros critérios. Os parágrafos a seguir oferecem alguns exemplos a esse respeito.

Uma *casa de repouso* às vezes é conhecida sintomaticamente como um lugar para "viver de modo independente". Ali, muitas pessoas podem morar sob o mesmo teto, mas cada uma com sua própria liberdade, seu orçamento, sua privacidade e sua autonomia. A grande comunidade pode reunir-se para as refeições e para algum entretenimento, mas cada pessoa é livre e ninguém está sujeito a nenhuma exigência moral ou legal, além da observação das convenções sociais normais que regulam certas situações, como ruídos excessivos e grosserias habituais. É uma forma de independência ou de "convivência solitária".

A *prisão*, conhecida eufemisticamente como "estabelecimento correcional", é muito diferente. Aqui, as regras são específicas, abrangentes e estritamente aplicadas. Os "reclusos" têm alguns direitos humanos, mas são privados de muitos outros, como as liberdades de associação e de expressão. Cada recluso deve obedecer a um regime por determinado período, após o qual ele ou ela pode ser liberado para a sociedade em geral, frequentemente tendo recebido pouca ou nenhuma ajuda para ajustar-se à sociedade da qual foram retirados à força e legalmente. Isso pode ser caracterizado como uma forma de "solidão convivente"[6].

Uma *estalagem*, ou um *hotel*, opera em uma base de relação anfitrião/hóspede ou empresário/cliente. Um "hóspede" tem certos direitos, dependendo do que foi anunciado pelo estabelecimento ("anfitrião"/"empresário") e pago pelo "cliente". Uma taxa especial pode ser cobrada se a propriedade for danificada, e as convenções civis habituais se aplicam com maior força à medida que a estalagem ou o hotel é mais caro e elitizado. Em princípio, não se tem aqui nem solidão nem convivência.

Um membro de um *clube de campo* pode primeiro precisar passar por um processo de seleção que exija indicação e declaração de certas informações pessoais e particulares. Uma vez admitida como membro, a pessoa estará sujeita às regras do clube e

---

6. Os recursos clássicos sobre a natureza das instituições, bem como sobre as relações sociais que caracterizam estes e outros contextos, constituem toda a obra de E. Goffman (1961, 1959, 1969, 1963 e outros).

autorizada a dispor de seus privilégios. A taxa anual é destinada a cobrir o oferecimento das comodidades do clube, e estas últimas devem estar disponíveis à vontade para o membro. O desgaste normal da propriedade não será penalizado, mas regras rígidas governarão a responsabilidade do membro em caso de danos ou perturbações. Esse é um exemplo de afiliação flexível.

Ao refletirmos sobre comunidades que conhecemos ou nas quais talvez tenhamos vivido – sejam comunidades religiosas especificamente, sejam residências de qualquer outro tipo –, pode ser instrutivo identificarmos as imagens que elas evocam e considerar se foram apropriadas para aquele que se definiu como seu propósito, especialmente se pretendem ser comunidades religiosas de fato.

O título do livro do Rabino Sacks é *The home we build together* ["O lar que construímos juntos"]. Mas, como o ditado nos lembra, "uma casa não é um lar". Um *lar familiar* é muito mais do que um grupo de parentes vivendo sob o mesmo teto e muito diferente de uma prisão, de uma unidade de tratamentos intensivos ou de um hotel caro. A adesão a um clube seleto pode permitir certos privilégios sem exigir que o membro desempenhe deveres essenciais, como preparar refeições, arrumar camas ou cuidar do jardim. Uma vez que as taxas anuais tenham sido pagas e o membro se comporte com discrição e decoro, ele ou ela tem "direito" a uma série de vantagens, incluindo privacidade e o respectivo *status*.

Um *lar familiar*, no entanto, é uma *entidade orgânica em constante evolução*. Sua forma muda constantemente, enquanto marido e mulher se tornam pais, enquanto uma criança ganha um irmão e enquanto os irmãos crescem em diferentes estágios e ritmos. E, durante todo esse tempo, cada pessoa no lar tem necessidades e direitos que merecem ser respeitados e negociados em um ambiente no qual cada um tem um temperamento diferente e mudanças de estado de espírito. A harmonia familiar, sua sobrevivência, na verdade, depende da qualidade da interação entre cada membro e exige comprometimento constante, mudança de planos e adaptabilidade a circunstâncias imprevistas. E, quando os filhos começam a deixar o lar, cada membro da unidade familiar é afetado em algum grau. Mesmo depois que o último filho o deixou, a identidade da família continua em uma forma modificada. Reuniões familiares ajudam a manter o "espírito familiar" enquanto cada membro da família se ajusta à nova vida. Família alguma pode sobreviver sem drama e trauma, fusão e fissão e grande reciprocidade.

Refletir sobre os diferentes modos como as pessoas vivem, permanente ou temporariamente, pode ajudar-nos a visualizar uma comunidade intercultural como uma realidade com muito mais em comum com um lar familiar do que com quaisquer outros exemplos de convivência. Uma diferença importante, obviamente, é que as pessoas não escolhem seu lar familiar, mas, de muitas maneiras significativas, escolhem sua comunidade religiosa. Uma comunidade, porém, especificamente escolhida ou não, em uma ordem religiosa internacional hoje carrega o peso das grandes expectativas de seus membros e a grande responsabilidade de tornar-se adequada a seu propósito. Ou seja, ela deve tornar-se uma mantenedora de fé, um lugar de apoio mútuo, de encorajamento e desafio. Além disso, é necessário que ela dê testemunho público da possibilidade real de pessoas de diferentes culturas e idiomas, mas com a mesma fé e a mesma visão, serem capazes de sobreviver e prosperar por um propósito além de qualquer capricho ou conforto individual, sendo um sinal do Reino de Deus, de seu reinado. Essa é a tarefa desafiadora, difícil, mas não impossível diante de nós! Mas Sacks adverte que, "se a identidade assemelhar-se à de um hotel, a identidade estará não na integração, mas na separação" (Sacks, 2007, p. 82).

2. *Somos chamados a descobrir a dignidade da diferença* (Sacks, 2003). Um dos desafios humanos mais persistentes e espinhosos é enxergar a diferença segundo uma perspectiva po-

sitiva e construtiva. No entanto, há uma propensão humana generalizada a definir coisas e pessoas segundo as diferenças, em vez de segundo as semelhanças. A própria palavra "definir" significa estabelecer limites, marcar, delimitar e distinguir. Eu *não* sou chinês, *não* sou jovem, *não* sou mulher, fisioterapeuta, artista ou ativista. Mas definir-me negativamente, dizendo o que não sou, oferece pouca indicação de minha verdadeira identidade. Identificar-me positivamente como britânico, idoso, homem, clérigo, professor, acadêmico e assim por diante é igualmente verdadeiro, mas transmite uma imagem e uma identidade muito diferentes, assim como o faz minha autoidentificação como irmão, filho, tio, pai adotivo, amigo, e assim por diante. Além disso, é muito comum que se caia em descrições negativas ou diferenciadoras das pessoas: ao rotular alguém como não católico, não sacerdote ou "apenas um leigo", é fácil passar a tratar esse alguém como "não dos nossos", um estranho ou "outro", de maneira extremamente depreciativa e xenófoba. O grande paradoxo da humanidade é que somos todos iguais e diferentes. A grande loucura humana é que a humanidade frequentemente se aliena de si mesma pelo uso das diferenças não apenas para distinguir, mas também para discordar, disputar e discriminar, às vezes com consequências terríveis. Somos todos membros de uma única raça, a *humana*.

Em uma antiga história rabínica familiar, com distintas versões, o mestre pergunta aos discípulos: "Quando sabemos que chegou a aurora?" Alguém diz: "Quando podemos distinguir um fio branco de um preto". "Não", diz o mestre. "Quando podemos ver o contorno de uma árvore no horizonte", arrisca outro. "Não", diz o mestre – a esse e a todos os outros esforços para responder à pergunta. Por fim, ele diz: "Quando podemos olhar nos olhos de um estranho, um 'outro', e ver um irmão ou uma irmã, então chegou a aurora. Até então ainda é noite". Essa história, em certo sentido, sintetiza o processo que, em última instância, deveria resultar na construção de comunidades interculturais. Devemos, certamente, identificar e aprender as habilidades necessárias para envolver-nos com nossos respectivos processos de condicionamento cultural, durante os quais a catarata do etnocentrismo e outros preconceitos podem sutilmente ter obscurecido um pouco nossa visão. Não é fácil desenvolver tais habilidades, especialmente à medida que avançamos para meia ou terceira idade. No entanto, conforme progredimos, podemos identificar algumas das habilidades e virtudes que precisamos cultivar. O exemplo de Jesus Cristo mesmo será, seguramente, nossa orientação.

Parte de nossa tarefa, então, é redescobrir a dignidade da diferença e celebrá-la em nossas comunidades interculturais. O Papa Francisco é explícito: "Devemos caminhar unidos com as nossas diferenças: não há outro caminho para nos tornarmos um. Este é o caminho de Jesus"[7]. A agenda daqueles que buscam viver em comunidades interculturais é extensa e exigente, e não será realizada facilmente. Mas, pela graça de Deus e por nosso comprometimento, podemos colocar as mãos no arado e não olhar para trás. Segundo o rabino Sacks, "a paz envolve uma profunda crise de identidade. Os limites entre o eu e o outro, entre o amigo e o inimigo, devem ser redesenhados" (Sacks, 2003, p. 8).

3. *Somos chamados a repensar o modo como pensamos*. Muitos de nós, frequentemente instruídos em nossas culturas ocidentais e certamente influenciados por elas, operamos em um modo de pensamento predominantemente dialético (de oposição ou exclusão). Talvez se possa expressá-lo mais simplesmente como um pensamento do tipo "ou... ou...". Um modo de pensamento dialético busca um argumento que em sua conclusão julgue uma pessoa ou uma tese como certa e a outra como errada. Por outro lado, um modo de pensamento analógico (complementar ou inclusivo) procura um equilíbrio entre dois extremos, encontrando alguma verdade ou validade em

---

7. Entrevista a A. Spadaro, "A big heart open to God", *America* 209, n. 8 (13 de setembro de 2013), p. 28.

cada um deles. Esse é um modo de pensamento do tipo "tanto… como…" (cf. Tracy, 1981, p. 408-420). Ao buscarmos desenvolver princípios e práticas de vida intercultural, precisamos fazer uma mudança consciente entre esses dois modos de pensamento. Cada abordagem ou perspectiva pode fornecer conhecimentos valiosos, mas o modo analógico provavelmente se encaixa melhor onde se buscam a vida comum e a unidade na diferença. Cada pessoa envolvida no desenvolvimento de modos de vida intercultural precisa sentir que não há *nós* e *eles*, mas apenas uma comunidade buscando identificar-se de modo inclusivo como *nós*. Rudy Wiebe disse que, "[em uma comunidade de Jesus,] você se arrepende não sentindo-se mal, mas pensando diferente[mente]" (Wiebe, 1970, p. 215-216). Refletindo bem, pensar de forma diferente é consideravelmente mais difícil do que sentir-se mal. É relativamente fácil sentir-se mal sem que algo ou alguém realmente mude. Mas todos nós nos tornamos bastante resistentes a pensar diferentemente depois de toda uma vida aprendendo justamente como pensar, e, então, a pensar que nosso pensamento é o pensamento correto (e até mesmo a pensar que o modo como pensamos é de fato o modo como Deus pensa)[8]. Pensar e agir diferentemente muitas vezes requer nada menos do que uma conversão radical.

Como membros de comunidades religiosas internacionais do século XXI, precisamos enfrentar a tarefa urgente e premente de aprender as habilidades e as virtudes exigidas de cada pessoa, mesmo que o desafio seja formidável, especialmente, talvez (mas não inevitavelmente), para alguns de nossos membros mais velhos[9]. Novos desafios surgiram (e não vão desaparecer)

---

8. Identificar como chegamos a pensar como pensamos e a influência crítica da cultura nesse processo leva-nos ao campo da sociologia do conhecimento e a autores como Marx, Weber, Scheler, Durkheim, Mannheim e o clássico de P. L. Berger e T. Luckmann, *A construção social da realidade* (2014).
9. A "massa crítica", ou os requisitos mínimos para o bom funcionamento de uma comunidade intercultural, é tratada no cap. 11, em que também notamos as valiosas contribuições dos religiosos idosos e enfermos.

no mundo multicultural e globalizado de hoje. E os religiosos de hoje – especialmente aqueles que foram socializados (ou vivem) em culturas e sociedades fortemente concentradas no ego e baseadas em direitos[10] – enfrentam um chamado contínuo à conversão. Xenofobia não é novidade e assumiu alarmantes formas religiosas (pseudorreligiosas, é claro) nos tempos atuais. Esses são os frutos envenenados da má religião, mas todos podemos ser contaminados por isso. Jonathan Swift, famoso autor de *As viagens de Gulliver* e clérigo, disse: "Temos religião o suficiente para odiar uns aos outros, mas não o suficiente para fazer-nos amar uns aos outros"[11]. Isso deve mudar – e membros de comunidades religiosas internacionais seguramente deveriam ser líderes e exemplos dessa mudança.

### O chamado à conversão: o quê, quem, onde, quando?

Somos chamados à conversão contínua, e a conversão sempre ocorre em um contexto específico – que muda. Além disso, para pessoas envolvidas com a vida intercultural, esse envolvimento implica não apenas a aceitação, mas também o desejo autêntico de se converterem novamente. Aqui vão duas perspectivas de autores que distinguem três componentes, aspectos ou parcerias em nossa própria conversão, seguidos por uma série de definições de conversão em geral, para a reflexão pessoal e (ainda melhor) a comunitária. Porque a conversão é a base de tudo neste livro, tais perspectivas podem ajudar a concentrar-nos individualmente e como comunidade.

Tomando palavras do profeta ("praticar o direito, amar a bondade e caminhar humildemente com teu Deus"; Mq 6,8), Donal Dorr identifica três aspectos ou facetas da conversão: *conversão política*, isto é, a conversão às questões públicas e sistêmicas ("praticar o direito"); *conversão moral*, isto é, a conversão ao próximo ("amar a bondade"); e *conversão religiosa*, isto é,

---

10. Isso será tratado no cap. 6.
11. J. Swift (1667-1745), clérigo, satirista e poeta anglo-irlandês, foi decano da catedral de São Patrício, em Dublin.

a conversão a Deus ("caminhar humildemente com teu Deus") (Dorr, 1984, cap. 1). Orlando Costas (cf. as definições abaixo) também fala de uma conversão tripla: para ele, trata-se da conversão a *Cristo*, à própria *cultura* e ao *mundo* ou a outras culturas e pessoas (1980/1985, p. 21-44). Essas perspectivas podem ser muito úteis no contexto do propósito e da experiência da vida intercultural.

No que diz respeito às definições, a primeira é muito abrangente, condizente com o fato de ter sido encontrada em um dicionário; seu autor é Lewis Rambo:

> A conversão é um processo que ocorre em um campo dinâmico de forças de pessoas, eventos, experiências, ideias e grupos. As dimensões cultural, social, pessoal e religiosa permeiam e moldam o processo de várias maneiras e em diferentes contextos. É um processo no qual Deus nos torna vulneráveis ao transcendente. Um processo vitalício de rompimento com qualquer obstáculo ou ídolo e de retorno ao Deus vivo e às necessidades dos outros seres humanos (1990).

A terminologia operacional aqui, como muitos estudantes e participantes de retiros têm indicado ao longo dos anos, inclui: "processo", "campo dinâmico de forças de pessoas", "cultural", "vulneráveis ao transcendente", "vitalício" e "rompimento com", "retorno a Deus", "seres humanos". É uma rica definição, e algumas de suas características aparecerão em outras definições.

Jim Wallis, cristão evangélico e um dos fundadores de *Sojourner*\*, enfatiza nossa responsabilidade social e a justiça de Deus, em total consonância com suas próprias convicções: Um retorno a Deus que é sempre profundamente pessoal, mas nunca privado; é tanto um momento como um processo de transformação que se aprofunda e se estende por toda a nossa

---

\*Fundado no início dos anos de 1970 nos Estados Unidos, *Sojourners* é, *grosso modo*, um movimento cristão empenhado em viver a relação entre fé e justiça social [N.T.].

vida, o início da solidariedade ativa com os propósitos do Reino de Deus no mundo" (1981).

Nessa definição, as pessoas frequentemente se impressionam com palavras ou expressões como "pessoal, mas nunca privado", "momento e processo", "transformação", "solidariedade ativa", "Reino" e "mundo". Aqui, não se concentra nem busca justificação somente na Igreja, mas se olha para o reinado ou o Reino de Deus, como Jesus fez, para a realização definitiva dos propósitos de Deus.

A terceira definição, de Orlando Costas, um cristão pentecostal, representa uma mudança profunda em sua própria jornada espiritual. De uma ingenuidade juvenil que presumia que, desde que alguém aceitasse Jesus como seu salvador pessoal, havia pouco a se fazer, a uma apreciação pelo verdadeiro desafio de envolver-se no processo de conversão pessoal e ao longo da vida, ele propôs esta definição: "[Conversão é] uma experiência dinâmica, complexa e contínua, profundamente responsiva a tempos e lugares específicos, e moldada pelo contexto daqueles que a experimentam. Ela constitui tanto uma ruptura quanto um novo compromisso com a sociedade, colocando aqueles que creem em uma relação dialética com seu ambiente. É pessoal, mas também eclesial" (Costas, 1980/1985).

Novamente, alguns termos e expressões saltam à vista: "dinâmica", "contínua", "tempos e lugares", "moldada pelo contexto". Devemos notar que uma experiência "complexa" não significa "complicada", mas algo muito mais próximo de "delicada".

Nikos Nissiotis, cristão ortodoxo, é oriundo de uma tradição que valorizava profundamente a comunidade na qual alguém era formado e, posteriormente, prestava culto. Sua definição sucinta enfatiza bem o papel da comunidade: "[Conversão é] não simplesmente um ato individual, ocorrido de uma vez por todas, mas um processo contínuo de mudança e crescimento pessoal, com e para os outros membros da comunidade" (1967, p. 261-270).

No contexto da vida intercultural, isto é particularmente pertinente: "Com e para os outros membros da comunidade". Por fim, o teólogo canadense Bernard Lonergan parece inspirado ao refletir sobre a conversão nas palavras que se seguem. Durante uma consideração sobre um assunto muito diferente, ele repentinamente ganha asas em uma grande passagem lírica que se estende por algumas páginas. Aqui está uma paráfrase parcial, mas uma amostra maravilhosa do que vale a pena buscar em sua totalidade:

> [A conversão] é totalmente pessoal, absolutamente íntima, mas não tão particular a ponto de ser solitária. Pode acontecer a muitos, e eles podem formar uma comunidade para se sustentarem mutuamente em sua autotransformação e se ajudarem mutuamente a elaborar as implicações e a cumprir a promessa de sua nova vida. Por fim, o que pode tornar-se comunitário também pode tornar-se histórico [...], passar de geração a geração [...], espalhar-se de um ambiente cultural a outro [...], adaptar-se a circunstâncias em mudança, enfrentar novas situações, sobreviver a uma era diferente e florescer em outro período ou época (1972, p. 132-133)[12].

Se esse texto tivesse sido encomendado por alguém em busca de palavras inspiradoras para membros de uma comunidade intercultural incipiente, dificilmente poderia ter sido melhorado de algum modo. Mas não se trata apenas de uma inspiração piedosa ou um sonho utópico. Pessoas de fé ardente – unidas em uma causa comum e clara, comprometidas com a transformação pessoal e mútua, sinceras em dedicar-se ao duro trabalho de aprender outras culturas e dispostas a perseverar durante um processo de uma vida inteira, contando fortemente com a boa vontade mútua e com a graça de Deus – experimentaram, de fato, o que Lonergan descreve. Se o que pode ser imaginado pode de fato acontecer, a

---

12. É justo notar, no entanto, que esse sonho pode transformar-se em um pesadelo: os indivíduos e as comunidades também podem *perder* a fé de uma geração a outra, como aconteceu abrangentemente na Europa entre o início e o fim do século XX.

vida intercultural pode ser uma realidade – não simplesmente a imaginando, mas permitindo que a imaginação coletiva de uma comunidade de fé estimule e sustente os indivíduos na comunidade através das adversidades e das vitórias de suas vidas diárias.

**Sugestões para continuidade**
1. A partir da descrição de Sacks de vários espaços de convivência e os diferentes direitos e deveres associados a cada um, você pode refletir sobre a natureza do espaço comunitário em que vive? Identifique características que esse espaço tem em comum com um verdadeiro lar familiar (faça referência à descrição) e de que modo ele se assemelha a um dos outros lugares mencionados por Sacks – ou talvez identifique um que ele não incluiu.
2. Reflita sobre a distinção entre o pensamento dialético (ou… ou…) e o analógico (tanto… como…), em relação a si mesmo e ao modo em que sua comunidade tende a pensar. Algum ajuste é necessário?
3. Volte às diversas definições de "conversão" e a seu foco em Deus, nos outros, na cultura e no mundo. Vale a pena ponderar pessoalmente essas definições, que também podem ser a base de uma discussão em comunidade.

# 2

# De monocultural a intercultural

**Definindo e esclarecendo termos**

Sem um entendimento compartilhado das principais ideias, a compreensão mútua é frustrada, e manter a comunicação pode até tornar-se impossível. Embora isso seja verdade em geral, é de particular importância para pessoas culturalmente diferentes que aspiram a formar uma comunidade intercultural. Todos precisam sentir-se seguros e confortáveis com um vocabulário de trabalho comum que facilite a discussão acerca vida intercultural de maneira mutuamente compreensível. No entanto, mesmo quando as pessoas têm um idioma comum, as discussões às vezes resultam apenas em comunicação falha e frustração crescente. Se um ou mais dos interlocutores falam português como segunda língua ou um idioma subsequente, ou quando parte da terminologia é técnica, podem surgir mal-entendidos mais profundos, às vezes levando a recriminações mútuas. Compreensivelmente, qualquer discussão sobre a vida intercultural entre membros de comunidades religiosas internacionais deve necessariamente incluir uma linguagem com significados teológicos explícitos, como já apontamos: vida intercultural é empenho plenamente teológico. No entanto, parte significativa da linguagem e da terminologia deriva dos campos da sociologia ou da antropologia cultural, e, quando usada de maneira não técnica ou imprecisa, pode simplesmente aumentar o mal-entendido. Portanto, devemos ter cuidado, a precisão da linguagem é necessária. A seguir, apresentamos uma visão geral de termos extremamente importantes. Para que ocorram conversas mutuamente esclarecedoras e produtivas sobre a vida intercultural, esses termos precisam ser compreendidos e usados adequadamente[13].

## 1. Monocultural

Historicamente, excetuando-se os nômades, a maioria das pessoas viveu e morreu em um mundo que talvez não ultrapasse um raio de cerca de dezesseis quilômetros. Estatisticamente, então, poucas pessoas são verdadeiramente biculturais. Circunstâncias excepcionais relacionadas a clima, guerra ou acesso à alimentação podem determinar uma mudança de um meio cultural para outro, mas geralmente isso envolve um número significativo de pessoas; a adaptação a novas circunstâncias costuma ser algo mais fácil em grupo do que para um indivíduo solitário. Quando as pessoas vivem em um ambiente estável em que praticamente todos os contatos sociais são com "pessoas como nós", temos um grupo monocultural (figura 1). Além da área de "pessoas como nós" estão as "pessoas diferentes de nós" (aqueles fora do recinto "A"). A maioria dos membros da cultura A tem pouco ou nenhum contato de fato com essas pessoas. O contato externo seria feito principalmente por comerciantes ou exploradores. A maioria de nós vive e morre dentro de nosso próprio grupo social ou cultura.

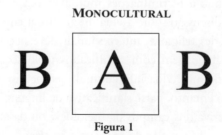

Figura 1

---

13. Há um bom resumo de tais termos em Gudykunst e Kim (2003, p. 3-17 e 246-267).

## *2. Bicultural*

O verdadeiro biculturalismo se desenvolve principalmente em pessoas que crescem desde a infância em um ambiente doméstico estável, no qual cada um dos pais fala uma língua nativa diferente. Essas crianças serão socializadas em um contexto bilíngue e também podem beneficiar-se do deslocamento físico entre os territórios nos quais cada um de seus pais foi criado. Para elas, é perfeitamente natural alternar entre dois idiomas ("alternância de código") e entre dois territórios geográficos (figura 2). O termo "bicultural", contudo, às vezes também é referido a uma pessoa que cresce em uma cultura e posteriormente encontra outra cultura e língua, aprendendo o suficiente de cada uma para poder transitar mais ou menos livremente entre dois mundos. Mas, se tal pessoa não vive no ambiente em que foi criada, o termo mais apropriado seria "transcultural". Por clareza e coerência, usarei a palavra "bicultural" em um sentido mais amplo, atribuindo-a a qualquer pessoa que vive simultaneamente em dois mundos culturais e linguísticos[14], assim como muitos mexicano-americanos, coreano-americanos e assim por diante.

**BICULTURAL**

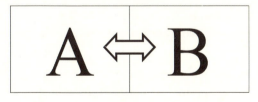

**Figura 2**

---

14. Na terminologia de Jung Young Lee (1995), isso é "viver em ambos". Cf., a seguir, cap. 8.

## 3. Transcultural

Uma pessoa transcultural é alguém que passa de um ambiente cultural a outro de um modo muito específico. Original e firmemente enraizada em determinada cultura ("cultura A"), a pessoa transcultural escolhe sair dos limites dessa cultura para viver por muito tempo em um ambiente diferente ("cultura B")[15]. Ao fazer isso, ela não está mais "em casa", mas "atravessou" uma fronteira, visível ou invisível, para a cultura B (figura 3). É importante que saibamos – é surpreendentemente fácil ignorar isto – que as pessoas da "cultura B" estão perfeitamente "em casa" (afinal, do ponto de vista delas, a "cultura A" é a sua).

Figura 3

A pessoa intencionalmente transcultural se torna, assim, um forasteiro ou um estranho na "cultura B" e se empenha em aprender uma nova cultura (incluindo novos *mores*, costumes) e uma nova língua, sendo essa tão desafiadora quanto aquela[16]. Há quem pense ingenuamente que aprender uma cultura seja algo que acontece naturalmente com o tempo. Isso é uma simplificação perigosa: adultos devem aprender uma nova cultura com tanto cuidado, atenção e tentativa e erro como aprenderiam uma nova língua (mas sem uma gramática ou um

---

15. Excepcionalmente, e normalmente por causa de guerra ou de fuga forçada de casa, uma pessoa que não escolheu assim pode, com o tempo, tornar-se verdadeiramente transcultural por intenção e comprometimento. Mas nem todos que vivem fora de sua cultura original são transculturais, já que muitos buscam deliberadamente viver entre pessoas de sua própria cultura ("a comunidade expatriada").

16. Em sociologia e em teologia, é expressiva a literatura acerca do estrangeiro. Cf. A. J. Gittins (2002b, p. 143-162; 2002a, p. 121-160).

vocabulário em mãos). E um componente essencial de quem é autenticamente transcultural é a capacidade de comunicar-se na língua dos membros da "cultura B". Milhões de pessoas que viveram nos mesmos bairros de outras com idiomas diferentes – ou talvez em meio ao idioma dominante do território – jamais aprenderam os rudimentos dessa outra língua, mesmo depois de quase uma vida inteira.

Ainda que tenha sucesso em aprender o idioma local e decifrar o código cultural, a pessoa transcultural continua, todavia, sendo um forasteiro, pois um adulto não pode simplesmente ser assimilado a uma nova cultura e tornar-se nela alguém verdadeiramente de dentro[17]. Mas existem tipos significativamente diferentes de forasteiros, geralmente designados como "participantes" ou "não participantes" (Gittins, 2002b, p. 96-107)[18]. Os primeiros podem ser de grande valor para os de dentro (Gittins, 2002a, p. 135-141), enquanto os últimos são, na melhor das hipóteses, irrelevantes (como turistas, cujo valor não está em sua contribuição intencional para a comunidade) e, na pior, destrutivos (como um exército invasor e ocupante). Não surpreende que a população local precise de tempo e examine cuidadosamente os recém-chegados bem-intencionados antes de conceder-lhes o tipo de boas-vindas que esses procuram[19].

Tornar-se alguém transcultural depende evidentemente tanto da resposta da população autóctone quanto da *bona fides*, das boas intenções, de quem chega. Um "período de teste" de transição, frequentemente com duração de meses ou anos e não isento

---

17. Tornar-se alguém verdadeiramente transcultural nunca é automático, não importa quanto tempo uma pessoa permaneça em outra cultura. Novamente, Jung Young Lee (1995) identifica os problemas associados a estar "entre" ou "em nenhum dos dois". Cf., a seguir, cap. 8.
18. Consideraremos isso com detalhes nos cap. 8 e 10.
19. Na verdade, esse mesmo processo – de esperar o momento certo, examinar os outros e não estar totalmente comprometido em oferecer aceitação e hospitalidade irrestritas – se aplica a cada membro de uma comunidade intercultural em formação, como logo ficará mais claro.

de dor e frustração, precederá a aceitação total (Gittins, 2002a, p. 121-160)[20]. Essa é uma forma necessária de autoproteção para comunidades locais que muitas vezes têm más lembranças de estranhos anteriores desagradáveis e ameaçadores. Durante esse período, espera-se que a pessoa que chega esteja aprendendo as regras culturais, as responsabilidades e as sanções necessárias para uma convivência tranquila no dia a dia.

## 4. Multicultural

Qualquer bairro, país, paróquia ou comunidade religiosa composta de pessoas de muitas culturas é, de fato, uma comunidade multicultural. Mas isso não diz nada sobre *como* as pessoas de uma cultura verdadeiramente se relacionam com pessoas de outra (figura 4). O *como* é o grande desafio para cada um que se compromete especificamente com a vida *intercultural*. O fato social evidente é que muitos bairros e muitos países são lar – embora não um mesmo e comum lar – para pessoas de várias culturas, como mencionado anteriormente. Onde diferentes grupos culturais coexistem na mesma região, temos uma sociedade e condições de vida multiculturais. Mas não mais do que isso. Em geral, as pessoas não se dedicam a construir – ou buscam – uma nova comunidade integrada. Elas podem conviver pacificamente, com tolerância ou respeito mútuo e até mesmo com certa medida de boa vizinhança. Mas cada uma de suas respectivas culturas é afetada apenas minimamente pelas culturas ao redor, e elas certamente não se dedicam a aprender as línguas umas das outras. Elas não são transculturais porque não deixam seus próprios pontos de referência culturais e vivem entre aquelas que as consideram estranhas. Na verdade, elas permanecem "em casa", enquanto seus vizinhos de diferentes culturas também permanecem "em casa". Descrevemos, portanto, esse tipo de multiculturalidade como muitas pessoas que estão igualmente em casa, mas separadamente, em vez de juntas.

---

20. Cf. também, a seguir, cap. 8, sobre as margens.

## MULTICULTURAL

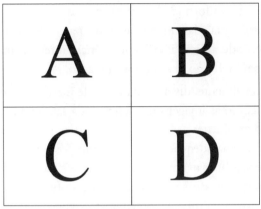

**Figura 4**

O multiculturalismo, então, pode expressar-se de várias maneiras, desde a indiferença até a hostilidade, da tolerância à amizade, da civilidade à colaboração, e assim por diante[21]. As diferenças culturais podem ser eliminadas, mescladas, toleradas ou gerenciadas[22]. Este não é o lugar para explorar esse tema em profundidade, mas, especificamente no que diz respeito à vida intercultural, podemos observar vários pontos. A eliminação das diferenças pode ser alcançada de vários modos:

---

21. As conotações e denotações dos termos "multicultural" e "intercultural" não são de todo padronizadas. E. H. F. Law (1996) usa "multicultural" para uma comunidade em que cultura alguma é dominante sobre outra. Ele também inclui nisso o processo dinâmico que chamo de comunidade "intercultural", mas fala de tal processo como sendo "um diálogo construtivo" (x). Eu iria muito mais longe. Ele também identifica o diálogo intercultural como incluindo "o diálogo intergeracional, intergênero ou inter-religioso" (xi). Ele se dirige a comunidades paroquiais especificamente, enquanto exploro a dinâmica social relativa à formação de comunidades permanentes, estendendo-se diacronicamente e abraçando pessoas que não apenas colaboram e dialogam, mas também vivem juntas. O foco de Law está na colaboração e comunicação intercultural/multicultural. O meu está na *vida* intercultural.

22. Um esplêndido recurso para paróquias multiculturais (isto é, em que há multiculturalismo *intencional*) é J. Coleman (2000).

brutalmente (por genocídio), forçosamente (por deslocamento), dolorosamente (por assimilação) e mais sutilmente (por promoção de uniformidade). Em todos os casos, o resultado é que o "problema" das diferenças é, ou parece estar, resolvido. Como se pode aplicar isso à convivência intercultural é uma questão para reflexão e, se necessário, ação.

Há, igualmente, diversas maneiras de mesclar ou tolerar diferenças, como as imagens do cadinho, da saladeira ou do mosaico podem ilustrar[23]. Mas nenhuma delas pôde prover uma solução humana adequada para o desafio posto pelo fato social das diferenças humanas. O cadinho é um recipiente no qual um ou vários metais são superaquecidos até se fundirem, ou uma panela de sopa na qual os ingredientes separados se misturam. Mas os seres humanos não se "fundem", não podem ser arrebanhados como gado ou tratados como escravos, mas continuam indivíduos. Assim, o conceito do "cadinho de fundição" é, em última análise, inútil tanto teórica como praticamente. Uma saladeira sugere a imagem de uma grande variedade de pessoas reunidas e coexistindo. Mas as limitações dessa analogia também são rapidamente evidentes: ninguém faz uma salada (exceto talvez uma salada verde) na qual todos os ingredientes sejam igualmente representados. Alguns (anchovas, cebolas) conferirão sabor mesmo em pequenas quantidades, outros (alface, espinafre) dão mais volume que sabor. Em uma sociedade mista, vários grupos podem ser super-representados ou sub-representados. A imagem da saladeira também é inútil para a vida intercultural. O mosaico é uma representação imediatamente mais atraente: muitas peças juntas compõem uma única imagem. Mas as limitações são identicamente óbvias: em um mosaico não se discerne

---

23. A teoria do "caldeirão de fundição" remonta aos séculos XVIII e XIX, a personagens como Crevecoeur (1782), Emerson (1845), Robert Zangwill (1905) e Henry James (1908), mas foi refinada na teoria extremamente controversa de R. E. Park sobre relações intergrupais bem-sucedidas. Seus quatro estágios são: competição, conflito, acomodação e assimilação. Ele defendia que diferentes grupos étnicos na mesma área (o que chamo de "sociedade multicultural") realmente se mesclariam em uma única comunidade.

a identidade própria de nenhuma peça individual, que é somente um fragmento ou parte de uma imagem muito maior. A sociedade humana, homogênea ou heterogênea, não é composta de indivíduos anônimos ou clones: cada pessoa humana tem uma identidade autônoma. De certo modo, essa é a imagem mais perigosa das três, pois à sua atração imediata subjazem implicações terríveis para os membros individuais da comunidade.

Tudo isso se refere a mesclar ou tolerar (ou ignorar) diferenças, mas elas também podem ser administradas de maneiras negativas e positivas. A administração negativa se dá permitindo ou esperando um "desenvolvimento separado" (*chacun pour soi*: "cada um por si") ou deixando as pessoas apáticas ou desinteressadas entregues à própria sorte. Isso pode criar um grupo humano sem foco, sem centro ou sem identidade grupal, deixando todos em um estado de confusão duradoura, em crise de identidade ou *liminaridade* (no sentido negativo)[24]. Mas há também formas positivas de administração das diferenças. Pode-se usar a analogia de um coro (gerindo uma ampla gama de vozes e habilidades), de uma orquestra (harmonizando os sons de muitos instrumentos) ou de uma companhia teatral (criando uma combinação de várias partes). No entanto, algo que precisa ser identificado, especialmente ao abordarmos o desafio (de longo prazo) da vida intercultural, é a necessidade de liderança apropriada. Sem liderança competente, um coro pode gerar estridência ou algazarra, uma orquestra pode produzir dissonância ou barulho e uma companhia teatral pode se tornar uma equipe desorganizada[25]. Porém, com cooperação mútua, com incentivo das diferenças e com liderança apropriada, pode-se alcançar a grandeza. Questões como essas merecem

---

24. A liminaridade, ou o estar entre duas posições, pode servir a funções sociais muito positivas, como no caso de peregrinos, de quem faz retiros, de noviços ou iniciandos. É um estágio que leva a um novo *status* social. Negativamente, no entanto, pode destruir pessoas, como no caso de prisioneiros em confinamento solitário por um período indefinido.

25. A questão da liderança é abordada brevemente no Apêndice V.

atenção séria e fornecem uma boa transição para a consideração da vida comunitária intercultural, uma vez que identifiquemos o significado de interculturalidade em si.

## MULTICULTURAL

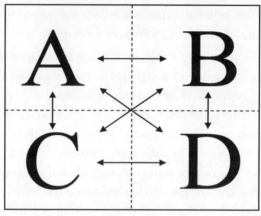

Figura 5

### 5. Intercultural

A partir da década de 1950, quando o estudo dos efeitos do contato transcultural não era uma disciplina totalmente desenvolvida e o vocabulário era instável, os termos "multicultural" e "intercultural" eram frequentemente usados sinonimicamente ou empregados por diversos autores para seus próprios objetivos. A jovem disciplina surgiu primeiramente no campo das ciências sociais, incluindo antropologia cultural, sociologia e psicologia. Gradualmente, porém, os profissionais das disciplinas teológicas, especificamente dos estudos missionários, mas mais amplamente dos estudos pastorais, tornaram-se conscientes da enorme importância das dinâmicas culturais implicadas em situações de missão *ad extra* ou em paróquias que estavam se tornando rapidamente multiculturais. Como a teologia incorporava e adaptava a terminologia das ciências sociais, o uso-padrão atualmente distingue *multicultural*, termo sociológico/antropológico (figura 4), e *intercultural*, palavra especificamente teológica (figura 5).

O termo sociológico/antropológico "multicultural" identifica uma realidade social interna de bairros ou associações voluntárias, enquanto a palavra teológica "intercultural" carrega conotações específicas relacionadas a Deus, fé e prática. Para nossos propósitos, as implicações antropológicas e teológicas de vida intercultural são igualmente relevantes, uma vez que elementos tanto da cultura (antropologia) como da fé (teologia) são combinados em cada pessoa. Uma comunidade intercultural compartilha um compromisso intencional com a vida comum, motivado não somente por considerações pragmáticas, mas por uma convicção religiosa compartilhada e um propósito comum.

Existem semelhanças evidentes entre as figuras 4 e 5. Ambas distinguem quatro culturas: A, B, C e D. Na figura 4, contudo, cada letra ou cultura está isolada das outras por uma fronteira, indicando que os membros de cada cultura interagem predominantemente com os seus: "pessoas como nós". Embora possam ser bastante civilizados com pessoas de outras culturas, a conexão social é mínima. Na figura 5, entretanto, embora as linhas entre as culturas permaneçam, elas são porosas e setas internas conectam cada uma das quatro letras ou culturas entre si. Isso ilustra a natureza de uma comunidade intercultural: um comprometimento explícito em âmbito comunitário de construir uma nova realidade social, cultural – e religiosa – a partir das várias culturas, o que implica o compromisso transcultural de cada indivíduo de aprender outra cultura e, se necessário ou esperado, outra língua[26].

---

26. Em muitas comunidades religiosas, inclusive na minha, os membros do Conselho Geral, que vivem em Roma, devem adquirir fluência em italiano, para a vida cotidiana, em inglês, para deliberações do conselho, e em francês ou português, para conversação. Assim, não se permite que nenhuma língua única seja dominante, e cada um tem a habilidade de falar múltiplas línguas. Isso é particularmente desafiador para pessoas da África ou da América do Sul, que podem precisar de várias línguas novas, e desafiador o suficiente para os europeus; a maioria dos quais precisará aprender pelo menos uma nova língua, e ainda na meia-idade.

No entanto, os membros de comunidades interculturais não renunciam à sua identidade cultural individual, embora estejam "fora de lugar" por estarem longe de casa (vivendo transculturalmente) e porque não se permite que cultura alguma domine. A figura 5 indica isso mostrando setas que apontam em dupla direção (em vez de apenas em uma) ligando cada pessoa na comunidade com todas as outras. Mas o desafio para todos é ainda mais dramático: criar uma *nova cultura* na qual todos possam viver de modo fecundo. É a isso que Sacks se refere como o lar que construímos juntos, e isso necessariamente leva tempo. Ninguém estará em um meio totalmente familiar, ainda assim todos devem ser capazes de encontrar um grau adequado de bem-estar nesse novo ambiente. A figura 5 estaria completa, então, pela sobreposição da letra E, única em todo o diagrama, em todos os quatro quadrantes (indicando uma quinta cultura, além de A, B, C e D, figura 6, na página seguinte). Esta é uma cultura em construção e, paradoxalmente, *todos* na nova comunidade serão de fora em relação à cultura E, mas cada um é capaz de tornar-se um *participante de fora*[27] e trazer sua cultura específica para a realidade emergente.

### 6. Cultura da comunidade intercultural

Em uma comunidade intercultural, *todos* são diretamente afetados pela presença de outras culturas. Isso deveria ser um estímulo para cada membro (não apenas para aqueles de culturas minoritárias) aceitar o desafio de viver de modo transcultural, no sentido de comprometer-se a viver *fora* de sua zona de conforto[28]. Nesse caso, as características das culturas A, B, C, D e assim por diante permanecem parte da identidade essencial dos respectivos membros. Porém, cada um é gradualmente *transfor-*

---

27. A natureza e o estatuto de participantes e não participantes de fora serão considerados sob o tópico do "estranho", no cap. 10.
28. Na figura 5, as linhas vertical e horizontal que delimitam cada uma das culturas A, B, C e D são pontilhadas, em vez de contínuas, para mostrar que os limites não são insuperáveis, mas abertos a comunicação mútua.

*mado* e *convertido* para um modo de viver que é algo novo e algo familiar para cada membro da comunidade. E, como todas as culturas estão sempre, em todos os lugares, evoluindo ou sendo "contestadas"[29] pela interação de pessoas, contextos e circunstâncias, podemos identificar a *"cultura E" como a identidade existencial de uma comunidade intercultural, formada pelas matérias-primas das culturas integrantes (A, B, C e D)*. Enquanto os membros da comunidade estão comprometidos com a vida intercultural, eles são, ao mesmo tempo, culturais, transculturais, multiculturais e interculturais: um grande desafio.

**UMA NOVA COMUNIDADE INTERCULTURAL**

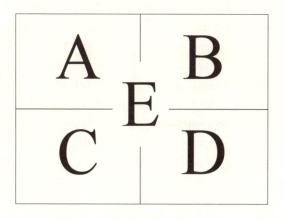

**Figura 6**

Ainda precisamos discutir a cultura em si: sua natureza, funções e patologias. Mas antes de fazer isso, no próximo capítulo, pode ser útil pelo menos esboçar algumas das características que marcam uma comunidade empenhada em viver na interculturalidade. Precisaremos, contudo, revisitá-las posteriormente para mostrar como a abordagem de cada pessoa será necessariamente influenciada por sua própria cultura.

---

29. H. Bhaba (1994, p. 3) fala da cultura como "um espaço contencioso e performativo".

**Características de comunidades interculturais**

"Por seus frutos os conhecereis" não é apenas um princípio bíblico. Aplica-se em muitas situações. Conforme avançamos para desenvolver uma compreensão teórica e prática da interculturalidade e das demandas da vida comunitária intercultural, podemos observar várias características indispensáveis para qualquer comunidade viável. Não há nada inevitável em relação à sua ocorrência e influência, e cada uma delas precisa de atenção cuidadosa e do comprometimento de todos os membros da comunidade. Aqui estão sete – biblicamente, o número perfeito!

*1. Intencionalidade: um projeto comum/comunitário*

Intencionalidade é consideravelmente mais que boa vontade ou boas intenções. Aquele que tem a vontade deve encontrar os meios, e uma comunidade deve ser capaz de identificar meios comuns, e não simplesmente boa vontade individual. Por profissão religiosa, os membros de um instituto religioso abraçam a vida comunitária, comprometendo-se não simplesmente a seguir um caminho solitário, mas a trabalhar juntos com dedicação comum em direção a um objetivo comum. Aquilo que é às vezes chamado de "projeto comum", ou melhor, um "projeto comunitário" – e às vezes mal-entendido –, deve ser o foco de todos em vista do bem comum e do bem do ministério ou apostolado. Não se trata apenas de uma tarefa prática qualquer. Uma comunidade pode reparar uma propriedade após uma tempestade ou realizar uma campanha de arrecadação de fundos. Isso pode beneficiá-la, mas é insuficiente: não é o que um "projeto comunitário" requer. Para uma comunidade religiosa fundamentada na fé, ele deveria ser o que realmente inspira, captura a atenção e a imaginação dos membros, e estimula e desafia a fé de todos. Ele pode estar expresso nas palavras da "declaração da missão" da comunidade ou ser identificado como seu carisma fundacional ou *raison d'être*, seu propósito. Mas tem de viver em cada pessoa, e não se limitar somente a constar em documentos cuidadosamente elaborados ou em memórias nostálgicas. Assim como uma planta ou animal morre sem água, o zelo e o foco de uma comunidade atrofiarão a menos que seu projeto comum seja nutrido e cuidado. No caso da minha própria comunidade, a Congregação do Espírito Santo (Espiritanos), nosso "projeto comunitário" ou *projet communautaire* é articulado da seguinte forma:

> Cada comunidade (local) planeja o que deseja alcançar e como vive dentro do quadro que a Regra proporciona. O planejamento estabelece o que a vida comunitária pede dos membros, em termos de tempo e momentos de oração em comum, de compartilhamento mais profundo de nossas vidas e avaliação periódica da vida da comunidade e de nosso trabalho apostólico (*Regra espiritana de vida*, 44,3; Fernandez, 2013, p. 25-38).

Um projeto comum pode ser articulado como uma resposta às perguntas: pelo que você realmente está vivendo e pelo que vale a pena morrer? No entanto, viver tal projeto comum requer várias características ou qualidades adicionais.

## 2. Compromisso individual

O projeto comum só é comum se a contribuição de cada um for buscada e reconhecida. Excluir qualquer pessoa ou desrespeitar esforços individuais prejudicará o compromisso pessoal, dependerá demasiadamente de especialistas ou se tornará uma preocupação ideológica. O projeto comum verdadeiramente exige o comprometimento de todos. Liderança é vital, mas um líder sem seguidores ou um professor sem alunos é funcionalmente ineficaz. Independentemente de como o projeto comum é concebido ou articulado, deve exigir o compromisso de cada membro, pois sem ele o projeto não pode ser realizado. Isso deve ser deixado claro para todos. Assim, cada pessoa sabe o que lhe é solicitado para o bem do todo e para a glória de Deus. Para o bem do apostolado e da comunidade mesma, é importante identificar aqueles que resistem, ativa ou passivamente, pois, sem uma "massa crítica" de comprometimento e energia, as perspectivas oscilam entre o sombrio e o nulo[30].

## 3. Tolerância mútua

O ambiente da comunidade deve permitir ou incentivar as pessoas a correrem riscos apropriados, mesmo que às vezes falhem, de modo que erros e imaturidade não sejam tão fortemente aprovados a ponto de sufocar esforços futuros. Eis o que diz o Papa Francisco:

> Convido todos a serem ousados e criativos nesta tarefa de repensar os objetivos, as estruturas, o estilo e os métodos evangelizadores das respectivas comunidades [...] sem impedimentos nem receios.
>
> Além disso, o Espírito Santo infunde a força para anunciar a novidade do Evangelho com ousadia (*parresia*), em voz alta e em todo o tempo e lugar, mesmo contra a corrente[31].

Falando sobre a renovação e a atualização da vida religiosa (e seus comentários se aplicam ao desafio da vida intercultural), o Papa Francisco reconheceu que "há o perigo de cometer erros, de cometer equívocos. É arriscado". Mas ele imediatamente afirma: "Isso não deve deter-nos, porque existe a chance de cometer erros ainda piores. De fato, devemos sempre pedir perdão e considerar com vergonha os fracassos apostólicos decorrentes da falta de coragem"[32]. Esses sentimentos corajosos e profundamente encorajadores desafiam a todos que vivem em comunidade.

---

30. Para mais detalhes acerca da "massa crítica" em relação à comunidade, cf. cap. 11.
31. Francisco, *Evangelii Gaudium*, 33 e 259 (24 de novembro de 2013); https://www.vatican.va/content/francesco/pt/apost_exhortations/documents/papa-francesco_esortazione-ap_20131124_evangelii-gaudium.html.
32. Citado por J. McElwee, colunista do *National Catholic Reporter*. *National Catholic Reporter* (1º de janeiro de 2014); http://ncronline.org/blogs/ncr-today/francis-tells-religious-wake-up-the-world-outlines-modern-struggles-church.

### 4. Um fórum para articular frustrações

Devido a inevitáveis frustrações e mal-entendidos, algum mecanismo deve ser incorporado à vida comunitária – um fórum ou procedimento que permita às pessoas desabafarem suas frustrações publicamente, sem se sentirem intimidadas, inibidas ou acusadas de animosidade pessoal. Se alguém identificar uma dificuldade pessoal específica, os outros não deveriam ofender-se ou assumir uma postura de "inocência ferida". E, quando alguém é capaz e está disposto a nomear sua frustração, isso pode ser de grande ajuda para outros, que podem identificar-se imediatamente com esse alguém, mas foram mais lentos em formulá-la ou até mesmo em percebê-la. Então, a comunidade pode tomar medidas construtivas, em vez de destrutivas ou de falhar em agir. Mas cada pessoa deve saber que esse encontro é um "lugar seguro"[33], onde podem sentir-se respeitadas e não atacadas: um lugar para construir pontes potenciais, em vez de queimá-las. Além disso, o fórum deve ter alguma estrutura, não é simplesmente algo "livre para todos", muito menos uma forma velada de confronto ou queixas.

Cada pessoa, por exemplo, pode ser convidada a identificar, por um lado, algo específico que considere difícil na vida comunitária, mas também algo que estariam dispostos a mudar. Longe de degenerar em um ataque pessoal, o dedo de cada um que fale apontará primeiro para si mesmo, em vez de para outra pessoa. Além disso, em seguida, se cada um também for convidado a identificar algum aspecto da vida comunitária que seja uma assistência positiva na vida e nas aspirações diárias, alguma consolação, bem como algum sucesso ou realização, uma situação potencialmente competitiva ou de confronto será desarmada antes que possa tornar-se tóxica. As pessoas não deveriam ter dúvidas

---

33. E. H. F. Law (2000, p. 43-45) tem algumas percepções úteis acerca do lugar seguro, quando fala sobre a "margem da graça" como uma extensão do espaço seguro imediato de alguém até um ponto em que possa encontrar "o outro" e construir uma nova comunidade.

sobre isto: comunidades que não se servem de algum mecanismo para uma conversa construtiva sobre a vida comunitária diária acabarão por falhar em viver sua vocação à unidade e à missão.

## 5. Correção apropriada

Um recurso complementar é que, às vezes, a correção é necessária, e a liderança é responsável por encontrar maneiras e meios apropriados de correção, seja aplicada pessoalmente, seja mediante pessoal autorizado. A inação ou a falta de liderança não ajudam ninguém. Uma comunidade multicultural cujos membros manifestaram sua disposição de tentar viver na interculturalidade será seriamente prejudicada por comportamentos descontrolados e não autorizados que minam os esforços da comunidade como um todo. Liderança é vital[34]. A vingança por parte de qualquer um é claramente injustificável – algo muito mais positivo é necessário: escuta atenta e talvez mediação e flexibilidade, bem como tentativas sinceras de reconciliação e um compromisso contínuo com o diálogo e o crescimento. A correção nunca deve tornar-se humilhação, e o líder deve buscar não somente corrigir erros, mas também tornar-se um construtor de pontes.

## 6. Atenção ao estresse e esgotamento

Uma comunidade com diversidade de membros, em que cada pessoa tem responsabilidades, pode levar a uma competitividade malsã ou a seu quase oposto: a falta de atenção aos outros. O bem-estar psicológico dos indivíduos precisa ser apoiado, e os mal-entendidos (que surgem tanto de sobrecarga quanto de diferenças de linguagem ou de má vontade) devem ser resolvidos. Isso requer a sensibilidade de todos e as habilidades da liderança, especialmente em momentos previsíveis de estresse, como o final de um semestre acadêmico, a preparação de festas litúrgicas ou períodos de exames ou avaliações. Mas,

---

34. Cf. Apêndice V para mais elementos acerca da liderança.

dada a natureza humana e certos tipos de personalidade, os membros da comunidade precisam ser explícitos aqui e comprometer-se a levar a sério os conselhos apropriados sobre sinais de esgotamento iminente.

## 7. *Esclarecimento da visão*

Os membros de uma comunidade intercultural precisam sentir que estão todos do mesmo lado, trabalhando para objetivos comuns e para a implementação de uma visão comum. Isso requer compaixão, preocupação e, às vezes, encorajamento explícito, em vez de mera falta de críticas. Uma visão comum não é simplesmente gerada por uns indivíduos e adotada pela comunidade em geral, mas é uma tentativa de todos identificarem a *visão de Deus* para a comunidade: o que Deus está pedindo, e como a comunidade está respondendo?

Esforçamo-nos para viver e incorporar a visão de Deus para uma comunidade específica e os indivíduos que a constituem. Deus não é inconstante, e acreditamos que o amor de Deus – Deus mesmo – é certo e duradouro. Mas, para permanecermos fiéis, nós mesmos precisamos mudar, ajustar-nos e continuar buscando a vontade de Deus. O sol não se move em relação à terra, e, olhando para o leste pela manhã, podemos sentir seu calor e ver seu brilho. Mas, a menos que nos movamos, o sol, pela tarde, parecerá estar atrás de nós e, depois do anoitecer, terá desaparecido. No entanto, o sol permanece! O convite de Deus e o trabalho de nossa vida são manter a visão de Deus diante de nós, para que não nos encontremos tirando a iniciativa de Deus ou simplesmente passando pelos movimentos da vida religiosa, em vez de permanecer fiéis a uma autêntica "vida religiosa".

Nossas tentativas de manter a visão viva dependem de nossas estruturas e estratégias[35] e de nossa disposição para revisá-las continuamente. Isso é responsabilidade particularmente de

---

35. Adaptação de Brian Hehir, na *Bernardin Lecture* da *Catholic Theological Union*, Chicago, em novembro de 1988.

Capítulos Provinciais e Gerais, bem como de retiros pessoais. As estruturas são tanto nossas estruturas individuais (corporais) quanto nossas estruturas institucionais (arquitetônicas). Elas não apenas facilitam, mas também limitam o que podemos fazer. Pessoal mínimo, membros com saúde cada vez mais debilitada à medida que envelhecem, edifícios deteriorados e falta de propriedade – tudo isso limitará nossa capacidade de sustentar a visão como antes. Ainda assim podemos permanecer fiéis à visão que nos inspirou. Por outro lado, um número grande de pessoas, estruturas imponentes e propriedades esplêndidas não é garantia de coisa alguma: os cistercienses do século XIII se tornaram muito lucrativos e populares para seu próprio bem, e, na época de Henrique VIII, os conventos ofereciam riquezas tentadoras, às quais um monarca necessitado não podia resistir. Devemos trabalhar nas limitações de nossas estruturas, sem nos afundarmos na nostalgia nem nos deixarmos seduzir por sonhos grandiosos. A estrutura é o trampolim para qualquer projeto, mas não é a única questão, uma vez que as estruturas produzem estratégias. Se as estruturas estão focadas em manter a visão viva, então as estratégias também devem estar. No entanto, as estruturas podem tornar-se autocentradas e as estratégias podem revelar-se desesperadamente desalinhadas. Religiosos que se apegam a uma "Casa Mãe" (por motivos sentimentais ou até que o centenário chegue), quando essa estrutura há muito tempo se tornou um elefante branco, não utilizam a estrutura adequadamente: suas estratégias falham em manter a visão viva, mesmo que essas pessoas mantenham os edifícios. A adesão a um plano de seis anos por determinação de um Capítulo Geral realizado anos antes – depois que as circunstâncias mudaram de modo irreconhecível – não é lealdade, mas falta de responsabilidade. Estruturas e estratégias têm um único objetivo: sustentar a visão pela qual e para a qual vivemos. Se não forem mais adequadas para cumprir esse propósito, elas precisam ser ajustadas ou descartadas pelo bem maior da missão. Eis o que nos diz David Steindl-Rast a esse respeito:

A vida sempre cria estruturas, e pessoas são necessárias para aprovar e aperfeiçoar essas estruturas. No entanto, enquanto a vida cria estruturas, as estruturas não criam vida. Portanto, devemos manter o espírito e a vida forte, e então criaremos as estruturas de que precisamos em determinado momento. A estrutura institucional serve à vida, não é a vida que serve à estrutura. Então, olhe para a vida. Se essa vida acontecer em outro lugar – não dentro da estrutura, mas do lado de fora –, esteja aberto a ela. E, se essa vida for tão forte e tão nova a ponto de romper a estrutura existente, permita que isso aconteça. A estrutura se renovará. A vida faz isso o tempo todo. A cada primavera, todas as estruturas protetoras ao redor das pequenas folhas explodem e caem. Assim, deixe acontecer. Leve a sério aquilo para o qual você foi criado como estrutura, e essa é a vida. Esse é um conselho muito difícil de seguir, porque as instituições têm uma tendência integrada a perpetuar-se. Estruturas são inimigas perigosas em potencial, se você as alienar; e aliadas úteis em potencial, se você as tiver a seu lado (1999, p. 112).

## Mudando contornos, percepções e necessidades

Corporações multinacionais contratam pessoas que viajam extensiva e internacionalmente, que precisam de habilidades para comunicar-se com uma ampla variedade de parceiros comerciais. Durante décadas, essas habilidades foram identificadas, ensinadas e adquiridas no mundo dos negócios. Enquanto isso, muitas comunidades fundamentadas na fé enfrentaram os desafios impostos pela crescente adesão multicultural de seus novos membros e pela consciência da quase falência do modelo-padrão de assimilação na seleção deles. ("Venha juntar-se a nós, e o ensinaremos a fazer as coisas do *nosso* jeito – como sempre fizemos.") Ao longo dos anos, os contornos da vida e do ministério intercultural se tornaram cada vez mais claros. Mas, em parte, porque foram moldadas por percepções previamente adquiridas das ciências sociais, muitas pessoas nas comunidades religiosas internacionais de hoje desconhecem o desafio (que está se tornando um verdadeiro imperativo) da vida intercultural, lutam contra ou até mesmo resistem a ele.

Para resumir, viver na interculturalidade é um processo de conversão de uma vida, fundamentado na fé, emerso nos últimos decênios como uma exigência oriunda de membros de comunidades religiosas intencionalmente internacionais[36]. A vida intercultural depende muitíssimo do grau de comprometimento e apoio de *cada* membro da comunidade. Os indivíduos têm níveis variados de adaptabilidade e aprendizado, mas cada um gera energia positiva ou negativa, e a qualidade da vida intercultural depende significativamente do todo de energia positiva gerada pelo grupo inteiro. Um grupo pequeno e resistente pode gerar energia negativa suficiente para obstaculizar a comunidade maior. O futuro da vida religiosa internacional depende, em grande parte, da capacidade de cada comunidade (local e institucional) de viver na interculturalidade. Aquelas que falharem nisso vão fragmentar-se ou desaparecer.

Essa é uma tarefa bastante desafiadora e, para começarmos a atingir esse objetivo, precisamos explorar a cultura em si. A vida comunitária intercultural é o objetivo: é *o que* buscamos; a cultura em si é o meio: *como* vivemos de fato. A cultura é a totalidade dos processos que moldam as pessoas e pela qual elas se relacionam como grupo social. Ao analisarmos mais detalhadamente a cultura, poderemos entender melhor como cada um de nós é desafiado à transformação pessoal ou à conversão, e seremos mais capazes de identificar algumas das habilidades e das virtudes pelas quais precisamos empenhar-nos, se a vida intercultural deve ser mais do que uma esperança ingênua e irrealista. É impossível criar uma comunidade perfeita, mas temos a responsabilidade de cultivar assiduamente a arte do possível.

---

36. Contudo, como observado na introdução, muitos desses comentários podem aplicar-se igualmente bem a outros ambientes que não comunidades religiosas interculturais. Dedicados pastores de todos os tipos se identificarão com muitos aspectos da vida intercultural.

**Sugestões para continuidade**
1. Seria bom se a comunidade se reunisse para uma conversa na qual a terminologia básica – cultura, monocultural, bicultural, multicultural, transcultural e intercultural – fosse frequentemente usada, de modo que as pessoas pudessem entender e concordar com os significados dessas palavras.
2. Quatro maneiras de lidar com a diversidade cultural são mencionadas: eliminação, mescla, tolerância ou administração. Qual é sua experiência a esse respeito? (Uma pergunta especialmente relevante para a liderança.)
3. São mencionados quatro resultados ou modos de promover uma política: brutal, forçosa, dolorosa ou sutilmente. Reflita e discuta quais deles podem estar presentes em sua própria comunidade.
4. Em uma comunidade, as diferenças podem ser "administradas" negativamente (essencialmente quando há um vácuo em que se exige liderança) ou positivamente (como nas imagens de um coro ou orquestra – ou ambos). Essa linguagem e essas imagens podem ajudar a facilitar a discussão?

# 3
# Cultura, "a parte humana do ambiente"

**Abordando a "cultura"**

A maioria das pessoas supõe poder identificar e compreender a cultura, mas é precisamente esse tópico que requer maior esclarecimento para nossos propósitos. Não precisamos, contudo, de uma longa disquisição sobre cultura sob uma perspectiva puramente técnica ou teórica. Mais do que uma teoria, precisamos entender como negociá-la no contexto específico da vida intercultural. Assim, nosso foco principal estará nas características da cultura com as quais todos nós nos envolvemos rotineiramente, mas também que são consideradas desafiadoras. Primeiro, podemos localizar o estudo da cultura no mundo acadêmico e depois passar para uma perspectiva mais descritiva e empírica.

Gerald Arbuckle situa bem o desafio que enfrentamos citando o historiador social Raymond Williams. Suas palavras devem servir como um alerta para quem presume que "cultura" seja um termo unívoco, que o entenda adequadamente ou que compartilhe uma compreensão comum com outros de sua própria comunidade ou cultura. "Cultura é uma das duas ou três palavras mais complicadas da língua [...], principalmente porque recentemente passou a ser usada para conceitos importantes em várias [...] disciplinas e em vários sistemas de pensamento distintos e incompatíveis."[37]

---

37. Williams (1985, p. 87) citado por Arbuckle (2010, p. 1). Esse livro poderia ser particularmente útil para comunidades religiosas que buscam algumas das habilidades necessárias para a vida intercultural, pois leva a cultura muito a sério e mostra o quanto uma compreensão mais profunda é necessária no mundo globalizado e pluralista de hoje.

Como muitos autores, Arbuckle nos lembra que há várias centenas de definições desse termo transformante, e que todas elas podem ser classificadas em uma das quatro categorias amplas: classicista, evolucionista, moderna e pós-moderna (Green, 2008, p. 1-10). Resumidamente, as definições *classicistas* identificam a "cultura" no singular: algumas (poucas e privilegiadas) pessoas ou sociedades a têm, outras não, ou a têm somente em uma forma atenuada. Por outro lado, uma perspectiva *evolucionista* classifica culturas, contemporâneas e históricas, em algum lugar de uma escala ascendente, que é liderada pela "cultura" (ou civilização) europeia, que, não surpreendentemente, é a daqueles que criaram a definição em primeiro lugar.

Pelo final do século XIX, todavia, as pessoas começaram a identificar uma grande pluralidade de culturas e a usar a palavra para descrever a constelação de características que definiam ou descreviam grupos sociais específicos (geralmente uma tribo, casta ou nação). Enquanto definições classicistas tendiam a ver a cultura como algo fixo e congelado, as definições *modernas* tendiam a comparar culturas a relógios ou organismos: cada parte tinha uma função específica que contribuía para o todo. Compreender as culturas como em equilíbrio, autointegradoras e homogêneas tendia a negligenciar as patologias culturais e as rápidas mudanças sociais, sem mencionar as forças acumulativas e abrangentes da globalização. As definições *pós-modernas* tendem agora a romantizar muito menos a cultura, a minimizar a natureza científica da antropologia em favor de uma abordagem mais "interpretativa" das manifestações culturais, e a considerar as culturas não como entidades discretas ou estáticas, mas como constantemente "contestadas" (uma noção útil) por seus membros, que se debatem para reinventar-se, para fazer novas escolhas ou simplesmente para sobreviver.

O teólogo Robert Schreiter oferece uma descrição muito útil da cultura (1997), mas boa parte da literatura teológica falha em levar a cultura suficientemente a sério, resultando em algumas abordagens teológicas da inculturação (o modo como a fé é vivida, e só pode ser vivida, culturalmente, ou no contexto de determinada cultura)[38] que poderiam ser reputadas ingênuas. Não é o caso de Schreiter, que cria uma tipologia tripartite simples, considerando a cultura como *ideacional* (preocupada com o significado e a interpretação), *performativa* (expressa mediante rituais e comportamentos corporais) e *material* (identificada em artefatos, mas se incluem aí também vestuário, linguagem e música) (Schreiter, 1997, p. 29). Embora essa abordagem possa ser um instrumento muito útil, eu não incluiria "simbolizações" (linguagem, música) entre os aspectos materiais, e minha abordagem aqui será algo diferente, em parte porque é explicitamente direcionada a pessoas comprometidas com a vida intercultural.

Também David Couturier oferece uma perspectiva útil sobre cultura quando fala de diferentes "culturas de aprendizagem" em seminários ou comunidades religiosas. Elas são "diversos modelos de compreensão, de emoções, de rituais e de ferramentas" [que ajudam as pessoas] "a mediar seu mundo, a interpretar suas experiências e a tomar decisões sobre ações apropriadas" (2003, p. 64-71)[39].

Mas, por mais interessante, frustrante ou inconclusivo que possa ser o estudo da cultura (teórica ou empiricamente), é evidente que pessoas comuns, não especialistas, sabem intuitivamente reconhecer algumas das características mais óbvias da cultura e são perfeitamente capazes de fazer comparações (nem sempre apropriadas ou justas) entre diferentes culturas. Podemos começar, então, com essas intuições comuns: que cultura diz respeito às pessoas em sociedade, tem a ver com como elas vivem e está relacionada a como indivíduos e grupos

---

38. Trataremos disso no cap. 5.
39. Membros de comunidades interculturais poderiam identificar seu próprio "estilo de aprendizado" preferido, bem como os dos outros (p. 71), para entender e gerir suas diferenças.

são tanto semelhantes a outros quanto diferentes deles. Isso é suficiente, para a matéria de que nos ocupamos agora, enquanto fundação sobre a qual construir. Em vez de acrescentar mais uma à pletora de definições (supertécnicas), nossa abordagem será muito mais descritiva. Ao identificar diferentes facetas da cultura e oferecer algumas analogias que possam ser úteis na prática, primeiro as apresentaremos em série e, em seguida, consideraremos como cada uma delas nos apresenta desafios específicos e meios de abordar a vida comunitária intercultural.

Antes de tudo, porém, é importante afirmar um princípio fundamental: a cultura é reconhecível sob várias formas e toda pessoa humana, criada em um ambiente social, tem cultura. Não existe uma pessoa sem cultura[40]. A relevância disso em relação à vida intercultural será explorada posteriormente: a fé é – e só pode ser – expressa culturalmente. Além disso, "cultura" é uma palavra que se aplica a um grupo de pessoas, em vez de a um indivíduo. A cultura como realidade social perdura ao longo do tempo, certamente ao longo de gerações e muitas vezes de séculos. No entanto, ninguém *nasce* com cultura, e, devido a circunstâncias sociais diferentes, qualquer indivíduo poderia ter sido socializado ou enculturado de maneira diferente[41]. Um bebê do sexo masculino nascido e criado em Xangai por pais chineses é etnicamente chinês e se tornará culturalmente chinês, se tudo se mantiver nesse curso. Mas essa mes-

---

40. É preciso observar aqui que o registro histórico atesta ter havido "crianças selvagens", das quais houve mais de cem (muitas delas mal documentadas ou fraudes evidentes). Nascidas de pais humanos, são criadas praticamente sem contato ou linguagem humanos. Portanto, elas carecem de uma qualidade básica de humanidade: sociabilidade. Abandonadas ou abusadas, elas consequentemente não "aprenderam" uma cultura humana – embora algumas possam ter os rudimentos de cultura animal, como a capacidade de comer e limpar-se. Mas elas são uma exceção palpável, uma anomalia marcante. São sem cultura e, por qualquer definição normal, que sempre inclui o aspecto *social*, não podem ser consideradas plenamente humanas. Mesmo o famoso "Menino Selvagem de Aveyron" não poderia ser socializado (Lane, 1975).
41. Deve-se distinguir cuidadosamente enculturação, aculturação e inculturação. A esse respeito, cf. o cap. seguinte.

ma criança, levada para Chicago logo depois do nascimento e adotada por pais euro-americanos, se tornará euro-americana enculturada (ou seja, culturalmente), embora, é claro, continue sendo etnicamente chinesa. Etnia é *quem somos*, cultura é *como vivemos*, e o ambiente e a socialização são de extrema importância para o desenvolvimento da identidade cultural.

Descritivamente, identificamos a cultura de várias maneiras. Cada uma delas merece um tratamento mais aprofundado do que podemos oferecer aqui. Para nosso propósito atual, nossa abordagem será limitada a aspectos práticos. Revisarei cinco definições descritivas a partir das quais podemos derivar algumas implicações e aplicações. Cultura, então, é (1) a parte do ambiente feita pelo ser humano, (2) uma forma de vida social, (3) um sistema gerador de significados, (4) uma "pele" social e (5) uma realidade social duradoura[42]. O restante deste capítulo será dedicado à primeira dessas definições, e as demais serão abordadas no próximo capítulo.

**Cultura como "a parte do ambiente feita pelo ser humano"**

A antropologia social ou, no caso dos Estados Unidos, a antropologia cultural, cujo objeto de estudo principal é a sociedade humana (a antropologia cultural concentra-se explicitamente na cultura, mas, na verdade, seu foco e preocupações se sobrepõem demasiado), descrevia-se simplesmente como o estudo do homem. Com a ascensão dos estudos feministas nos anos de 1960, ela se redefiniu como "o estudo do homem – englobando a mulher". Essa descrição muito superficial aponta para o sujeito-objeto de estudo. Menos superficial é nossa primeira definição de cultura como "a parte do ambiente feita pelo ser humano ([*hu*]*man*)". Em outras palavras, praticamente todo vestígio que a humanidade deixou na face da Terra – da

---

[42]. Esses componentes descritivos são coletados de muitas fontes. "Cultura" é um tópico que gerou uma vasta quantidade de literatura facilmente acessível. Ofereço uma descrição simplificada, mas multifacetada.

Grande Muralha da China aos aterros sanitários contemporâneos, do Iluminismo à *Shoah*, da medicina nuclear à guerra nuclear e da poesia à pornografia – reflete um aspecto da cultura. Cultura não identifica somente as maiores conquistas que o espírito humano pode alcançar, mas também as profundezas mais baixas a que uma sociedade (não apenas um indivíduo solitário) pode afundar. Podemos pensar na depravação da Roma antiga ou na corrupção do papado medieval nesses termos. Mas o que constitui o "feito pelo ser humano" pode ser mais claramente identificado sob quatro aspectos: cultura material, cultura simbólica, cultura moral e cultura constitucional.

*1. Cultura material*

Essa se encontra em artefatos práticos, incluindo ferramentas, utensílios, armas, mobiliário, decorações, cerâmicas, vestuário, objetos cultuais e assim por diante, bem como em construções.

Mas é importante lembrar que grande parte da cultura material pode ter uma vida curta devido à sua perecibilidade: casas de barro ruem, madeira é comida por cupins e os tecidos das roupas se decompõem ou se tornam inutilizáveis. Algumas coisas podem ser encontradas posteriormente por arqueólogos (ou antropólogos físicos, paleoantropólogos ou antropólogos forenses que descobrem locais de sepultamento), mas onde as sociedades não usam pedra, concreto ou aço tensionado é provável que reste muito pouco após algumas décadas, menos ainda depois de séculos. Uma consequência disso é que, se identificarmos e avaliarmos a "cultura" *somente* em termos de evidências arqueológicas, concluiremos erroneamente que aqueles que outrora viveram em determinada área praticamente não tinham cultura e eram, portanto, "selvagens" ou "primitivos" – como de fato foi o julgamento de muitos exploradores e antropólogos (e não poucos missionários) vitorianos. Daí a grande importância de entender a cultura como algo muito mais do que artefatos materiais ou esqueletos.

## 2. Cultura simbólica

Essa pode ser encontrada em coisas que representam ou simbolizam algo além delas mesmas. Por exemplo, uma pessoa que conhece só o português pode olhar para a escrita chinesa, ou a coreana ou a russa (que utilizam sistemas de escrita diferentes), ou mesmo para palavras francesas, alemãs ou espanholas (que utilizam o mesmo alfabeto do português) sem compreender um único caractere ou palavra: os símbolos coreanos e as palavras em francês são sinais ou símbolos que representam algo que não conseguimos entender, apontam para além de si mesmos. Sinais gráficos em uma página podem parecer aleatórios, mas, quando combinados como parte de um sistema, tornam-se compreensíveis em *determinada língua*. Esse é um exemplo do componente simbólico da cultura: os caracteres ou palavras carregam um significado além do que é meramente decorativo ou de uma disposição aleatória de runas ou rébus, de glifos ou grafemas. De maneira semelhante, podemos identificar, como parte de um sistema simbólico, a oralidade, o ritual, a dança, a música, a canção e a narrativa – e podemos estender a lista com anedotas, provérbios, parábolas e outros estilos literários ou orais.

Oralidade não se refere apenas à palavra falada, mas também caracteriza um meio primário de comunicação (há outros: o toque, o silêncio, a proximidade, o humor, a postura, entre outros) em uma cultura em que não há ou não se usa a escrita. Onde as pessoas simplesmente não têm a escrita (e vivem perfeitamente bem sem ela) dá-se o caso da *oralidade primária*[43], enquanto a *oralidade secundária* atua conjuntamente com o letramento. Os falantes são capazes de ler e talvez escrever, mas

---

[43]. A literatura acerca da oralidade é vasta e fascinante. Já que atividade de Jesus se desenvolveu em uma cultura amplamente oral e ele usava habilidades da oralidade, seria útil para membros de uma comunidade intercultural explorar as psicodinâmicas da oralidade. Para uma breve abordagem desse tópico, cf. A. J. Gittins (2002a, p. 85-100) e Ong (1982/2002), que discutem mais extensamente o tema.

podem usar minimamente tais habilidades, porque sua comunidade se comunica basicamente face a face e não depende do letramento, cujo oposto é, estritamente falando, a oralidade, e não o iletramento, uma vez que este último tem a ver com falta ou ausência. Com efeito, às pessoas em culturas primariamente orais não falta aquilo de que não precisam, mais do que a uma pessoa humana "falte" grama ou madeira para alimentar-se.

A cultura de Jesus era principalmente oral. A maioria de seus contemporâneos certamente não era letrada, e sua mensagem não exigia que o fossem. Precisamos entender que, em uma cultura que não depende da comunicação escrita, os relacionamentos interpessoais são face a face, frequentes e sociocêntricos. Por outro lado, em uma cultura altamente letrada, as vidas das pessoas podem ser mais independentes, isoladas e egocêntricas[44]. As expectativas, portanto, de pessoas diferentes em um ambiente intercultural podem ser muito diferentes e precisarão ser explicitadas para que se mantenham a comunicação e a harmonia. Outro exemplo da cultura simbólica é a interação comunicativa. Edward T. Hall (1976, p. 74-123) propõe o útil conceito de culturas de "alto contexto" e de "baixo contexto", aos quais retornaremos mais adiante.

Rituais, claro, são procedimentos tipicamente formalizados, definidos, sem palavras (embora palavras possam ser empregadas), frequentemente de natureza religiosa. Por uma combinação de palavras, objetos ("símbolos condensados", como um crucifixo ou um cálice, em comparação com uma simples cruz ou um simples copo) e gestos, o ritual se propõe a "dizer o indizível"[45]. Ele pode servir para regular o comportamento social e pode ter propósitos mais ou menos explícitos, mas não necessariamente. Se os têm, seriam especificamente *instrumentais* (ou manipuladores). Por outro lado, se não os têm, resultariam em um comportamento muito *expressivo*, como gratidão

---

44. Trataremos mais disso no cap. 6.
45. Grimes (2013) e Bell (1992) são boas introduções a essa matéria.

ou tristeza. Grande parte do comportamento humano, no entanto, é uma mistura de instrumental e expressivo.

Também a dança pode ser ritualizada ou recreativa, mas é sempre um comportamento simbólico, que aponta para algo além de si mesma (da sacralidade à autoexpressão para sedução). E assim a música: pode ser criada e executada para provocar ou evocar respostas emocionais específicas (novamente, do plangente *Dies irae* ao pândego *Bolero*. Mas ela também pode ser um eficaz transmissor de significados específicos, como quando se usam os "tambores falantes"[*].

Por fim, a história ou narrativa em suas diversas formas é um comportamento simbólico que serve a uma variedade de funções, de criar solidariedade grupal a ridicularizar um malfeitor e da contemplação religiosa ao comportamento orgiástico. Ao tentar remeter para além de si mesmo e/ou dizer o indizível, o ritual é um comportamento cultural universal e é tão diversificado quanto o juramento de fidelidade estadunidense, a saudação nazista ou a prostração de um ordenando. Em uma comunidade intercultural, então, seu significado precisará ser discutido.

## 3. Cultura moral

Essa se expressa e se identifica nas virtudes e valores preciosos de uma sociedade, enquanto seu lado sombrio é revelado nos vícios e na imoralidade. Nenhuma cultura é perfeita, mas também cultura alguma é desprovida de virtudes. Sendo uma criação humana, a cultura é sempre um portador de vícios: pecado e graça atuam em cada pessoa e em cada mundo social. Valores ou virtudes – e vícios ou imoralidade – podem ser conceitualizados, embora não necessariamente; no entanto, virtude e vício estão sempre corporificados, encarnados.

---

[*]Instrumento portátil de percussão plurissecular, os "tambores falantes", cujos sons lembram a voz humana, são feitos em forma de ampulheta, de modo que, ao serem pressionados sob o braço de quem os toca, seu tom seja modulado. Eram usados, ao que parece, na África ocidental para comunicação a longas distâncias [N.T.]

O pensamento ocidental gosta de identificar e lidar com abstrações e conceitos: pessoas, beleza, fome, verdade, ódio e assim por diante. Mas tentar encontrar palavras locais para abstrações pode ser uma tarefa ingrata e frustrante. Procurar uma única palavra que "signifique" clima, fome ou paz pode ser um desperdício de tempo. Mas, assim que pedimos a um interlocutor para identificar uma *criança* faminta, uma *mulher* sem-teto ou um *homem* perverso, ou se pedimos por palavras que descrevam *esta* pessoa ciumenta ou *aquele* pão-duro, o abstrato se torna encarnado e contextualizado, e as pessoas não têm absolutamente nenhuma dificuldade com a virtude e o vício quando esses se concretizam. O filósofo Immanuel Kant (1724-1804) gostava de conceitualizar, mas Aristóteles (384-322 a.C.) insistia que virtudes e vícios só existem nas pessoas, ou em forma corporificada.

Se ninguém no mundo odiasse, não haveria "ódio"; e, se ninguém no mundo amasse, não haveria "amor". Assim, para quem quer que lide com significados e valores entre culturas, é profundamente importante buscar caminhos apropriados para a descoberta. Quão fácil é generalizar e condenar ou afirmar que "essas pessoas não conhecem o significado de honestidade" ou "aquelas pessoas são pobres, mas sempre felizes". Não se encontra cultura moral – e imoral – primordialmente nos livros, mas nas pessoas; não na filosofia, mas no comportamento. E comunidades interculturais consistem precisamente em pessoas comportando-se bem ou mal, não aleatória, mas culturalmente. Isso significa que as pessoas podem ser entendidas e podem entender outras com o esforço e as informações apropriadas. Parte dessas informações pode ser um simples lembrete de que, para a maioria das pessoas, o pensamento é concreto, em vez de abstrato ou conceitual, e que, às vezes, nossa linguagem comunitária pode afastar-se para um mundo de formas platônicas ou idealizações, quando as pessoas procuram por algo muito mais tangível. Grande parte da linguagem teológica é acadêmica e abstrata – distante e sem significado para grande parte da comunidade em geral.

## 4. Cultura institucional

Há quatro blocos de construção ou pilares essenciais nos quais toda cultura se ergue: as instituições sociais[46] da política, do parentesco, da economia e de crenças e pensamentos, ou religião. Tais blocos ou pilares podem parecer muito diferentes de uma sociedade para outra. Então o que exatamente cada um deles significa ou denota? Simplesmente esboçarei as linhas mais gerais de cada uma dessas instituições sociais, porque a razão para examiná-las está além delas mesmas e além da teoria. Precisamos saber em termos gerais tanto o que elas são como o quão significativas são no contexto de nossos próprios esforços para viver na interculturalidade.

*Política* diz respeito à organização e ao (bom) funcionamento da vida diária e é avaliada pela relação entre poder e autoridade[47]. A autoridade pode ser descrita como o uso legítimo do poder, e poder é simplesmente a capacidade de agir sobre coisas ou pessoas, seja essa ação legítima ou ilegítima, moral ou imoral. O que constitui um poder "legítimo" depende do entendimento comum das diferentes culturas e é controlado (em teoria) pelo uso apropriado de sanções: recompensas e punições. Um sistema político estável terá mecanismos para a transmissão pacífica de autoridade de um governo para outro ou em intervalos regulares.

O controle social, ou o uso de sanções positivas e negativas, é invocado sempre que a lei e a ordem efetivas forem comprometidas[48]. Descontentamento e desavença, que têm o

---

46. Uma instituição social é definida como "um modo padronizado de coatividade", indicando tanto interação social quanto permanência relativa. Para mais sobre instituições sociais, qualquer manual a respeito de antropologia social ajudará. Um favorito, e um clássico, é J. Beattie (1964).

47. Uma excelente análise do poder em contexto teológico é feita por S. Sykes (2006). Cf. também Apêndice V.

48. Houve uma prolongada discussão sobre se o controle social inclui o próprio sistema legal em si (B. Malinowski) ou se a lei deveria ser definida como controle social mediante a aplicação sistemática da força na sociedade politicamente organizada (A. Radcliffe-Brown). Mas, como tais argumentos não lançam muita luz sobre o desafio da vida intercultural em si, ofereço aqui uma descrição muito mais simples. A esse respeito, cf. T. Ingold (ed.) (2002, p. 968); e S. Roberts (1979).

potencial de levar à rebelião (reação contra os controles sociais predominantes) ou à revolução (tentativa intencional de derrubar os que estão no poder e substituir o sistema), geralmente ocorrem em seguida. Uma reação daqueles que se agarram ao poder, se não à autoridade, pode ser responder a isso com o uso descontrolado de poder (frequentemente chamado de autoritarismo). A questão do controle social é de grande importância no contexto da vida intercultural. Todos devem estar cientes de como a autoridade legítima é mediada e em que circunstâncias ela é exercida e por quem. Além disso, os membros devem entender os procedimentos para o "devido processo" ou para encaminhar queixas através dos canais estabelecidos. A falha em chegar a uma compreensão comum acerca do uso, ou do abuso, da autoridade pelo exercício de poder, força ou ameaça não autorizados minará os esforços para criar e manter uma comunidade saudável.

Toda sociedade humana tem instituições políticas e cultura política que podem ser identificadas e avaliadas por diversos critérios de efetividade, moralidade ou simples praticidade. Leis codificadas e escritas nem sempre são necessárias: onde a cultura geralmente é oral, a tradição viva e a transmissão oral podem bastar (como frequentemente ocorre em comunidades religiosas). No entanto, todo e qualquer sistema legal é suscetível a críticas e modificações.

A *economia* diz respeito ao fluxo de bens e serviços dentro das e entre as comunidades. Toda sociedade (cultura)[49] deve ser organizada de modo previsível, com regras e convenções. Caso contrário, a administração do dia a dia de uma comunidade se tornaria inviável. As sociedades diferem quanto a quem recebe o quê e quem é incapaz de adquirir certos bens ou serviços.

---

49. Para evitar a *essencialização* ou *reificação* (já que as culturas em si não "agem" ou "pensam"), usarei "sociedade" para referir-me a ações das pessoas concretamente e "cultura", como termo mais genérico, para descrever conquistas ou falhas não atribuíveis a determinados indivíduos.

Diferem igualmente em suas formas convencionais de relacionar considerações econômicas à manutenção de boas relações interpessoais: algumas transações podem ser "puramente comerciais" e regidas por regras contratuais ou legais, mas outras têm um significado moral e interpessoal mais claro. A instituição social do escambo, frequentemente mal compreendida por pessoas de fora, é um exemplo disso, mas regularmente importante em situações transculturais.

O escambo é um sistema de troca, muitas vezes independente de dinheiro ou moeda forte, garantido por valores morais distintos, embora implícitos.

Por trás do sistema de escambo há uma comunidade cujos membros estão em uma relação simbiótica, em que, portanto, um princípio de *quid pro quo* atua implicitamente: "se você é gentil comigo, serei gentil com você; mas, se eu sentir que você está sendo injusto comigo, posso ser injusto com você depois". Todavia, a efetividade de um sistema de escambo depende da manutenção de certo nível de confiança entre os parceiros de permuta. Uma das funções sociais dos sistemas de escambo é separar os mecanismos da subsistência básica daqueles da produção de riqueza, facilitando assim a circulação equitativa dos artigos de primeira necessidade.

Muito amiúde, porém, pessoas de fora ou estranhos, completamente alheios aos princípios do escambo, abordam suas transações com uma mentalidade completamente diferente. Elas não procuram construir ou manter relacionamentos, mas sim aplicar princípios econômicos racionais (oferta e demanda, custo-benefício, satisfação pessoal) para obter algo barato e não conseguem entender por que os preços não são indicados como em seus próprios supermercados. Ao tentar uma redução do preço pedido, tudo o que elas podem conseguir é ser rudes e causar uma má impressão, pois o comerciante astuto normalmente "ganha". Ele ou ela imediatamente identifica o forasteiro como alguém com "dinheiro vivo" de uso geral, e agindo ansiosa ou imperturbavelmente, arrogante ou respeitosamente, combativa ou amistosamente, e consequentemente o comerciante elaborará a estratégia adequada. Após uma compra, o cliente pode ficar muito feliz por ter tido a redução do preço inicialmente pedido, enquanto o vendedor fica feliz por ter ganhado mais dinheiro vivo do que uma simples permuta teria gerado. Mas, embora o resultado possa ter deixado a ambos felizes, a transação não fez com que essas pessoas se tornassem amigas. Ela é muito mais um contrato racional (*do ut des*: dou para que você dê) do que uma troca relacional.

Além do escambo de bens perecíveis, uma economia local pode ou não utilizar moeda forte (a que se pode referir como "moeda de uso geral"). Como o nome indica, a moeda de uso geral pode ser usada para comprar qualquer coisa, de sal a cimento, de produtos de jardinagem a ornamentos de ouro. Mas, apesar de sua utilidade – assim como cartões de crédito, não é necessário carregar quantidades de bens para troca –, ela também tem limitações sérias e contribuiu para a desvalorização de muitas economias ao redor do mundo[50].

A circulação de notas bancárias e moedas na África e Ásia, cunhadas e garantidas pelas potências coloniais, "racionalizou" e simplificou um sistema. O novo dinheiro de uso geral indicava que o mercado estava completamente aberto àqueles que tinham riqueza suficiente em bens e serviços, mas também minava um sistema que funcionava com princípios morais específicos. Quando considerarmos as relações de parentesco, veremos como as instituições tradicionais de parentesco e casamento foram comprometidas com a ampla circulação do dinheiro de uso geral.

Aplicada à vida intercultural, essa informação deveria lembrar-nos de que nem todos os relacionamentos podem ser reduzidos à economia racional, e de que valor e importância são

---

50. Para discussão ulterior acerca desse tema antropológico clássico, cf. P. Sillitoe (2006, p. 1-26).

calculados diversamente em diferentes sociedades. Isso pode desafiar os membros mais obstinados de uma comunidade a terem uma maior flexibilidade e a construírem relacionamentos, em vez de agirem apenas pelos princípios da lógica fria e da equiparação absoluta. Algumas pessoas precisam e merecem mais ou menos do que outras. Um mundo – mesmo o mundo de uma comunidade religiosa governada por voto de pobreza – no qual as pessoas buscam uma igualdade econômica absoluta é um mundo insustentável porque os indivíduos são diferentes. Assim, para que uma comunidade multicultural se torne intercultural, as necessidades imediatas ou de longo prazo das pessoas devem ser compreendidas e abordadas com compaixão.

Pobreza religiosa é um tópico que será cada vez mais discutido e examinado em um contexto intercultural. Em uma comunidade em que os membros compartilham o voto de pobreza e na qual a virtude da simplicidade é valorizada, é preciso que haja um entendimento amplamente compartilhado das finanças comuns, da distribuição, da administração e de algumas das muitas convenções não escritas que regem a vida cotidiana, para que favoritismo ou parcialidade, desigualdade ou injustiça não gerem segredos, ciúmes, avareza ou dissensões na comunidade.

Nenhum sistema econômico pode garantir um fluxo contínuo de bens e serviços para todos de forma absolutamente igual. Algumas pessoas podem ter privilégios ou ser capazes de adquirir mais, enquanto outras são privadas. Em outros sistemas (às vezes chamados de "socialistas"), pode haver um esforço maior para assegurar que as pessoas mais necessitadas não sejam simplesmente deixadas para morrer. Portanto, é preciso que se analisem os princípios nos quais determinado sistema econômico se baseia: utilitarismo, capitalismo, igualdade, privilégio ou direitos, e assim por diante. Uma regra geral é que qualquer grupo social ou cultura duradoura – incluindo comunidades interculturais – *deve* ser capaz de gerenciar o fluxo de bens e serviços para sua sobrevivência.

O *parentesco* determina quem está relacionado com quem e como; quem pode ou não, ou deveria ou não, casar-se com quem; como certo comportamento é esperado de diversas pessoas, e que restrições se aplicam. O estudo do parentesco se concentra no que os seres humanos fazem com estes fatos básicos da vida: reprodução, gestação, filiação, socialização, fraternidade, e assim por diante. As regras de parentesco incluem o direito e o exercício da autoridade, escolhas (ou restrições) de casamento, de residência e direitos à terra. Cada cultura desenvolve regras ao longo do tempo, e os membros de sociedades sociocêntricas com um forte senso de dever não têm a liberdade de seguir objetivos privados ou pessoais, a menos que queiram pagar um alto custo pessoal ou social. Devido à enorme variedade de prescrições e proibições, e aos diferentes graus de seriedade moral a elas atribuídas, é especialmente importante que alguém de fora que se interesse por determinado grupo social aprenda suas regras, convenções e sanções. Mais uma vez, isso se torna altamente relevante quando consideramos a vida intercultural em si, especificamente em relação ao celibato como um valor cultural e religioso.

As regras de descendência estipulam como alguém está relacionado a certos antepassados, e os sistemas de parentesco se distinguem geralmente em patrilineares ou matrilineares, de dupla descendência ou cognáticos[51], e cada um desses sistemas serve para localizar cada indivíduo em uma rede de deveres e direitos. No entanto, regras universais de parentesco permitem um número às vezes desconcertante de sistemas sofisticados, dos quais nenhum pode ser compreendido simplesmente por intuição ou observação casual. As regras (quase universais) são: mulheres têm filhos, parentes primários não podem casar entre si, a autoridade fica sob controle masculino.

Uma comunidade intercultural pode ser composta de pessoas com entendimentos muito diferentes do que é uma família, quem está incluído e quais regras – especialmente as regras

---

51. Uma referência clássica é R. Fox (1967/1988).

de hospitalidade e piedade filial (dever para com os pais) – estão em vigor. Antigamente, os religiosos cortavam os laços com suas famílias de um modo bastante dramático e, em muitos casos, não se permitia que assistissem à morte ou ao enterro dos pais. Tradições como essa estão cada vez mais sob séria avaliação atualmente, quando tantas coisas mudaram: as viagens e a comunicação se tornaram muito mais fáceis, o apostolado dos religiosos está mais envolvido com o mundo exterior, em vez de isolado dele, e pessoas de muitas culturas diferentes têm uma grande variedade de costumes, cada um com sua própria razão persuasiva. O diálogo é um dos sistemas de suporte vital das comunidades interculturais, e a mudança evolutiva é um imperativo. O presente e o futuro devem ser negociados tanto com fidelidade ao compromisso religioso como com respeito àqueles fora da comunidade, com os quais os laços de parentesco e afinidade devem ser adequadamente respeitados e afirmados.

*Crenças e pensamentos (religião)* abordam (muitas vezes informalmente, pois pode não haver Escrituras ou proposições dogmáticas) as questões fundamentais da vida: Por que estamos aqui? De onde viemos? Para onde vamos? Por que as coisas são como são? Alguém é responsável pelo mundo? As pessoas podem compartilhar uma compreensão básica ou uma visão de mundo sem especular ou filosofar excessivamente acerca dos detalhes. Podem ter uma compreensão comum da causalidade e da responsabilidade moral, sem necessariamente serem capazes de listar "crenças" específicas. O modo de pensar, como notado, tende a ser concreto, e o mundo (até que a ciência intervenha) é mais ou menos aceito como determinado. As coisas simplesmente *são*, e há relativa falta de percepção de alternativas – às vezes, uma falta objetiva e, às vezes, uma simples falta de consciência – em relação à maneira como as coisas funcionam (Gittins, 1989).

O cristianismo em si é bastante incomum por ter um sistema tão formalizado de crenças codificadas e testes objetivos de ortodoxia. Mas muitas pessoas que se tornaram cristãs nos últimos séculos consideram sem sentido perguntas como:

"Você acredita em Deus?" Seria como perguntar: "Você acredita em terça-feira ou em árvores?" Não se "acredita" naquilo que simplesmente existe. Novamente, as conversas entre membros de diferentes culturas em comunidades interculturais correm o risco de naufragar em questões de crença. O cristianismo desenvolveu abordagens especulativas e filosóficas para questões, em última análise, sem resposta. Teólogos trabalharam para fornecer respostas, e o magistério da Igreja falou sobre em que se deve acreditar e (às vezes) exatamente como. Mas é preciso ter cuidado ao entrar em águas teológicas profundas em uma comunidade composta de pessoas de culturas, níveis de educação e perspectivas filosóficas muito diferentes.

Para a vida intercultural é importante o fato de que as quatro instituições sociais – política, economia, parentesco e religião – possam ser *institucionalizadas* ou *integradas*. No primeiro caso, elas seriam independentes umas das outras (como na "separação entre Igreja e Estado"). Assim, a política poderia ser identificada no Congresso ou na Suprema Corte em Washington, DC; a economia poderia ser entendida em relação a Wall Street ou à Bolsa de Valores; o parentesco, em casamentos ou funerais; e a religião, na mesquita, na sinagoga ou na igreja. Quanto mais institucionalizadas forem as instituições sociais, mais organizadas de maneira formal ou prescritiva serão: "É *assim* que as coisas são feitas aqui". Por outro lado, as instituições podem ser *integradas* – e globalmente isso é muito mais comum do que a institucionalização. Neste caso, as quatro instituições se entrelaçam, de modo que um casamento seria político *e* econômico, *e* relacionado ao parentesco *e* religioso: não há escolha entre um ou outro, mas sua inclusão. Isso cria um sistema mais integrado, em que os papéis são múltiplos e a especificidade é menos realçada.

Infelizmente, muitas pessoas (inclusive missionários ocidentais) familiarizadas apenas com uma cultura, na qual as instituições sociais são institucionalizadas, tendem a desvalorizar culturas e pessoas entre as quais as instituições são integradas. Podem-se ouvir críticas como: "Essas pessoas compram mulheres como gado, elas não têm uma cerimônia (religiosa) de casamento, não têm nenhuma lei ou política (partidária) e não têm religião, porque não há lugares de culto". Esses críticos não percebem que determinado sistema político pode utilizar vários modos de manter a lei e a ordem, que bens e serviços circulam de forma bastante eficaz, mesmo sem bolsas de valores ou bancos; que as pessoas sabem perfeitamente quem são em relação a todos os outros, e que a religião e o ritual não precisam de um clero ordenado, de catedrais ou mesmo de Escrituras, mas podem ser praticados em casa, na aldeia ou sob as estrelas, por pessoas que não precisam de livros, letramento ou dogmas. Em uma ampla variedade de formas e inúmeros contextos, as quatro instituições sociais sustentam todas as culturas do planeta. Mas, assim como diferentes línguas, sua articulação ou expressão particular precisam ser aprendidas – intencional e cuidadosamente: esse tipo de informação não pode ser adquirido informalmente – por qualquer pessoa que queira comunicar-se com os praticantes. Em uma comunidade intercultural, é necessário um grande aprendizado – alguns adquiridos informalmente, pelo desenvolvimento de relacionamentos mútuos, alguns mais sistematicamente.

**Sugestões para continuidade**
1. Pode ser muito esclarecedor refletir e discutir a respeito da cultura dos membros de sua comunidade, sob os aspectos *materiais*, *simbólicos*, *morais* e *institucionais*.
2. Para tornar o pensamento abstrato mais concreto e acessível a todos, tente identificar algumas de suas próprias virtudes culturais ou qualidades (e vícios) morais encontrados em pessoas reais: para você, o que é "um homem honesto", "uma mulher bonita"? E assim por diante, em vez de: "o que é honestidade" ou "beleza", de modo abstrato.

3. Se você reler a seção sobre escambo, pode aplicá-la de alguma forma aos relacionamentos interpessoais em uma comunidade? Você consegue entender como mal-entendidos podem surgir entre uma pessoa com uma mentalidade de "escambo para manter relacionamentos" em comparação com alguém com uma atitude de "comprar barato e economizar dinheiro para depois"?

4. As instituições sociais podem ser institucionalizadas (mais ou menos independentes) ou integradas (entrelaçadas umas com as outras). Você pode discutir a importância das instituições integradas em algumas das culturas representadas em sua comunidade e ajudar os outros a entender o poder da integração, em vez da separação?

# 4
# Cultura: vida, significado, pele, realidade

**Introdução**

Descrevemos inicialmente cultura como "a parte do ambiente feita pelo ser humano" – ou o que as pessoas fazem do mundo em que vivem. Para nós, no entanto, as implicações são pelo menos tão importantes quanto a descrição. A cada momento, cada pessoa vive concretamente em um dos muitos "mundos" possíveis, que variam do fortemente industrializado ao de um nível básico de subsistência, do agressivamente secular ao devotamente religioso, do altamente assertivo e competitivo ao mais dócil e colaborativo, e do tropical ao ártico ou do mundo montanhoso acidentado ao das ilhas baixas ou planícies.

Podemos muito bem imaginar o que poderia acontecer se indivíduos provenientes de alguns desses muitos "mundos" diferentes se reunissem em um só lugar por um tempo. Haveria muitos desafios e muito seria exigido de todos, especialmente daqueles menos familiarizados com os ritmos e os ciclos anuais, a linguagem e a vida cotidiana convencional do local em que se encontrassem. Suas respostas variariam enormemente e dependeriam de muitos fatores, incluindo experiências anteriores de diferentes "mundos", temperamento, idade, motivação pessoal. Tudo isso pode ser matéria de reflexão. Mas, conforme avançarmos, precisaremos ser mais explícitos ao explorar como um encontro hipotético pode transformar-se em uma comunidade real com cada membro individualmente comprometido com a vida intercultural a longo prazo. No capítulo 8, consideraremos também como as pessoas podem viver "entre" mundos ou, alternativamente, subsistir em uma relação desconfortável e incômoda com seu ambiente e comunidade.

Neste ponto, voltamo-nos para as outras quatro definições descritivas de cultura como "forma de vida social", um "sistema gerador de significados", "pele social" e uma "realidade social duradoura". Isso nos fornecerá informações específicas úteis para os indivíduos em comunidade enquanto se esforçam para construir um novo lar.

**Cultura como "forma de vida social"**

Como configuração ou forma de vida social, a cultura abrange tudo o que acontece rotineiramente na vida diária de um grupo, mas também se manifesta nas respostas geradas em tempos de crise ou por eventos inesperados. Além de uma compreensão teórica da cultura, precisamos de uma "compreensão cultural" ou de sensibilidade à experiência transcultural real. Isso exige de nós que contextualizemos apropriadamente certos comportamentos que os de dentro do grupo consideram incomuns ou anormais. Nem tudo é normal, esperado ou aprovado, e os de dentro da comunidade sabem, muito melhor do que os que são de fora, como julgar eventos ou comportamentos em uma escala que vai do aceitável e aprovado ao inaceitável e repudiado.

Antes de podermos esperar criar uma comunidade intercultural, os indivíduos precisam ter tido pelo menos uma significativa experiência transcultural, pela qual tenham entendido que são os "de fora" no mundo de outra pessoa[52]. A maioria, se não todos, daqueles que tentam construir uma comunidade

---

52. Este não é um requisito absoluto, mas qualquer pessoa que não tenha enfrentado suficientemente suas preferências e seus preconceitos pessoais, o desafio de sair de sua zona de conforto, a experiência de grande vulnerabilidade e a delicada interação entre estranho e anfitrião ainda não está pronta para mudar-se para um ambiente intercultural e pode achar isso pessoalmente traumático e socialmente perturbador.

intercultural é inicialmente de fora (pelo menos para a nova comunidade), e seu desafio coletivo é construir uma nova cultura religiosa (identificada no capítulo 2 como "cultura E") em que pessoas de várias etnias possam habitar *in unum* como uma comunidade. Sendo de fora, portanto, todos precisam desenvolver pelo menos três perspectivas e habilidades: primeiro, envolver-se na vida social diária por um período significativo de *tempo*; segundo, ser capaz de distinguir os diferentes *tipos* de comportamento; e, terceiro, entender a relação e a diferença entre o *real* e o *ideal*. Consequentemente, consideraremos a importância da passagem do tempo, diferentes tipos de comportamento e a diferença entre o ideal e o real.

### 1. A passagem do tempo[53]

Por toda a terra há estações e há mudanças. As estações podem variar de duas a meia dúzia: seca/chuvosa, quente/fria, plantio/colheita, primavera/verão/outono/inverno, ou até mesmo serem nomeadas de uma variedade interessante de modos relacionados a mudanças climáticas ou variações ocupacionais. O que é particularmente significativo ao longo do ciclo anual será identificado e nomeado de alguma forma em diferentes culturas. O ciclo anual pode determinar não só plantio e colheita, pesca ou deslocamentos, caça ou coleta, ou trabalho e repouso, mas também casamentos, construção de casas, viagens e outras atividades. No entanto, quem quer que entenda e interprete a cultura como "forma de vida social", seja ele de dentro da comunidade ou de fora dela, deve ter estado nela tempo suficiente para experimentar o ciclo anual e identificar seus diversos humores e atividades. Somente então o presente pode ser interpretado em termos de passado e de futuro.

Para os de fora, a paciência é de suma importância, enquanto aprendem a esperar, a suspender o julgamento e a lidar com as frustrações diárias consigo mesmos e com os outros. Assim, eles

---

53. A esse respeito, cf. E. T. Hall (1959, p. 15 e 128-145).

lenta, meticulosa e às vezes dolorosamente aprendem e interpretam a forma da vida diária enquanto emerge e muda ao longo do tempo. Porém, fazer perguntas também é crucial. Algumas pessoas tentam resolver as coisas por si mesmas, acreditando que fazer perguntas seja sinal de fraqueza ou algo apenas para ignorantes. Mas todos, em certa medida, somos de fora, ignorantes e fracos: isso é em parte o que nos define. Geralmente, as pessoas estão muito dispostas a ajudar-nos em nossa fraqueza e ignorância – se pedirmos de modo apropriado!

Começando a escrever isso em Chicago, enquanto o inverno mais severo já registrado se recusava a dar lugar à primavera, percebi facilmente que toda a cidade estava exausta pelo inverno interminável e aguardava ansiosamente os sinais de que a primavera de fato chegaria. Contudo, sabia-se bem que em alguns meses as pessoas estariam reclamando do calor insuportável ou procurando pelos primeiros sinais das previsões anuais de outro inverno interminável. Mas alguém experimentando um inverno em Chicago pela primeira vez não tem uma ideia real de sua duração ou severidade, se este é um inverno normal ou extremo, ou quando terminará. Tal pessoa, sem experiência, só pode suportar e procurar algum conforto nas garantias de outras pessoas. Assim, a "forma de vida social" em Chicago, como em qualquer outro lugar, depende em certa medida de condições externas (clima), e a compreensão disso depende da familiaridade do observador com o ciclo sazonal e com o que constitui condições normais ou anormais.

### 2. Tipos de comportamento

Todos tendem a interpretar e a julgar as coisas bastante subjetivamente, por critérios que lhes são familiares e através das lentes distorcidas de preferências e de preconceitos pessoais. Nossa segunda perspectiva interpretativa, então, é o comportamento real das pessoas. Mas precisamos refinar isso, se quisermos ser capazes de distinguir o normal do anormal, o legal do ilegal, o habitual do instintivo e o aprovado do desaprovado.

Assim, o desafio não se limita apenas a *observar* o comportamento, mas também a *interpretá-lo*. É inadequado, e muitas vezes desrespeitoso, julgar o comportamento de outras pessoas como algo sem sentido ou repugnante, sem ter ideia dos critérios para "sentido" ou "repugnância" (ambos culturalmente codificados). E, se simplesmente impusermos nossas próprias categorias e julgamentos, agiremos por ignorância ou arrogância e certamente por etnocentrismo[54].

Há várias questões que precisaríamos abordar para entender a cultura como uma forma de vida social que compreende o comportamento real das pessoas. Mesmo para responder à pergunta "o que estava acontecendo?", precisamos fazer algumas distinções. Primeiro: "O que eu acho que vi acontecer?" Fazer essa pergunta é reconhecer implicitamente uma possível discrepância entre a percepção e a compreensão do agente e do observador. Um observador ignorante de um pescador, de uma partida de críquete, de um jogo de xadrez ou de um controlador de tráfego aéreo talvez consiga identificar o comportamento bruto desses agentes sem entender seu significado ou saber se é normal ou anormal, geralmente aprovado ou desaprovado, excepcional ou rotineiro. "O que eu vi?" não é passível de uma resposta simples, e a essa devem ser acrescentadas várias outras questões: "O que eu e a outra pessoa achamos que realmente *estava* acontecendo? O que cada um respectivamente pensou *sobre* o que estava acontecendo? O que achamos que *deveria estar* acontecendo?" Também poderíamos adicionar: "O que a comunidade (seja minha comunidade religiosa local, seja a comunidade mais ampla da qual fazemos parte) pensa/pensa a respeito/espera?" Isso revelará exatamente o quão sutil e complexa é a questão de determinar e explicar a "forma de vida social" em determinado dia e em determinada comunidade.

---

54. Isso se tornará mais claro na próxima seção, cultura como "sistema de construção de sentido", e mais tarde.

## 3. O ideal e o real

Existe o perigo de que o de fora ingênuo julgue apenas por elementos externos. O comportamento real só pode ser adequadamente compreendido quando conectado ao sistema subjacente – invisível – de crenças e pensamentos. Haverá sempre uma discrepância potencial entre ações (visíveis) e motivações (invisíveis). As crenças podem ser implícitas ou explícitas, mas o comportamento nem sempre corresponde às crenças professadas pelas pessoas. "Eu não sou racista!" pode ser uma convicção ou uma crença firmemente arraigada que pode ser palpavelmente desmentida por meu comportamento real, quer eu o admita quer não. Igualmente, as pessoas podem afirmar que respeitam os outros, que se preocupam com os pobres ou que são hospitaleiras com desconhecidos, mas "as ações falam mais alto que as palavras": é fácil professar certos valores ou princípios morais, mas a situação real de quase ninguém corresponde aos padrões segundo os quais alguém afirma viver. Nem a vida social é sempre harmoniosa, virtuosa ou legal. As pessoas podem ter bons desejos ou boas intenções, mas ocorrem patologias, e os de dentro (e os de fora com conhecimentos apropriados) podem identificar comportamentos ignóbeis ou heroicos juntamente com o que é normal ou aceitável. A patologia social e a virtude coexistem em qualquer sistema social, mas é necessária reflexividade para determinar quem atribui a designação "patológica" ou "virtuosa" a quaisquer ações[55]. Serão os de fora, em geral, os de dentro da comunidade ou simplesmente indivíduos de dentro ou de fora? O estudante de qualquer cultura é desafiado a identificar as aspirações das pessoas, os anseios por uma vida mais harmoniosa e as expectativas que depositam em si mesmas e nos outros. Quem é de fora raramente está em posição de julgar – apenas com base nas ações externas – as ações e motivações dos outros.

---

55. A reflexividade combina autorreferência (reflexão), revisão contemplativa (mais reflexão) e reação espontânea (reflexo), em uma tentativa de interpretar e compreender mais profundamente.

Por fim, é importante lembrar que, quando falamos de cultura, não estamos simplesmente identificando as maneiras individuais ou suas idiossincrasias: o comportamento cultural constitui tanto o que é "costumeiro" – o comportamento-padrão, normal e aceitável do grupo – como o comportamento (às vezes habitual) que se desvia das normas esperadas. O comportamento social é apoiado por sanções positivas ou negativas: recompensa ou afirmação, ou punição ou desaprovação. Sem tais sanções, as pessoas não crescerão para ser reconhecidas ou punidas; e sem sanções haverá confusão generalizada ou anarquia, levando à corrosão e até mesmo ao colapso de uma cultura.

**Cultura como "sistema gerador de significado"**

Um sistema permeia um organismo ou campo de pensamento. Em uma linguagem, dadas certas normas e a aplicação apropriada das regras, o sistema (gramatical, fonético, fonológico e semântico) possibilita a comunicação inteligível. Todos os sistemas de comunicação bem-sucedidos garantem um fluxo de informação apropriado entre o(s) remetente(s) e o(s) destinatário(s), mas isso pode funcionar em vários níveis, do super-rápido e supereficaz ao dolorosamente lento e dificilmente funcional. Se uma cultura é vista como um sistema gerador de significado, ela não precisa ser tecnicamente perfeita, mas só pode operar onde existam padrões mínimos de inteligibilidade mútua. O que acontece com a linguística ou com a comunicação não verbal acontece também com a cultura em geral.

Uma analogia da linguística teórica pode nos esclarecer sobre as línguas como sistemas geradores de significado, mas tem uma aplicabilidade mais ampla, para entendermos como as culturas funcionam. Distinguimos três critérios para julgar a comunicação eficaz como transmissora de significado: *gramaticalidade*, *aceitabilidade* e o próprio *significado*[56]. Ao identificarmos essas

---

56. Para uma descrição mais detalhada, cf. A. J. Gittins, *in*: G. Arbuckle (2010a, p. xi-xvii).

características linguísticas, veremos sua aplicabilidade mais ampla a relacionamentos sociais em geral.

### 1. Três níveis de significado

(a) *Gramaticalidade*. Uma *gramaticalidade* perfeita significa que a linguagem do falante ou escritor observa estritamente todas as regras gramaticais e sintáticas (ordem e relação das palavras) de determinado sistema de linguagem. Isso produz uma correspondência formal entre as regras e sua aplicação. No entanto, às vezes, pode produzir uma linguagem pedante ou não natural (como uma conformidade servil à regra que distingue "chegar a/chegar no", ou a regra sobre não começar frases com pronomes pessoais do caso oblíquo ou não usar pronomes do caso reto como objeto direto)[57]. Noam Chomsky, o grande inovador na linguística teórica nos anos de 1950, criou uma frase gramaticalmente ordenada e correta para observar que, ainda assim, ela é perfeitamente sem sentido: "Ideias verdes incolores dormem furiosamente". Apenas a gramaticalidade, então, é claramente insuficiente para uma comunicação eficaz. Mas, para nossos propósitos aqui, isso também nos lembra que o que é totalmente ortodoxo em teologia ou pedagogia (ou para uma pessoa em um contexto específico) pode parecer um jargão sem sentido para um ouvinte ou destinatário: totalmente insignificante. Algumas declarações teológicas ou instruções religiosas são bastante incompreensíveis para a maioria das pessoas. Se quem fala falha em transmitir uma mensagem significativa ou se o ouvinte falha em decodificá-la adequadamente, o sistema de comunicação é claramente inadequado. Esse princípio se aplica de forma muito pertinente à comunicação em um contexto intercultural.

---

[57]. Embora seja gramaticalmente correto "chegar a", a maioria das pessoas diz, e aceita, "chegar em/no/na/". Ainda que este último uso seja considerado errado, pode dever-se a uma "contaminação" do movimento ("chegar *a*") pelo repouso ou estado: quem "chega a" já "está *em/no/na*" (Luft, 1981, p. 116).

(b) *Aceitabilidade* é outra medida apropriada de uma transmissão bem-sucedida de informação. É uma forma de determinar se a mensagem é recebida e entendida como o transmissor pretendia. Não se trata de normas absolutas, mas de correspondência relativa: enquanto a transmissão da informação for adequada ou satisfatória, embora nem sempre atenda de modo absoluto aos padrões de correção formal, ela passa no teste de aceitabilidade. Em uma conversação real, a maioria das pessoas hesita, repete-se e desvia das regras formais, mas sua conversa ainda é perfeitamente aceitável para ambos os interlocutores. Há momentos e lugares, no entanto, em que o que é aceitável em uma situação não é aceitável em outro lugar: completar um teste escrito sobre o uso do português requer respostas que vão além do que seria aceitável em uma conversa casual. Da mesma forma, para atender ao critério de aceitabilidade, dirigir-se a uma pessoa de certa posição ou dignidade exige um padrão de fala muito mais elevado do que seria aceitável em uma conversação casual ou informal. Alguém que fala português como segunda língua e não observa todas as regras gramaticais com precisão pode ser considerado um falante muito mais aceitável do que um falante nativo que faz o mesmo: a aceitabilidade depende significativamente das pessoas e das circunstâncias. Às vezes, a aceitabilidade é uma questão negociada mutuamente, especialmente quando a comunicação idiomática ou comportamental está em questão, ou quando a comunicação é entre membros de comunidades culturais ou linguísticas diferentes.

(c) *Significado*. Novamente, este critério não é absoluto, mas relativo a pessoas, lugares e tempos. A semântica é o estudo do significado em suas inúmeras formas e, a menos que a comunicação negocie o significado com sucesso entre duas partes, ela falha. Considere as histórias e poemas de Lewis Carroll, autor dos clássicos *Alice no país das maravilhas*, *Alice do outro lado do espelho* e muito mais. Seu poema *Jagadarte*, na tradução de Augusto de Campos* começa assim

> Era briluz. As lesmolisas touvas
> roldavam e relviam nos gramilvos.
> Estavam mimsicais as pintalouvas,
> E os momirratos davam grilvos.

Entre as muitas coisas interessantes que poderiam ser ditas sobre essas linhas, duas são pertinentes para nós. O verso é *gramaticalmente perfeito*: obedece às regras da gramática portuguesa, embora os substantivos e verbos não possam ser encontrados em nenhum dicionário. E, embora não seja *aceitável* para os pedantes falantes nativos do português, é, de um modo estranho, *significativo*. Para crianças que ainda não aprenderam vocabulário suficiente em português e, portanto, ainda não sabem quais palavras estão realmente em português e quais não estão, esses substantivos e verbos *poderiam ser* palavras em português, de uma maneira que muitas outras obviamente não são. (Crianças aprendendo o português são bastante capazes de identificar muitas palavras ou combinações de lexemas que definitivamente não estão em português!) O poema apela à imaginação e invoca um mundo possível em que a imaginação preenche o que as palavras em si mesmas apenas sugerem. Intuitivamente, a criança brilhante ou o aprendiz da língua nativa conseguirá distinguir (embora informalmente) um verbo (roldavam) de um substantivo (lesmolinas) ou de um adjetivo (touvas).

Como, então, podemos caracterizar o significado? *Jagadarte* é significativo porque, embora muitas palavras do poema não tenham significado real, estão abertas a muitos significados possíveis. O poema não é sem sentido, mas tem um não sentido: cada arranjo de letras *poderia ser* uma palavra em português, porém elas estão vazias de sentido por nunca terem sido usadas em uma comunidade de fala que lhes desse significados-padrão.

---

*Redação. "A arte de traduzir Lewis Carroll". Bravo Online. Consultado em 2 de agosto de 2024 [N.T.].

Pais cujos filhos estão aprendendo a falar ouvem frequentemente seus filhos produzindo sons que de fato não se encontram nos dicionários, pois não têm significado real. Mas os pais ficam eufóricos porque significam algo *no contexto*, e *para o filho e para a mãe*. Essa criatividade na linguagem demonstra a habilidade emergente na criança de atribuir significado aos sons. Assim, identificamos níveis de significado entre estudantes de línguas, adultos e, por extensão, membros de uma comunidade intercultural que se empenham por fazer-se entender.

Um exercício comunitário útil pode ser perguntar o que é e o que não é "gramatical", "aceitável" e "significativo" na vida diária da comunidade.

(d) "Criatividade ditada por regras" é a capacidade gerativa existente em cada idioma que permite que um número quase infinito de enunciados seja gerado *e compreendido* a partir da aplicação de um núcleo limitado de regras gramaticais[58]. Natural para o falante nativo é uma aquisição difícil para aqueles que se esforçam para dominar uma segunda língua. Como no xadrez as regras são poucas, mas os movimentos são ilimitados, serão necessários anos até que os membros das comunidades interculturais tornem-se tão hábeis quanto jogadores de xadrez. No entanto, os membros de comunidades interculturais não deveriam precisar aprender a viver na interculturalidade como se isso correspondesse a dominar centenas de frases diferentes para centenas de ocasiões diferentes. Lentamente, à medida que se tornam parte de uma comunidade orgânica em evolução, eles passam a conhecer a "gramática" da vida intercultural. Chega um momento – assim como no processo de aquisição de uma língua estrangeira – em que eles realmente se tornam criativos e já não mais aplicam constrangidamente as regras da comunidade de modo convencional ou programado. Chega o dia em que se tornam espontâneos e desinibidos. Isso, que constitui um grande

---

58. Em um estudo inovador, N. Chomsky (1957) identificou um núcleo de cento e cinquenta regras em inglês. Com esse número limitado de regras, um número praticamente infinito de enunciados válidos (frases completas ou parciais, orais ou escritas) poderia ser gerado.

alívio, sinaliza uma nova fase na vida da comunidade intercultural. Saber que nas "regras" da vida cotidiana ainda podemos ser criativos, fazer e dizer coisas nunca feitas ou ditas daquela forma precisa antes, e ser compreendidos por outros que compartilham nossas intuições, tudo isso abre espaço para um novo nível de vida intercultural que permitirá um futuro não totalmente dependente do passado e uma nova forma compreensível, aceitável e piedosa de viver a vida religiosa.

**Cultura como "pele social"**

Essa imagem simples requer um pouco de introspecção e, depois, qualquer um pode lidar com ela. A pele é o maior órgão do corpo humano. Enxertos são difíceis e até impossíveis. Se severamente queimada, a morte pode ser inevitável. E, ainda assim, a pele pode suportar inúmeras cicatrizes, cortes, rugas e muitas patologias dermatológicas. Não podemos estar "na pele de outra pessoa". E, se fôssemos despojados, ou esfolados, da nossa, certamente morreríamos. Por analogia, culturas, como a pele, não precisam ser perfeitas e podem suportar desgastes e traumas. Mas a integridade da pele é tão necessária para a vida quanto a integridade de uma cultura: se for cortada, fraturada e não receber cuidados, uma pessoa pode sangrar até a morte.

Assim como a pele de ninguém que viva há muitos anos é impecável, também nenhuma cultura (que é moldada e mantida por seres humanos) está livre de falhas, deficiências e às vezes condições patológicas. Corpos humanos podem sofrer amputação de membros, doenças que colocam em risco a vida ou traumas de fontes externas; assim também as culturas: são igualmente vulneráveis, interna e externamente, a forças debilitantes ou destrutivas. Com tratamento apropriado, corpos humanos podem reajustar-se e ficar curados, e assim também as culturas humanas. Mas, assim como indivíduos humanos ou mesmo sociedades inteiras, culturas não têm sobrevivência garantida, e as areias do tempo estão repletas de vestígios de culturas extintas que seus povos acreditavam serem imortais.

Para uma comunidade intercultural, essa analogia oferece lições importantes. Limitações pessoais são naturais e inevitáveis, e algumas disfunções podem ser superadas com o tempo e com cuidados apropriados. Contudo, algumas situações podem estar além da redenção. Segundo a "regra do cem" (bem conhecida nas unidades hospitalares de tratamento de queimaduras), à medida que a porcentagem de queimaduras graves no corpo somadas à idade do paciente excede cem, a probabilidade de sobrevivência se aproxima de zero. Se uma comunidade for severamente ferida em seus membros e sua resistência for diminuída em virtude de sua alta idade média, então a analogia sugere que as chances de continuar como uma comunidade viável diminuem até o ponto zero. Quando a boa vontade é insuficiente e falha, e habilidades e virtudes apropriadas não foram desenvolvidas (Gittins, 2009, p. 9-22)[59], haverá poucos recursos a que uma comunidade possa recorrer em tempos de crise grave. Tentativas de vida intercultural devem ser sustentadas ao longo de muitos anos. Algumas comunidades prosperaram por um tempo, mas murcharam e morreram de doenças causadas por fatores externos ou de um câncer crescendo indetectado internamente. Embora não haja garantias de sobrevivência, nem prescrições mágicas que garantam uma vida intercultural saudável, é possível vivê-la, e – assim como por boa saúde e longevidade – vale muito a pena lutar por ela.

**Cultura como "realidade social duradoura"**

Culturas surgem e caem, florescem, desvanecem e morrem. Aqui está algo para nutrir a vida intercultural. A cultura é transmitida ao longo do tempo, através das gerações, em um processo contínuo, em vez de um simples fato social. Nenhuma comunidade religiosa se desenvolve espontaneamente. São necessá-

---

59. As habilidades identificadas aqui incluem: respeito pelas pessoas e culturas, comprometimento na busca da verdade mediante o diálogo respeitoso, cultivo de uma postura de aprendizagem, aprender "mobilidade descendente" e aceitar a marginalidade, cultivar uma abordagem ecumênica e aprender a sabedoria da parteira (para facilitar sem interferir).

rias gerações para desenvolver uma identidade e "mitologia" – ou seja, o compêndio de histórias sobre si mesma, contendo inspiração e heroísmo, embora talvez não verdade literal. Desenvolver um *éthos* comunitário – a sensação ou forma que identifica e distingue uma comunidade específica – leva tempo. As pessoas, então, entram em uma entidade social estabelecida e são incorporadas a ela de várias maneiras. Não se cria uma comunidade intercultural da noite para o dia – ela precisa de tempo para desenvolver seu próprio *éthos* ou identidade. Parte de uma realidade social preexistente que pode ter perdurado por séculos, ela também está no processo de maior evolução ou transformação orgânica. Os membros podem apreciar como as coisas foram feitas, mas também criam algo novo: uma nova forma de viver religiosamente, uma nova cultura religiosa. Visualizar a cultura como "realidade social duradoura" pode ajudar nesse processo.

Embora algumas culturas (chamadas "tradicionais") possam parecer em estase ou equilíbrio, cada cultura está em um processo de mudança, seja relativamente lento, seja muito rápido. Algumas culturas adaptam-se melhor às mudanças do que outras. A realidade (o que as pessoas consideram ser real) é socialmente construída: as pessoas nascem em uma comunidade preexistente que já interpretou o mundo e determinou o significado das coisas, dos eventos e dos relacionamentos (Berger; Luckmann, 2014). Certas coisas em cada cultura são aceitas sem questionamento: são "fatos sociais". "É assim que fazemos as coisas aqui" seria um exemplo em toda cultura e em toda comunidade (religiosa). Isso fala de tradição e permanência, em vez de caos ou aleatoriedade. Claro, culturas e comunidades mudam, mas quanto mais "tradicional" ou estabelecida uma cultura for, mais evidente será certa resistência intrínseca à mudança. O processo de socialização, pelo qual um indivíduo é integrado ao mundo de significado preexistente, vai muito além dos primeiros anos (cf. a seguir). Mas, uma vez adequadamente socializado, torna-se cada vez mais difícil para alguém pensar que seus pensamentos ou maneiras estão errados: este é o desafio da conversão para todos, e esse estado de espírito é particularmente testado quando mundos de significado colidem ou interagem, como no caso da formação de uma comunidade intercultural.

**A necessidade de esclarecer a terminologia**

A esta altura deveria estar claro que cultura é um tema complexo e sujeito a grandes mal-entendidos, a simplificações excessivas e a essencialização ou reificação (o costume de dizer coisas como "esta cultura acredita que…" ou "a cultura X trata as pessoas como…"). No entanto, como a cultura em si não é um agente pessoal, ela não pode "acreditar", "pensar" ou "agir": são as pessoas que fazem tais coisas. Distinguimos, portanto, entre atribuir coisas ou ações a "uma cultura" e identificar os agentes humanos. A cultura é uma abstração até ser animada por agentes. Reivindicar que "minha cultura faz isso" ou que "culturas precisam conversar entre si" é impreciso, inútil e até mesmo uma tentativa bastante grosseira muito frequente de justificar nosso próprio comportamento.

Além de não essencializar a cultura, também não devemos ser levianos com outros termos a ela relacionados. Várias palavras (algumas já mencionadas: monocultural, bicultural, transcultural e multicultural) são compostas de "cultura", e outras (enculturação, aculturação, inculturação e intercultural) podem causar confusão quando usadas de forma inadequada. Aqui, como ponto de referência, está um glossário dessas quatro palavras, que pertencem a dois grupos.

Grande parte da terminologia relacionada à cultura pertence às ciências sociais, especialmente à sociologia e à antropologia: cultura/enculturação/aculturação são termos sociológicos. Mas os teólogos, tendo-se tornado cada vez mais conscientes nos últimos anos da importância da cultura em relação à fé e à religião, adotaram a linguagem sociológica, embora nem sempre de forma habilidosa ou precisa. Contudo, "inculturação" e "intercultural" são neologismos teológicos que incorporam o termo sociológico "cultura" em parte do seu significado. Como palavras especificamente teológicas, são normalmente desconhecidas na disciplina de sociologia/antropologia geral. Além disso, uma complicação adicional é que "multicultural" tem sido usado de forma ambígua ou polissêmica há décadas, às vezes sem nenhuma conotação teológica e outras vezes decididamente teológica.

A compreensão dos termos sociológicos *enculturação* e *aculturação* e dos termos teológicos *inculturação* e *intercultural* requer um entendimento prático da sociologia da cultura. Mas, como já observamos, alguns teólogos têm uma visão muito pouco técnica da cultura, e alguns utilizam as palavras inculturação e enculturação como sinônimas, confundindo o que identificam como inculturação com o que na verdade é (sociologicamente falando) aculturação. A enorme confusão é agravada pelo fato de muitas pessoas não terem consciência do labirinto linguístico em que entraram. Os termos precisam ser esclarecidos.

*Enculturação* (ou socialização) (Shorter, 1988, p. 3-6) é o processo (cultural) pelo qual uma criança recém-nascida gradualmente aprende sua cultura e torna-se um membro adulto de um grupo social[60]. Ela proporciona às pessoas suas raízes culturais, mas inevitavelmente inclui certa medida de etnocentrismo e pode ser identificada em três estágios.

*Socialização primária*: é constituída por todos os processos que moldam uma criança desde o nascimento até a idade da razão (até por volta dos sete anos, universalmente). A habilidade de distinguir o certo do errado é a principal conquista durante esses anos e é altamente dependente da estabilidade familiar *e* da cultura em que vive. Um senso moral faz parte da condição humana, mas pode ser distorcido por uma socialização deficiente devido a um lar desintegrado ou instável, e é expresso de maneiras variadas entre culturas. Todo grupo social ensina virtudes, mas também encarna vícios, e as crianças aprenderão

---

60. Dois clássicos a esse respeito são Berger e Luckmann (2014) e J. Beattie (1964). Cf. também A. J. Gittins (2002a, p. 64-72).

como *devem* comportar-se. Contudo, uma menina criada no tradicional Bornéu terá um senso de moralidade bastante diferente da de um menino criado na moderna Califórnia, embora ambos os casos compartilhem características comuns e cada criança deva ser responsável por suas ações.

*Socialização secundária*: diz respeito aos processos sociais que continuam a moldar uma pessoa à medida que se aproxima da maturidade. Uma criança em desenvolvimento faz escolhas pessoais, torna-se menos dependente dos pais e da vida familiar, e passa a ser influenciada por um grupo de pares. Ao final da socialização secundária, a pessoa em crescimento possui a capacidade de reformular sua socialização inicial com base em aprendizado, experiência e atração (frequentemente contrária) do grupo de pares, assumindo o controle, agindo com liberdade e responsabilidade. A principal conquista durante esses anos é um senso de autonomia, interdependência e responsabilidade pessoal. Esse processo nem sempre acontece facilmente ou de modo coerente, muitas pessoas lutam por anos até a idade adulta para se tornarem, de fato, adultos maduros e equilibrados. Assim, mais tempo, energia e foco são necessários, já que a socialização secundária não conclui o desenvolvimento humano.

A *socialização terciária*: é, então, um complemento necessário e útil, porque as pessoas podem mudar, e realmente mudam, após atingirem a idade adulta. Às vezes chamada de "ressocialização", para os membros de comunidades interculturais, a socialização terciária pode ser interpretada como "formação contínua", "conversão contínua" ou "transformação". Os membros da comunidade devem reconhecer que o processo de formação de uma comunidade intercultural é, por si só, parte da socialização de cada pessoa. Todo o conteúdo deste livro pode ser compreendido como uma introdução à socialização (religiosa) terciária – e, em alguns casos, até mesmo como uma socialização secundária remediadora.

A enculturação bem-sucedida, então, requer uma comunidade estável com valores duradouros e um modelo consistente e exemplar por parte dos pais ou de "pessoas significativas" que tenham autoridade tanto moral como legal. Elementos importantes da vida cotidiana e expectativas devem ser padronizados e moralmente obrigatórios; caso contrário, o caos se instala. Isso ocorre especialmente em famílias desestruturadas, nas quais regras e expectativas variam notavelmente de uma figura de autoridade para outra, ou nas quais uma só pessoa tem exigências altamente inconsistentes. No contexto de uma comunidade intercultural, portanto, uma vez que várias pessoas podem estar no processo de enculturação, é crucial que as regras, as expectativas e as sanções sejam claras, para evitar confusão generalizada, frustração e descontentamento.

A *aculturação* é identificada como os efeitos do encontro entre duas culturas (ou, mais apropriadamente, os membros de dois grupos culturais diferentes), embora se use a mesma palavra também para o que chamamos de "mudança cultural". Qualquer contato entre culturas afetará cada uma delas. Mas, se imaginarmos cada cultura como tendo uma consistência ou composição um pouco diferente de todas as outras, podemos imaginar os resultados. Se um ovo fresco, recém-posto, e um pedaço de granito entrarem em contato brusco, os resultados para cada um serão muito diferentes. O granito parecerá praticamente inalterado, enquanto o ovo poderá ser totalmente destruído! Tais são os efeitos da aculturação, que variam enormemente de caso para caso. Em uma comunidade intercultural, para alguns membros o processo de aculturação será relativamente tolerável devido à resiliência de sua própria cultura e à exposição prévia a outras culturas. Mas outros podem sentir-se como o ovo recém-posto após o encontro com o pedaço de granito: pode ser bastante traumatizante, a menos que cada pessoa seja conscientemente sensível ao ajuste requerido pelos outros membros. Insensibilidade e desatenção com o bem-estar pessoal podem minar as perspectivas de construção da comunidade antes que alguns membros tenham tido a oportunidade de ajustar-se[61].

Praticamente não há cultura alguma em completo isolamento atualmente, então o contato entre culturas é um fato social universal, acelerado pela internet e por tecnologias afins. Uma das partes, pelo menos, sempre é alterada no processo. Como uma transfusão de sangue, pode beneficiar a vida – ou ser mortalmente prejudicial. Ao consideramos a vida intercultural, é importante lembrarmos tanto do potencial como do perigo.

Um componente da aculturação é o impacto da "velocidade de mudança" em cada cultura. Uma cultura pode ser altamente inovadora, ao passo que outra é muito mais conservadora. Enquanto os membros da primeira cultura estarão acostumados a mudanças frequentes, ou mesmo as esperem, os membros da segunda podem descobrir que, uma vez adaptados à expectativa de que se comportem de determinado modo em certas circunstâncias, mudanças nas regras e nas expectativas os deixam confusos e emocionalmente desequilibrados. Pessoas de culturas diferentes esperam ou toleram a continuidade ou a mudança em ritmos muito diferentes, e, ao tentar moldar uma comunidade intercultural de paz e cooperação, a liderança, especialmente, deve aprender a lidar com hábitos e normas culturais que variam muito de pessoa para pessoa.

*Inculturação*. Para entendê-la, devemos situá-la firmemente no campo da teologia: tem a ver com Deus e a fé. Porque, como observamos, e o elaboraremos mais adiante no próximo capítulo, só podemos viver nossa fé através de nossa cultura, identificamos a inculturação precisamente como o modo de cada pessoa viver sua fé no dia a dia. Dada a distinção entre aculturação

---

61. A seguir (cap. 8 e 10), trataremos da sociologia do estranho, notando que cada um de nós é, e deve ser, um estranho de algum modo. Identificaremos alguns estágios de transição e estratégias de enfrentamento. Mas, se alguém de fora (estranho), entusiasmado pela comunidade, for expulso dela antes de ter a chance de tornar-se iniciado, toda a prontidão teórica será em vão.

(contato cultural) e inculturação (fé vivida), devemos observar que, propriamente falando, a expressão "inculturação litúrgica" é incorreta: a fé é o sujeito da inculturação, não a liturgia, o rito, sua tradução ou adaptação. A expressão, rigorosamente falando, deveria ser "aculturação litúrgica" ou "adaptação litúrgica". Se, contudo, as modificações litúrgicas produzirem uma colheita de renovação na maneira como a fé é realmente vivida, então essa colheita – e não a liturgia em si – é a fé inculturada.

Mas, uma vez que a inculturação como tal não é o assunto deste livro – embora seja crucial –, podemos somente oferecer algumas definições e descrições importantes:

> Quando falamos de inculturação, referimo-nos a um fenômeno que transcende a mera aculturação. É o estágio em que uma cultura humana é reavivada pelo Evangelho de dentro para fora (Shorter, 1988, p. 12).
>
> A fé cristã não pode existir senão em uma forma cultural (*ibid.*).
>
> [Inculturação é] a encarnação da vida e da mensagem cristãs em um determinado contexto cultural, de tal modo que essa experiência não apenas se expresse por elementos próprios da cultura em questão (isso só não passaria de uma adaptação superficial), mas se torne um princípio que anima, dirige e unifica a cultura, transformando-a e refazendo-a para produzir uma "nova criação"[62].

E, por fim,

> a inculturação não se limita à etapa inicial [de introdução da mensagem cristã em uma cultura]. Deve haver um diálogo contínuo entre fé e cultura" (Shorter, 1988, p. 11).

Mas, neste último ponto, porque o diálogo só pode ocorrer entre pessoas reais, os membros de uma comunidade intercultural

---

62. Esta é a definição original de P. Arrupe (1981, p. 172-181)

têm a responsabilidade de desenvolver sua fé – pela formação da fé* – no contexto da cultura emergente da qual fazem parte.

**Sugestões para continuidade**

1. Ao refletir sobre a distinção entre o que é "gramatical", "aceitável" e "significativo", você pode aplicar essa distinção à sua experiência de vida comunitária? Note que haverá algum desacordo sobre o que é ou não aceitável.

2. Entrar na vida intercultural exige que as pessoas passem por uma maior enculturação ou socialização na nova cultura que encontram (e ajudam a moldar). Discuta algumas características de sua própria enculturação com outros membros da comunidade. Compare e contraste com sua experiência antes de ingressar na comunidade.

3. Todos que se juntam a uma nova comunidade ou cultura são enculturados ou afetados pelo que e por quem encontram. Às vezes esse processo pode ser mutuamente satisfatório; mas, em outras ocasiões, nem tanto. Identifique alguns aspectos positivos de sua própria enculturação em um ambiente intercultural e também algumas coisas que você considera mais desafiadoras e difíceis.

4. Com base no material deste capítulo, discuta em um ambiente comunitário sobre algumas coisas de sua própria vida que você estaria disposto a mudar e que tem condições de fazê-lo, pelo bem da comunidade, e sobre outras que consideraria inegociáveis.

5. Como é inculturada a fé de cada membro da comunidade é questão de suma importância para a comunidade como um todo. Discuta a diferença entre aculturação e inculturação e alguns dos desafios que a comunidade deve enfrentar.

---

*"A formação da fé" implica todos aqueles elementos disponíveis, desde a conversão em si, para o crescimento na própria fé [N.T.].

# 5
# Cultura, fé e vida intercultural

**Espiritualidade vivida**

Os dois capítulos anteriores tentaram demonstrar que o único modo de ser humano é viver em um mundo culturalmente construído. A cultura descreve como as pessoas vivem, a forma de suas vidas diárias, seus mundos de significado, de comunicação, de símbolos, rituais e muito mais; está "relacionada ao significado espiritual, ético e intelectual do mundo material. Por isso ela é de fundamental importância teológica" (Gorringe, 2004, p. 3). Porque não podemos sobreviver sem cultura, é igualmente impossível separar fé de cultura: a fé floresce ou atrofia em um contexto cultural, e a cultura fornece o modo de expressão da fé[63]. Não há "Evangelho nu". Como cada ser humano, a fé é específica, não genérica. Não existe fé no abstrato. Portanto, a fé só pode ser encarnada e vivida em pessoas reais: pessoas de cultura.

Agora devemos explorar mais de perto como a fé e a cultura coexistem realmente. Este capítulo é em grande parte sobre viver a espiritualidade *cristã*, que se deve distinguir cuidadosa-

---

63. "A ruptura entre o Evangelho e a cultura é sem dúvida o drama da nossa época." Paulo VI, Exortação apostólica *Evangelii Nuntiandi* (8 de dezembro de 1975), 20. Disponível em: https://www.vatican.va/content/paul-vi/pt/apost_exhortations/documents/hf_p-vi_exh_19751208_evangelii-nuntiandi.html; e o Vaticano II, *Gaudium et Spes* 52-62, desenvolve uma compreensão de cultura sem matizes.

mente de "espiritualidade" no sentido atualmente usado por pessoas que não são cristãs nem crentes em Deus. Muitos de nossos contemporâneos estão honestamente em busca de "algo mais" ou tentando conseguir uma experiência além do comum ou um estado elevado de consciência. Esses esforços foram caracterizados como "espiritualidade do bem-estar", "espiritualidade da Nova Era" e até mesmo "espiritualidade Eu e Jesus", mas a maioria (exceto a última) é explicitamente desconectada de qualquer tradição religiosa, e a última, apesar de seu título, não é (ainda) uma espiritualidade *cristã* autêntica.

A espiritualidade cristã é essencialmente a (nova) vida dada no batismo pelo Espírito Santo para guiar nossa jornada de fé pela vida[64]. Pode ser descrita como *um modo de estar no mundo com Deus*, em que cada uma dessas variáveis – modo, estar, mundo, Deus – é moldada de acordo com a experiência social e cultural de um indivíduo. Ao longo de uma única vida, uma pessoa pode abraçar vários *modos* possíveis de vida (solteiro, casado, celibatário, divorciado, viúvo, profissional, comerciante ou funcionário, e assim por diante), experimentar diferentes *estados de existência* (de juventude a velhice, de saúde a doença), viver em diversos *mundos* (de rural a urbano, de tropical a temperado) e se relacionar de diferentes formas com *Deus* (Jesus, Espírito, Pai, Senhor, Rei, Guerreiro, Pastor, Criador, Redentor, Sabedoria, entre outros).

A espiritualidade cristã é muito mais do que mero conjunto de crenças, formais ou informais. Ela tanto molda nossa atitude como é moldada por ela, em relação ao Criador e à totalidade da criação, a como rezamos ou expressamos nossa corporeidade, a como respondemos ao sofrimento, desastres e tragédias, e às escolhas de vida que fazemos. É de suma importância reconhecer que existem muitas expressões culturais e pessoais legítimas da espiritualidade cristã e perceber que estas

---

64. É assim que São Jerônimo (342-420) define espiritualidade – uma palavra que ele "inventou".

criarão desafios quando, como comunidade intercultural, nos reunirmos para discutir liturgia, oração, ritual, música, dança, linguagem, silêncio, privacidade, conformidade, e assim por diante. Devemos descobrir novas maneiras de abordar nossas diferenças culturais se quisermos construir uma vida comunitária duradoura. Algumas das questões mais controversas em uma comunidade, se abordadas simpática e criativamente, também podem ser mutuamente enriquecedoras. Aqui, podemos enumerar só as quatro seguintes como algumas das mais dignas de consideração séria. Cada uma se presta muito bem à partilha na comunidade como maneira de apreciar os muitos caminhos que percorremos e as muitas formas como vivemos.

**Variáveis culturais e a formação da fé**
*1. Localização social e geografia social*

Todos vivem em um *microcosmo* ou mundo fechado, seja no próprio corpo, seja em um cômodo de uma casa, seja em um bairro de uma cidade, seja em uma nação do mundo. Mas, além de cada *microcosmo*, há um *macrocosmo*: um mundo maior, uma comunidade além do indivíduo, uma escola além de uma sala de aula, um país além da fronteira pessoal ou um universo além do mundo de cada um. Toda a criação pode ser vista como constituída de mundos dentro de mundos, e de mundos além de mundos. Na construção da comunidade, a *relação* entre *microcosmo* e *macrocosmo* é crucial para o discernimento e o acordo (cf. figura 7).

Um microcosmo, então, é o mundo "interno", seja o corpo físico ou o "ninho" que identificamos como lar, enquanto o macrocosmo é o mundo "externo", que se estende além de nosso lar até nosso país ou até mesmo o universo. Um microcosmo específico pode ser fechado (forte) ou aberto (fraco) em relação ao macrocosmo, além: quanto mais fechado for, mais resistente será a contatos externos ou interferências. Por outro lado, quanto mais aberto for, mais receptivo e acolhedor será em relação à comunicação externa (cf. figura 7). As setas pequenas de sentido único no círculo grande (macrocosmo) à esquerda indicam influências externas às quais o microcosmo forte/fechado resiste. As setas pequenas de sentido duplo dentro do círculo grande (macrocosmo) à direita indicam movimento bidirecional entre o micro e o macrocosmo (fraco/aberto). A fronteira do macrocosmo à esquerda é impermeável ou fechada, enquanto à direita é permeável ou porosa.

Talvez ainda mais interessante do que a maior ou a menor abertura das pessoas às forças externas ou relacionamentos seja o fato social de que grupos inteiros (culturas diferentes) podem exibir a mesma dinâmica: alguns indivíduos e grupos acolhem a "diferença" na forma de outras pessoas, de tecnologia ou de modos de vida, ao passo que outros parecem quase programados para suspeitar ou acautelar-se da "diferença" em outras pessoas, na tecnologia ou nos modos de vida. No entanto, quando uma cultura inteira exibe tais tendências, os fatos sociais não podem ser reduzidos a capricho ou a preconceito dos indivíduos.

## Microcosmo e macrocosmo

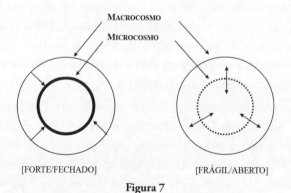

Figura 7

Construir uma comunidade intercultural requer que se considere seriamente como os membros foram moldados por sua localização social. Toda comunidade precisa aprender a acomodar diferenças culturais legítimas que não podem simplesmente ser descartadas como expressões de temperamento, de escolha ou de conforto de um indivíduo. A abertura não pode simplesmente ser criada e administrada por decreto. A abertura à "diferença" (ou a falta dela) é um traço cultural definido e formador por si só. A conversa sobre a geografia social, o lugar onde os indivíduos nasceram, as circunstâncias de sua socialização, o clima, o nível de contato com os de fora ou o grau de mobilidade social irá criar uma comunidade informada e deve resultar em uma maior compreensão mútua e empatia. Os dois pontos de partida, então, são, primeiro, o indivíduo, o eu, o pessoal; e, segundo, a cultura, a sociedade ou o grupo étnico.

Como *indivíduos*, cada pessoa em uma comunidade pode tentar identificar o quão aberto (fraco) ou fechado (forte) é seu próprio microcosmo pessoal. Um microcosmo pessoal aberto ou fraco se mostra à vontade em seu próprio corpo e em suas relações interpessoais, enquanto um microcosmo fechado ou forte é evidente em pessoas mais reservadas, retraídas e um tanto desconfortáveis em suas relações interpessoais (veja a próxima seção sobre "tolerância corporal"). Do mesmo modo, um microcosmo *culturalmente marcado,* aberto ou fraco, seria evidente na maneira como as pessoas de uma cultura específica geralmente estão abertas a estranhos ou àqueles com diferenças culturais ou religiosas significativas. Um microcosmo culturalmente marcado fechado ou forte seria evidente onde a maioria das pessoas de uma cultura específica é naturalmente (ou culturalmente) desconfiada dos de fora, de estranhos ou de diferentes modos de vida.

Para facilitar, talvez, o processo de construção da comunidade em um grupo internacional e multicultural, eis aqui uma série de perguntas tanto para reflexão pessoal como para discussão em grupo. Ainda que um grupo se considere homogêneo, os indivíduos podem surpreender-se muito com o que podem revelar aos outros e com o que podem, assim, aprender sobre si mesmos para benefício mútuo.

**Questões sobre localização social e geografia social**[65]
- Onde você nasceu: em uma cidadezinha, na cidade grande, no campo? Identifique as principais características geográficas: colinas, montanhas, lagos, mar, rios, florestas etc.
- Que significado foi atribuído às características geográficas?
- Em que circunstâncias você foi criado: econômicas, políticas, religiosas?
- Quão "grande" era seu mundo? Você tinha visões extensas para além de seu lar e viajava para longe de casa, ou vivia em um mundo local mais ou menos fechado? Quão livre você era para explorar o ambiente e viajar?
- Qual era seu meio normal de transporte local: a pé, de bicicleta, de carro, de trem, de barco?
- Com que frequência você viajava além de dez quilômetros, e por quais meios, normalmente?
- Você conseguia ver claramente o céu e as estrelas ou o horizonte distante?
- Qual era o clima: tropical, temperado, extremo?
- Quantas estações havia no ano? Quais eram elas? Como eram nomeadas?
- Que tipos de limites havia em seu mundo: linguístico, nacional, territorial?
- Quais eram suas imagens ou ideias de Deus e como elas estavam relacionadas à sua geografia social real?
- Se o mundo fosse um livro de teologia, o quanto você já leu dele?

---

65. A geografia social se concentra no significado cultural das características geográficas naturais.

As pessoas não habitam o mundo simplesmente, elas vivem em um mundo específico, em que certas características como *esta* montanha, *este* lago, *este* oceano ou *esta* floresta têm uma importância particular em suas vidas. Como criação de Deus, o mundo é de fato como um livro de teologia que nos revela muito sobre a criatividade de Deus e as relações da humanidade com ele. Os membros de uma comunidade internacional vêm de muitos mundos diferentes, e o que é familiar ou desconhecido, significativo ou sem importância varia enormemente entre eles. A construção de uma comunidade intercultural implica tentar viver em uma nova realidade. Requer que cada membro seja capaz de *expor* significados existentes como entendidos pelos atuais habitantes e também de *impor* alguma ordem e coerência para ser capaz de fazer dela um novo lar.

*2. Corporeidade ou "tolerância corporal"*

Tanto o temperamento individual como a cultura moldam as atitudes humanas em relação ao próprio corpo, e as pessoas devem estar cientes da importância das diferenças culturais conforme as encontram em outras pessoas. "Tolerância corporal" é uma maneira de identificar o nível de conforto de uma pessoa em relação à exposição ou reserva corporal, algo que não está diretamente associado a imodéstia ou modéstia: a exposição do próprio corpo não é um indicador absoluto de imodéstia, assim como cobri-lo não é um indicador absoluto de modéstia. Cada sociedade tem normas de modéstia, mas há uma ampla gama de diferenças culturais: sensibilidade e investigação são necessárias se as pessoas quiserem aprender a respeitar-se mutuamente.

Podemos visualizar um contínuo no qual, em uma extremidade, identificaríamos a "baixa tolerância corporal" (apolínea) e, na outra, a "alta tolerância corporal" (dionisíaca). "Apolíneo" (em referência ao deus Apolo) designa atitude e exibição corporal serena, ordenada, disciplinada e previsível, que é equilibrada e controlada. "Dionisíaco" (em referência ao deus Dionísio)[66] diz respeito a uma pessoa ou estilo mais relaxado, espontâneo, demonstrativo ou desinibido. Obviamente há diferenças individuais de temperamento, e também certa correlação entre regiões mais frias ou temperadas (apolíneas), onde se vestem os corpos com roupas pesadas e de modo mais homogêneo, e as regiões mais quentes e tropicais (dionisíacas), onde as pessoas são menos condicionadas pelo clima e mais extravagantes nos modos de vestir-se e comportar-se.

Figura 8

Mas, de modo geral, ao depararmos com pessoas cujas tolerâncias corporais diferem muito umas das outras, podemos relacionar isso a diferenças culturais e climáticas, em vez de simplesmente a temperamento ou gosto pessoal.

Documentos oficiais da Igreja se referem à "nobre simplicidade" do Rito Romano[67], uma descrição bastante adequada de um estilo apolíneo. No entanto, esse estilo é adotado – imposto, na verdade – universalmente em nossas liturgias, apesar de muitas culturas o acharem bastante contrário a suas inclinações naturais e culturais. Alguns aspectos mudaram recentemente, mas ainda

---

66. Apolo e Dionísio eram filhos de Zeus. Em sua obra *O nascimento da tragédia*, Nietzsche falou de modo notável de apolíneo e dionisíaco. Um personagem apolíneo usa razão e comedimento, enquanto emoção e até mesmo caos marcam o dionisíaco. A antropóloga R. Benedict (1934) identificou o primeiro com moderação e modéstia e o segundo com ostentação e até mesmo excesso. Meu uso está mais próximo do de Benedict do que do de Nietzsche.
67. Vaticano II, *Sacrosanctum Concilium* (Constituição sobre a Sagrada Liturgia), 34.

assim o Rito Romano continua – para indivíduos e comunidades em muitas partes do mundo – excessivamente coreografado, previsível e controlado[68]. Falando em termos gerais, os afro-americanos e outros são muito mais dionisíacos do que os alemães ou os ingleses, enquanto os habitantes de Nunavut (esquimós ou inuítes) seriam muito mais apolíneos do que as pessoas do Pacífico Central. O estilo de muitas culturas asiáticas tende para o apolíneo, que se adéqua bastante bem à liturgia romana. Diversas comunidades que buscam renovação litúrgica, no entanto, muitas vezes consideram que as regras e as rubricas do Rito Romano variam do embaraçoso ao enfadonho e parecem inibir mais do que facilitar liturgias impregnadas de espírito de oração.

Nas comunidades interculturais, comportamentos culturais e individuais relacionados à tolerância corporal podem ser muito difíceis de conciliar, e os membros da comunidade podem perfeitamente descobrir que a liturgia e a oração, destinadas a congregar, unir e levar a Deus, são grande motivo de tensão, desarmonia e frustração na comunidade. Conversas abertas e diálogo verdadeiro são necessários para que os membros da comunidade apreciem que as diferenças significativas entre os indivíduos não são meramente questão de capricho ou preferência, mas estão codificadas em sua estrutura cultural.

Eis aqui novamente algumas perguntas que podem ajudar a facilitar a reflexão pessoal e a discussão em grupo entre os membros de uma comunidade intercultural.

*Questões sobre tolerância corporal pessoal*
– Como você costumava vestir-se: de modo mais formal ou mais casual, folgado ou justo, uniforme ou variado?
– Você se vestia mais elegante ou mais casualmente de acordo com a ocasião?

---

68. Em 2012, um subsecretário da Congregação para o Culto Divino anunciou que a normativa litúrgica "não prevê o uso de dança ou drama na missa, a menos que legislação específica tenha sido promulgada pela Conferência Episcopal [nacional]". *The Catholic Herald* (Londres: 12 de outubro de 2012), 4.

- O quanto você se vestia, muito ou pouco? Seu guarda-roupa variava sazonalmente ou permanecia consistente o ano todo?
- Como você se sentia em relação a apresentar o seu corpo: (preferencialmente) encoberto ou exposto?
- Qual era sua postura quanto à nudez pessoal e comunitária?
- Como você definiria modéstia pessoal?
- Durante sua infância e formação religiosa inicial, a maioria das pessoas compartilhava atitudes semelhantes em relação a mostrar ou esconder seus corpos, ou diferentes das suas?
- Quanto seu estilo habitual de oração e de liturgia combina com você? O que você gostaria de mudar para torná-lo mais confortável – ou mais natural – para você?

### 3. Saúde, bem-estar e doença

As pessoas têm atitudes culturalmente moldadas muito diferentes em relação à doença e à morte. Em uma sociedade permeada de soluções medicinais, doenças graves muitas vezes representam um incômodo temporário a ser curado o mais rapidamente possível e com o mínimo de dor, e a morte é considerada algo que se pode adiar quase indefinidamente. Mesmo quando se está moribundo, a perspectiva de recuperação é rotineiramente anunciada por profissionais da saúde, e assim a morte frequentemente chega como uma surpresa. Antes de morrer, pacientes terminais são costumeiramente removidos de seus lares e institucionalizados, minimizando assim seu próprio encontro, bem como o de suas famílias, com a morte. Basicamente, a morte ocorre fora da rotina diária e longe da esfera doméstica.

Por outro lado, em sociedades em que a expertise médica cara e extrema não se encontra geralmente disponível, a enfermidade é enfrentada com muito mais frequência por quase todos. Uma pessoa evidentemente doente é muito amiúde cuidada e cercada pela família até a morte. Um dos maiores desafios no auge da crise do ebola na África Ocidental foi precisamente o fato de familiares muitas vezes se recusarem a admitir que um ente querido estava doente, temendo que ele ou ela fosse levado para o hospital. Mesmo quando alguém é hospitalizado, muitos membros da família permanecem lá com o moribundo, para cozinhar para ele, cuidar dele e apoiá-lo. Isolamento é quase inimaginável.

Onde as pessoas têm acesso mínimo à assistência médica, poucas mães não experimentaram a morte de um ou mais bebês ou crianças pequenas, e poucas crianças não viram um grande número de pessoas mortas imediatamente antes de seu enterro. A morte é parte da vida. Tanto que, em muitas tradições, a pessoa falecida será enterrada no limiar da entrada da casa ou ao lado do lar da família. A expectativa de vida varia de menos de quarenta anos em alguns lugares a mais de oitenta anos em outros, um fato social que tem um efeito profundo na vida individual e social.

As atitudes culturais em relação à saúde e à doença, à morte e ao morrer inevitavelmente se mostrarão diante de um moribundo ou na ocasião do falecimento de um membro de uma comunidade intercultural, ou de um seu familiar próximo. Falar acerca de tais atitudes para melhor preparar cada membro de uma comunidade intercultural é altamente recomendável, embora possa ser matéria delicada para abordar imparcialmente[69]. Aqui estão, outra vez, algumas perguntas que podem estimular a reflexão pessoal e a discussão comunitária e, assim, ajudar as pessoas a compreenderem as amplas diferenças de experiência e entendimento entre os membros da comunidade.

---

69. Porque os religiosos africanos estão estruturalmente ligados às necessidades de suas famílias em sentido mais amplo, eles continuam sendo irmãs ou irmãos, filhas ou filhos, responsáveis pela família, especialmente em caso de morte. Alguns religiosos africanos acham que os euro-americanos interpretam isso de modo completamente equivocado. Estes últimos, por sua vez, em algumas ocasiões consideram ser impossível chegar a um meio-termo ou mudar procedimentos há muito estabelecidos, temendo que as famílias se tornem um dreno nas finanças da comunidade – um assunto muito delicado para todos.

*Questões sobre saúde e enfermidade*
- Você já esteve gravemente doente e hospitalizado? Já passou por uma cirurgia séria?
- Qual é a resposta habitual à doença em sua cultura? Isolamento ou integração, separação ou inclusão, retenção ou compartilhamento de informações?
- Você conhece pessoas enfermas consideradas vítimas de feitiçaria?
- Você está pessoalmente familiarizado com a morte? Você se sente à vontade em relação a ela ou tem medo dela? Quantos corpos de pessoas falecidas você viu e em que circunstâncias?
- Quantos funerais você frequentou?
- Você costuma pensar em sua própria morte? Está se preparando para isso? Como?
- Se você ou um ente querido morressem longe de casa, qual seria o procedimento esperado?

*4. Tempo e espaço*

Atitudes culturais em relação ao tempo (cronêmica)[70] são notoriamente diversas, assim como são as atitudes em relação ao espaço e à privacidade. O *tempo linear* ou *cronológico* marca a passagem regular do tempo conforme medido por um relógio – ou pelo sol. Mas algumas pessoas raramente veem o sol, e outras raramente consultam um relógio para saber a hora. Não por acaso, os "vigilantes das horas" falam do tempo utilizando verbos associados à economia: eles "economizam", "desperdiçam", "perdem", "usam" ou "gastam" tempo. Tampouco é coincidência que, no passado, quando as pessoas trabalhavam longas horas e anos para uma empresa ou instituição, se sobrevivessem o suficiente para atingir a

---

70. Cronêmica é a estrutura culturalmente variável do tempo. Cf. N. Moore (2010). Em uma comunidade intercultural, "tempo" pode ser um elemento extremamente problemático. Algumas pessoas são "vigilantes das horas"; outras parecem despreocupadas com relação à pontualidade. Cf. E. T. Hall (1959, p. 128-145).

idade da aposentadoria, recebiam um relógio de ouro! Por anos, o tempo delas não era delas mesmas, mas era, em grande parte, administrado por seus empregadores. Com a aposentadoria, o tempo delas finalmente é delas novamente, simbolizado pelo relógio de ouro, que coloca o tempo de volta em suas mãos. As expressões em inglês *doing time* ["cumprindo pena"] ou *done their time* ["tendo cumprido pena"], referidas a detentos em uma prisão, supõem o tempo do encarceramento, em curso no primeiro caso ou concluído após sua libertação. Frases comuns incluem "tempo é dinheiro" ou "o tempo gasta tudo".

Em uma sociedade menos industrializada, o sol, em vez do relógio, é o principal indicador de tempo. As pessoas acordam e dormem com o nascer e o pôr do sol. Se a eletricidade for cara, intermitente ou inexistente, e o "tempo de lazer" for desconhecido, podem parecer menos pressionadas e mais livres para fazer o que escolherem, dependendo do clima ou da estação. O tempo não é uma mercadoria a ser economizada ou desperdiçada, mas o pano de fundo da vida. Se os "vigilantes das horas" reclamam de ter pouco tempo, as pessoas em outro lugar geralmente acham que podem definir suas próprias prioridades e realizar o que é necessário: elas têm tempo. Sua atitude é determinada tanto pela cultura como pelo capricho pessoal.

O *tempo litúrgico* não é regido por relógios nem é linear ou cronológico, mas é mais aberto. Às vezes é designado como "tempo fora do tempo": no domingo ou no sábado, as pessoas saem da rotina diária e, então, têm todo o tempo necessário para celebrar litúrgica ou ludicamente, pois os dias santos não são regidos pelo relógio. Quando celebram a liturgia ou têm um dia de folga, estão livres para utilizar o tempo como preferirem, para prestar culto ou relaxar. Contudo, muitas pessoas, especialmente em nações industrializadas ocidentais, simplesmente não têm tempo para o tempo litúrgico! Mesmo durante um rito ou liturgia solene (ou uma homilia), elas constantemente verificam o relógio e ficam agitadas se acharem que está sendo tomado muito de seu "precioso" tempo.

O *tempo kairós* é outro, um tipo especial de tempo, assim como uma maneira de percebê-lo. É o "tempo de Deus", semelhante ao tempo litúrgico, mas não vinculado a nenhum rito especial. Ele contrasta com o tempo cronológico (do relógio) e, como o litúrgico, às vezes é designado como "tempo fora do tempo". Porém, esse é um tempo para surpresas e epifanias, e qualquer coisa pode acontecer. Também é um tempo de "qualidade", em vez de quantidade (a palavra grega *kairós* se refere ao momento certo, adequado ou supremo). Para os cristãos, é o "tempo de Deus": um tempo para ação, seja por Deus, seja para Deus. *Chrónos* ocorre cinquenta e quatro vezes no Novo Testamento, mas *kairós* ocorre mais de oitenta vezes. Uma comunidade intercultural desejará buscar e usar o tempo *kairós* como uma oportunidade para heroísmo, ousadia e submissão aos movimentos do Espírito de Deus.

O *tempo mitológico* (ou *mítico*) também é diferente, mas tem algo em comum com o tempo *kairós*: é o tempo dos acontecimentos espetaculares – maiores do que a vida ou de fora deste mundo – ou o tempo dos deuses. "Era uma vez" sinaliza que a história que se segue ocorre no tempo mitológico, em que animais falam, crianças voam e as pessoas vivem por centenas de anos sem envelhecer. Há fortes elementos do mito e do tempo mitológico nos relatos da criação no Gênesis: a história começa antes de o tempo "cronológico" existir, uma serpente fala, todos os animais comem grama, Deus fala diretamente com os humanos, um ser humano é criado a partir da costela de outro.

As atitudes em relação ao espaço em geral (proxêmica)[71] também são significativamente determinadas pela cultura. No que

---

71. Proxêmica (termo cunhado por E. T. Hall) designa "as observações e teorias inter-relacionadas de uso do espaço pelo ser humano como uma elaboração especializada da cultura". Cf. E. T. Hall (1963, p. 1003-1026; e 1966). Aqui, consideramos apenas algumas questões muito básicas relacionadas ao espaço.

diz respeito ao espaço pessoal, o temperamento individual e os contextos específicos também entram em jogo. Algumas pessoas gostam de aproximar-se fisicamente de seus interlocutores, enquanto outras mantêm uma distância maior (parcialmente relacionada à disposição apolínea/dionisíaca). Mas, além das preferências pessoais, a cultura determina a distância e a proximidade apropriadas entre pessoas específicas. A "distância em que se põe" normalmente uma mulher diante de outra é menor do que a de um homem diante de outro, cônjuges podem ficar mais próximos do que amigos ou estranhos; e um homem e uma mulher inconscientemente estabelecerão uma distância confortável entre si com base em muitos fatores, incluindo o nível de amizade, intimidade ou considerações profissionais. Se, porém, duas pessoas de culturas diferentes conversam, a proximidade ou distância considerada apropriada culturalmente por cada um quando "em casa" será desafiada. Pessoas de diferentes culturas devem ajustar mutuamente suas expectativas ou pressupostos, e isso pode ser delicado e até mesmo constrangedor.

Muitas pessoas lembram de um tempo em que, convencionalmente, o clero e as religiosas não demonstravam afeto de forma evidente e mantinham uma distância rigorosa. Mais recentemente, tornaram-se menos inibidos conforme os hábitos religiosos deram lugar a vestes seculares, e os padrões para demonstrações públicas de afeto apropriado mudaram. No entanto, a esse respeito, ainda nos deparamos com situações em que as expectativas convencionais quanto a, por exemplo, um membro do clero e uma freira criam momentos de tensão, constrangimento ou talvez risos. Se um for precipitado e exigente, o outro pode recuar; enquanto se um esperar um pouco mais, o outro pode já ter feito seu movimento. Decidir se um aperto de mão ou um abraço é mais apropriado é algo que cada parte tenta determinar em questão de segundos, lendo a linguagem corporal do outro, mas nem sempre com sucesso. E, se às vezes é um desafio para pessoas da mesma cultura, pode ser bastante confuso para as de culturas diferentes.

Como adjetivo, "privado" tem conotações de "privação", enquanto para muitos a privacidade é considerada uma necessidade básica e até mesmo um direito. Mas a privacidade de uma pessoa pode ser vista como comportamento antissocial por outra, e o senso de privação de uma pessoa pode ser o confortável relaxamento de outra. Em uma comunidade, espaços públicos e privados precisam ser mutuamente compreendidos e respeitados, mas não se deve esperar que as pessoas adivinhem qual é qual ou saibam exatamente o que constitui um comportamento apropriado. Questões surgem e podem ser discutidas de modo benéfico em um ambiente comunitário, relacionadas ao espaço, primeiro, e, depois, ao tempo.

*Questões sobre tempo e espaço*
– Você considera o tempo um recurso escasso? (Você "economiza", "desperdiça", "gasta", "mantém" ou "perde" tempo?)

– De quais expressões comuns relacionadas ao tempo você consegue lembrar?

– O que o irrita em relação às atitudes das outras pessoas quanto ao tempo?

– Você tem – e busca dedicar – tempo para o *tempo kairós* e para o *tempo litúrgico*?

– Você já desejou estar em outro lugar fazendo algo diferente?

– Você está ciente de tentar "voltar no tempo"?

– Você preferiria ser mais jovem?

– O que é "privacidade" para você? Quanto você a valoriza? Como você a protege?

– Você prefere que a oração e a liturgia sejam controladas, silenciosas, interiorizadas e privadas, ou criativas, dinâmicas, sociais e públicas?

– Você consegue viver sozinho, como uma pessoa contente e contemplativa?

- Você é claustrofóbico (com medo de espaços fechados) ou agorafóbico (com medo de espaços abertos)?
- Você se sente confortável com seus espaços de vida e os espaços entre as pessoas?

Identificamos apenas quatro variáveis culturais, mas existem muitas mais. A reflexão e a discussão acerca da comida e da etiqueta ao comer seriam especialmente significativas para a vida intercultural. Igualmente interessante seria relacionar os níveis de conforto na comunidade: nem todos estão familiarizados com o ar-condicionado ou gostam dele durante o verão, e isso vale para o aquecedor no inverno. Tais variáveis devem ser identificadas por membros mutuamente sensíveis da comunidade.

**A compreensão cultural do passado, do presente e do futuro**

Importante, mas não imediatamente relacionada ao "tempo comum", é a significância cultural do próprio tempo como a relação entre passado, presente e futuro. Frequentemente nos referimos às sociedades como "tradicionais," "modernas" e "pós-modernas," e uma forma de distingui-las é precisamente olhando para sua compreensão do significado ou da importância do tempo.

Uma *sociedade tradicional* identifica o *tempo passado* como o repositório da tradição, quando os valores da comunidade foram determinados e desenvolvidos. Era também a "era de ouro". O *tempo presente* é o momento de aprender com o passado e assimilar a tradição dos antepassados (aqueles que "nos precederam, marcados com o sinal da fé") para transmiti-la à próxima geração. Então, o *tempo futuro* deveria ser gasto tentando recapitular e recriar a "era de ouro" passada. Esse tipo de sociedade ("tradicional") não valoriza a mudança, ou novidade, e resiste a ela.

Uma sociedade *moderna* tende a ver o passado como antiquado, ultrapassado e como algo do qual libertar-se. O presente não é uma recapitulação, mas uma reinvenção do passado: uma correção de erros e uma melhoria de qualidade e eficiência. Se existe uma "era de ouro," está no futuro e é algo a ser buscado. Enquanto isso, ele abraça a mudança, vive para a mudança, e gosta da inovação e da obsolescência ali implicada.

Uma sociedade *pós-moderna* tende a expressar desilusão com o fracasso em realizar os sonhos e as esperanças da sociedade *moderna*. Geralmente, abandonou a ideia de que já houve – ou haverá alguma vez – uma "era de ouro". A experiência parece demonstrar que as coisas em geral não melhoram, e não existe inevitabilidade evolutiva em relação ao progresso. Guerra, fome, enchentes e epidemias não estão sob controle humano. O rompimento da "metanarrativa" – um esquema ou mito explicativo abrangente – deixa as pessoas lutando para encontrar ou criar sentido, e muitos são persuadidos de que a única maneira de avançar é cuidar de si mesmos. Após a Segunda Guerra Mundial e pelo resto de sua vida, Viktor Frankl (1959) identificou o grande mal-estar da era como "ausência de sentido".

Membros de comunidades internacionais e interculturais precisam identificar a fé comum e a metanarrativa (a Escritura e a encarnação) pela qual vivem, estar convencidos de que a vida tem um significado, aprender com a experiência de outros e, ao viver firmemente no presente, ter um foco no *tempo escatológico* e no futuro como cumprimento da promessa de Deus.

**Viver nossa fé e espiritualidade na interculturalidade**

Longe do confinamento à vida interior de oração e contemplação, a espiritualidade cristã deve manifestar-se nas interações cotidianas e, especialmente para os religiosos, no ministério. Mas, em nossos lares e comunidades, nosso "modo de estar no mundo com Deus"[72] será desafiado pelas interações com outros membros da comunidade. Além disso, a vida intercultural faz algumas exigências rigorosas em relação à nossa disponibilidade e nossa disposição para nos esforçarmos para ser discípulos autênticos, independentemente de estarmos ou não envolvidos em

---
72. Para mais a esse respeito, cf. A. J. Gittins (2010b, p. 62-73).

atos religiosos formais de oração ou culto. E, longe de simplesmente atender a nossas próprias necessidades pessoais, a espiritualidade cristã tem uma dimensão centrífuga, uma dimensão missionária de saída, que todos devem incorporar[73].

Alguns dos principais aspectos da espiritualidade cristã são os seguintes. Primeiro, trata-se de uma participação intencional na atividade criativa eterna de Deus, trazida para a terra em Jesus, ensinada a seus discípulos e continuada por eles até os confins da terra. Segundo, é sempre uma busca comprometida por Deus, que só pode acontecer na vida de cada indivíduo. Terceiro, cada indivíduo é uma pessoa de determinada cultura, tem um componente cultural intrínseco. Cada um de nós busca a Deus em suas próprias circunstâncias existenciais. A cultura não é o único fator, mas é necessário (e, historicamente, não foi suficientemente reconhecida, respeitada; não se trabalhou com ela nem a partir dela). Quarto, o propósito da espiritualidade cristã, para citar Inagrace Dietterich, é "empoderamento para a missão: para testemunhar os atos poderosos de Deus" (1996, p. 1-6)[74]. Mas, se isso é verdade, ela deve levar cada pessoa a entrar em contato com o "outro", e tal encontro não será simplesmente um encontro de pessoas, mas um encontro de *pessoas de cultura*, pessoas culturais, com todas as implicações desse fato. Quinto, e em linha com o pensamento anterior, aquelas que buscam uma espiritualidade cristã autêntica não devem tornar-se introvertidas, voltadas para dentro, ou preocupadas consigo mesmas, mas "evertidas", voltadas para fora, abertas a e preocupadas com o bem-estar do "outro".

Os encontros com outras pessoas são encontros com outras, anteriormente não reconhecidas, faces de Deus, cujo propósito é glorificar a Deus precisamente ao continuar a missão de Jesus. A espiritualidade cristã autêntica – a espiritualidade do Espírito Santo – torna-se uma boa-nova para as pessoas das

---

73. Como mencionado, devemos esta palavra aos presbiterianos estadunidenses, para expressar o componente de alcance da vida de cada discípulo; "missionário" mostrou-se muito estrita. Desde então, tem circulado amplamente. Cf. G. Hunsberger e C. Van Gelder (1997); e D. Guder (1998).

74. Esse artigo foi base para esta seção.

margens, canalizando a preocupação compassiva de Deus por nossa instrumentalidade ou agenciamento. Dietterich expressa isso muito bem: "Uma espiritualidade do Espírito Santo move para além do eu interior dos indivíduos particulares, para falar do poder e do amor abrangentes do Deus criador, redentor e santificador que opera em meio à vida pessoal e à história. Sem a adoração fiel e o testemunho das comunidades missionárias, o conceito de Deus se torna vazio e irrelevante" (1996, p. 1-6).

Em um livro extremamente pertinente, Michael Paul Gallagher identifica vários componentes, preocupações e implicações da verdadeira espiritualidade cristã (1997). Seus componentes incluem estar enraizado em experiências de fé vividas (ortopraxia), em vez de em princípios doutrinários codificados (ortodoxia). A espiritualidade tem caráter evolutivo: amadurece ao longo de toda a vida. E tem a capacidade, mediante a contemplação, de fomentar um relacionamento pessoal contínuo com Deus. Cada componente está enraizado na vivência cultural e intercultural diária de uma pessoa.

As preocupações básicas da verdadeira espiritualidade cristã são, em primeiro lugar, estabelecer e fortalecer conexões entre o dom da fé que nos sustenta e os encontros cotidianos da vida que desafiem e aprofundem essa fé; em segundo lugar, ajudar-nos a tornar-nos cada vez mais conscientes da ligação essencial entre a fé e a cultura em cada vida, e encorajar as pessoas a viver sua fé através de sua cultura (isso é verdadeira inculturação da fé); e, em terceiro lugar, tanto identificar em si mesmo a inspiração do Espírito Santo como incentivar os outros a prestarem atenção a essa inspiração precisamente na rotina cultural cotidiana, para que nossas vidas possam ser moldadas pelos eventos culturais em evolução à medida que o Espírito renova a vida através de cada um de nós.

Por fim, algumas implicações da verdadeira espiritualidade são que estamos sendo convertidos do egoísmo, do etnocentrismo e de outras formas de cegueira cultural para a abertura aos outros, ao mundo e a Deus, aqui e agora; que descobrimos como *receber* com graça, como um contrapeso necessário à tendência de *dar*, que nos coloca em uma posição de superioridade e poder; e que aprendemos a discernir, através das limitações de cada cultura, que nos é oferecida a liberdade em Cristo: onde quer que nossa liberdade pessoal seja comprometida pelo pecado que afeta toda cultura, cultivar uma verdadeira espiritualidade pode ser um caminho para sobreviver e prosperar pela graça de Deus.

**Dois exemplos: Oscar Romero e Jesus**

Ao escrever sobre a visão de Romero, Jon Sobrino (2003, p. 174-175) expressa como ela sintetizou sua fé e cultura. É raro encontrar uma convergência tão bem articulada. Faço uma longa citação dela, embora o texto completo seja consideravelmente maior:

> A esperança de Romero era evangelizar a estrutura da sociedade. Ele queria mudar a infraestrutura econômica e política, assim como as instituições legais, de assistência médica e de mídia. Ele também queria evangelizar a infraestrutura eclesial, com sua cúria, suas paróquias [e] congregações religiosas [...]. Ele queria evangelizar o país em sua totalidade – todos: indivíduos, grupos sociais e infraestruturas – e evangelizar um país no qual havia terrível opressão e violência patrocinada pelo estado, sequestros, desaparecimentos e assassinatos; onde havia pobreza e injustiça, mas também esperança, solidariedade, força, fidelidade e martírio. "Evangelizar" significava "trazer salvação a um povo".

Aqui está uma expressão esplêndida da fé-em-ação de Romero, nas circunstâncias concretas de sua vida. Mas, para ter sido capaz de visualizar, mais ainda de empreender, tais ações, sua conversão dos centros eclesiais para as margens, onde as pessoas reais vivem, teve de acontecer primeiro. Assim também conosco: o propósito essencial e a razão para a vida intercultural é a missão de Deus e nossa participação alegre e sincera nela. Para responder adequadamente, precisamos de uma fé missionária fundamentada em nosso contexto e vivida culturalmente.

Por fim, Francis Moloney escreve:

> A intervenção salvadora de Deus na pessoa de Jesus se tornou parte de uma prática religiosa, de uma cultura e de uma história, mas essa cultura, essa história e essa religião foram assumidas e transformadas por sua vida, seus ensinamentos, sua morte e sua ressurreição. Tal "história de vida" rompeu com as expectativas e limitações que sua religião, sua cultura e sua história teriam preferido impor sobre ele. Quem Jesus Cristo é [...] não pode ser "controlado" ou "contido" por *nenhuma* religião, *nenhuma* cultura ou *nenhuma* história. A vida, os ensinamentos, a morte e a ressurreição de Jesus se destacam como um desafio à absolutização de qualquer cultura, religião ou história (2001, p. 209).

Jesus nos chama a *transformar* nossas culturas particulares, desafiando o pecado e buscando a graça, como Ele se esforçou para transformar a sua. E isso não custa menos do que tudo: esta é a medida de nossa fé, vivida culturalmente.

**Sugestões para continuidade**
1. "Um modo de estar no mundo com Deus" pode servir como definição prática de espiritualidade cristã. Reflita, ou discuta, acerca de cada uma dessas variáveis em sua vida.
2. Microcosmo forte/fechado e microcosmo fraco/aberto representam dois extremos de um espectro. Você pode aplicar essa noção a si mesmo como indivíduo e identificar fatores culturais que o moldam em sua vida?
3. Discuta as questões relacionadas a geografia social, tolerância corporal, saúde e enfermidade, tempo e espaço.
4. Como sua cultura avalia o passado, o presente e o futuro?
5. Uma vez que a fé só pode ser expressa culturalmente, reflita sobre o que o liberta e o que o sufoca no contexto da comunidade.

# 6
# Perfis sociais e interação social

**Um aviso e um incentivo**

Mesmo com as melhores intenções, as pessoas – não apenas aquelas de diferentes culturas ou crenças – às vezes acham que é muito difícil de estabelecer o entendimento mútuo. Mágoas, ou mágoas percebidas, podem infeccionar e minar nossos melhores esforços, e a frustração pode paralisar nossa vontade de perseverar. De fato, a frustração é particularmente potente, pois já desde seu início podemos persuadir-nos não apenas de que nossos melhores esforços são em vão, mas também de que simplesmente não sabemos como prosseguir sem aumentar a frustração. A frustração se autoperpetua, cria um círculo vicioso: quanto mais frustrados estamos, mais frustrados podemos ficar. O fato de compartilharmos uma fé comum com aqueles com quem lutamos para viver harmoniosamente pode, na verdade, aumentar a frustração em uma comunidade. Assim, se quisermos ir além das comunidades monoculturais e administrar nossas diferenças culturais integralmente em um contexto intercultural, precisamos primeiro acreditar que isso é realmente possível, e não apenas um sonho piedoso.

Um fio condutor destas páginas é que a cultura não pode ser simplesmente "apanhada" ou absorvida com o passar do tempo; ela deve ser aprendida cuidadosamente, e as frustrações, que são parte inevitável de toda interação social, não devem dominar-nos e desmoralizar-nos. O antídoto para a frustração está em descobrir as formas e os meios disponíveis para aprender habilidades apropriadas e avançar em sabedoria e conhecimento, isto é, em virtude. Como nossa reflexão sobre atitudes culturais em relação a tempo, espaço e tolerância corporal pode ter demonstrado, podemos descobrir outra chave tanto para a autocompreensão como para a compreensão mútua, sem a qual nunca construiremos um novo lar intercultural juntos.

Onde quer que pessoas de diferentes culturas tentem fazer mais do que simplesmente coexistir ou administrar suas vidas de acordo com uma filosofia de "viva e deixe viver" – isto é, primeiro reconhecer, depois apreciar e, talvez, com o tempo respeitar as diferenças uns dos outros e acomodá-las como um componente intrínseco de suas vidas cotidianas –, elas devem gerar e empregar uma variedade de modos específicos para negociar frustrações e mal-entendidos inevitáveis. Não basta morder a língua e não dizer nada, tampouco a agressão passiva ou um "complexo de mártir" serão adequados para sustentar uma vida comunitária saudável por muito tempo. Sem algumas válvulas de segurança projetadas para lidar com as tensões inevitáveis ocasionadas pela vida em comum, os membros se encontrarão sempre no limite – se os confrontos emocionais não produzirem primeiro recriminação mútua e inimizade crescente.

O propósito deste capítulo é duplo. Primeiro, comparamos e contrastamos "perfis sociais" como uma maneira de identificar algumas características culturais salientes que distinguem os seres humanos e também revelam algumas características sociais compartilhadas[75]. Tendo feito isso, veremos as "válvulas de segurança" sugeridas para comunidades para que tais confrontos e seus resultados negativos possam ser minimizados.

---

75. Mas veja também a figura 11 no final deste cap., que ilustra outra característica, mais que meramente individual, cultural: estilos de comunicação de alto e baixo contexto.

### A caracterização dos tipos sociais

O diagrama abaixo (figura 9) pode ser lido de dois modos. Primeiro, ele oferece um conjunto de eixos ou linhas horizontais, dos quais cada um representa um contínuo, com as extremidades marcando um contraste extremo entre dois tipos. Qualquer um que reserve um tempo para refletir acerca das implicações deste diagrama deve ser capaz de situar-se *em algum lugar ao longo da linha* (em vez de em um extremo) para representar sua própria localização social atual.

#### PERFIS SOCIAIS

1. *Egocêntrico* .......................... *Sociocêntrico*

2. *Baseado em direitos* .............. *Baseado em deveres*

3. *Pessoal* ............................... *Posicional*

4. *Código elaborado* ................. *Código restrito*

5. Status *alcançado* .................. Status *atribuído*

6. *Novidade* ............................ *Tradição*

7. *Competição* ......................... *Colaboração*

8. *"Bens limitados"* ................... *"Bens comuns"*

**Figura 9**

As designações em cada extremidade das linhas representam tipos ideais: nenhuma pessoa real poderia viver em sociedade se fosse totalmente egocêntrica ou completamente sociocêntrica. Em cada linha, distinguimos, caracterizamos e contrastamos dois perfis (culturais) opostos de pessoas. Claro, a cultura não é o único fator que determina a atitude de uma pessoa. Diferenças de temperamento ou personalidade ("natureza") também desempenham um papel na constituição de todos. Às vezes, como quando uma pessoa afirma "é minha cultura!", os fatores culturais podem, na verdade, ser insignificantes: o temperamento pessoal pode ser o verdadeiro problema. Ainda assim, nem os hábitos temperamentais nem os culturais são imutáveis ou livres de críticas. Aqui, focamos em tendências ou tipificações: generalizações sobre características culturalmente marcadas. Embora não haja duas pessoas idênticas, elas podem compartilhar tendências culturais que as colocariam mais próximas umas das outras em cada uma das linhas horizontais e mais distantes do conjunto típico que marca as respostas de pessoas de uma cultura diferente, mas na mesma comunidade religiosa.

Conforme os componentes são descritos, cada pessoa pode marcar um lugar em cada linha horizontal, localizando-se a partir de uma dentre duas perspectivas específicas. Primeiro, como resultado de nossa própria enculturação ou socialização: as influências culturais que nos moldaram (veja a figura 10 e as marcas "X"); segundo, de acordo com nossa compreensão atual dos imperativos de Jesus e da vida religiosa (veja a figura 10 e as marcas "Y").

| | |
|---|---|
| 1. *Egocêntrico* . . . . . . . . . . . . . X . . . . Y . . . . . . . *Sociocêntrico* |
| 2. *Baseado em direitos* . X . . . . .Y . . . . . . *Baseado em deveres* |
| 3. *Pessoal* . . . . . . . . . . . . . . . . X . .Y . . . . . . . . . . . *Posicional* |
| 4. *Código elaborado* . . .Y . . . . X . . . . . . . . . . *Código restrito* |
| 5. Status *alcançado* . . . . . X . . . . Y . . . . . . Status *atribuído* |
| 6. *Novidade* . . . . . . . . . . . . . . X . . . . Y . . . . . . . . . . *Tradição* |
| 7. *Competição* . . . . . . . . . . . X . . . Y . . . . . . . . *Colaboração* |
| 8. *"Bens limitados"* . . . . . . . . . . X . . . . . . Y . . *"Bens comuns"* |

**Figura 10**

O exercício também pode ser feito permitindo que cada pessoa tente colocar *outra* pessoa em cada eixo horizontal. Mas isso exige confiança e respeito mútuos, porque a maneira como nos vemos e como os outros nos veem pode ser bem diferente. (Mas pelo menos o exercício forneceria um ponto de discussão.) À medida que todos trabalham no diagrama, onde eles marcam cada linha horizontal pode variar, de modo que o diagrama completo pode parecer as marcas "X" na figura 10. Então é fácil comparar e contrastar o perfil de alguém com o de outros membros da comunidade e discutir as implicações para a vida comunitária intercultural.

Observe também se cada ponto marcado no diagrama cai no mesmo lado da linha vertical. A probabilidade é que a maioria deles caia; se não, você consegue identificar por que há uma ou mais exceções? Então, você pode reexaminar seu próprio compromisso como uma pessoa de fé, perguntando-se se sua compreensão atual do chamado de Jesus – especificamente em relação à vida intercultural – lhe convida a aproximar-se da linha vertical central. Novamente, isso pode resultar em uma conversa comunitária útil.

O diagrama, no entanto, pode ser lido igualmente como um conjunto de duas colunas verticais contrastantes, cada uma identificando um bloco ou conjunto de características. A coluna da esquerda mostra um conjunto de oito características que tendem a coocorrer em um indivíduo ou sociedade *egocêntrica*. Da mesma forma, a coluna da direita mostra características que tendem a coocorrer em um indivíduo ou comunidade *sociocêntrica*. Começamos com uma explicação dos termos usados no diagrama.

1. *Egocêntrico* e *sociocêntrico*: esses termos se referem à orientação básica de um indivíduo, grupo ou sociedade. Egocêntrico significa simplesmente que o *indivíduo* (ego) é o agente primário, o ponto focal para a tomada de decisões e escolhas, enquanto sociocêntrico identifica o próprio *grupo* (sociedade) como o determinante primário de escolhas e decisões. As dis-

tinções subsequentes em cada linha deixarão esse ponto cada vez mais claro. É importante lembrar que, mesmo em uma sociedade altamente egocêntrica, os indivíduos ainda têm a liberdade de escolha e, portanto, de responder às convocações do tipo o "dever chama", em vez do coro "eu tenho o direito". Mesmo em sociedades egocêntricas, o altruísmo encontra seu lugar. Do mesmo modo, em uma sociedade fortemente sociocêntrica, os indivíduos ainda são capazes de fazer escolhas pessoais e, de fato, egoístas. Uma sociedade sociocêntrica pode, no entanto, abrigar muito comportamento egoísta. Contudo, a pessoa egocêntrica é tipicamente encorajada e endossada pela sociedade mais ampla a fazer escolhas pessoais, enquanto, em uma sociedade mais sociocêntrica, os indivíduos estão cientes de que sua responsabilidade social é primária. E sanções, positivas e negativas (recompensas e punições), sustentam o comportamento social tanto em sociedades egocêntricas como em sociocêntricas.

2. *Baseado em direitos* e *baseado em deveres*: abaixo de *egocêntrico* está a expressão *baseado em direitos*, enquanto a expressão correspondente à direita é *baseado em deveres*. Não surpreende que pessoas que agem em um mundo egocêntrico deem ênfase considerável à reivindicação de direitos pessoais em várias circunstâncias: "*Tenho* o *direito* de votar, fumar, escolher o que eu quiser" (sempre nos limites estipulados por alguma lei ou regra, religiosa ou civil). Tal pessoa tem um senso fortemente desenvolvido do direito pessoal, espelhado ou endossado pela sociedade em geral. No outro extremo, localizamos uma pessoa situada em um mundo baseado em deveres, em que a responsabilidade pessoal e a social são fortemente enfatizadas e aplicadas mais do que, ou mesmo sem, muita consideração pela preferência pessoal. Os direitos dessa pessoa podem ser relativamente poucos e não necessariamente codificados ou explícitos – uma vez que o dever social é entendido como de importância primária –, e as escolhas pessoais não são apenas limitadas, mas também francamente inimagináveis. Pessoas

que crescem em uma sociedade baseada em deveres não terão dúvidas acerca de suas obrigações primárias. Mas, novamente, precisamos sempre ter em mente que falar sobre circunstâncias ideais é muito diferente de encontrar comportamento real. Toda e qualquer pessoa pode, em princípio, ser mais ou menos egoísta, mais ou menos altruísta. A cultura (ou cultivo), embora seja um fator contribuinte importante, não é de modo algum o único a ser considerado. Natureza (ou diferenças individuais), temperamento e formação desempenham um papel na geração de comportamento.

3. *Pessoal* e *posicional*: esses termos se referem à localização social existencial de alguém e seu efeito na tomada de decisão ou no exercício de escolha. Como cada pessoa humana existe em relação aos outros – somos *animais sociais* –, nosso modo de agir afeta e é afetado por aqueles entre os quais vivemos: os outros membros de nossa sociedade. E essa maneira de interagir é frequentemente – e máxime inconscientemente – invocada quando estamos em situações sociais desconhecidas. Elas, então, se manifestarão em contextos interculturais em que pessoas com normas e suposições culturais muito diferentes interagem. Em uma sociedade fortemente egocêntrica, onde as pessoas prezam sua autonomia, segue-se que elas querem exercer autonomia *pessoal,* e não serem indevidamente restringidas ou motivadas somente pelas opiniões ou expectativas dos outros. Contraste uma sociedade ou comunidade sociocêntrica na qual a autoridade moral do grupo exerce uma forte influência sobre as escolhas individuais, e será fácil ver que a posição de alguém em relação ao grupo pode ser um determinante mais significativo da tomada de decisão do que o capricho ou preferência individual. Portanto, falamos de uma restrição *posicional* no comportamento, ou de um indivíduo como "posicionado" em relação a um grupo maior, em vez de independente dele. Quanto mais forte a natureza sociocêntrica de um grupo, mais fortemente *posicionais* serão seus membros.

4. *Código elaborado* e *código restrito*: esta terminologia é usada para referir-se especificamente a um código de fala[76]: a maneira como a comunicação é possibilitada, geralmente verbal (linguística), mas também não verbal (gestual, atitudinal, simbólica). Pessoas socializadas em comunidades egocêntricas serão ativamente encorajadas a ter e a expressar ou articular verbalmente suas opiniões, seus sentimentos e suas convicções. Por outro lado, quanto mais sociocêntrico for o foco de uma comunidade, mais as pessoas serão identificadas *posicionalmente*, com sua posição social na comunidade ditando as normas para a comunicação social. Um código elaborado identifica uma pessoa com um alto grau de articulação verbal: redundância, detalhes excessivos e verborragia ou prolixidade são buscados, tolerados e socialmente aceitos tanto como direito pessoal quanto como indicadores de fluência e sofisticação. No outro polo da escala, encontramos pessoas preparadas para "falar quando lhes for dito para falarem, não antes"; criadas para serem "vistas, não ouvidas", não convidadas a expressar opiniões pessoais ou mesmo a falar livremente. Sua fala real, então, se torna *restrita* a respostas mínimas e a poucas iniciativas verbais: "sim", "não", "por favor" e "obrigado". Compare, então, uma comunicação típica de classe média (elaborada) entre mãe e filho sobre o que comer no jantar com a que ocorre em uma cozinha comunitária típica, onde pessoas sem-teto recebem uma refeição preparada para elas e espera-se que "sejam alimentadas, sejam gratas e vão embora". Sua gratidão, seja como for, é expressa em um código restrito (breves "obrigados" verbais ou gestos corporais restritos), e elas nunca seriam convidadas a criar um menu de sua própria escolha ou a entrar em uma discussão sobre a qualidade, a preparação ou a apresentação da comida.

---

76. A distinção elaborado/restrito foi originalmente formulada por Basil Bernstein (1972). Gudykunst e Kim (2003, p. 152-163).

Da mesma forma, em qualquer comunidade multicultural, e *a fortiori* em uma comunidade religiosa ou de fé, onde alguns membros foram preparados para expressar-se de modo elaborado, enquanto outros usam um código de fala altamente restrito, regido por convenção, grandes problemas surgirão se a suposição do grupo dominante for de que qualquer um pode falar e dizer o que quiser, como parte de uma conversa "democrática" entre iguais. Embora isso favoreça os falantes de "código elaborado", estes tenderão a perceber os falantes de "código restrito" como mal-humorados, inarticulados, não comunicativos – ou simplesmente como não tendo nada a dizer. Enquanto isso, os falantes "restritos" percebem os outros como dominadores e egocêntricos devido a seu fluxo de linguagem irrestrito e de intermináveis opiniões pessoais (não solicitadas)[77]. A situação é propícia para confusão, mal-entendidos e, finalmente, ressentimento – ou a percepção de que aqueles que usam um código elaborado são dominadores e insensíveis – por aqueles que usam um código restrito.

5. Status *alcançado* e status *atribuído*: esse contraste se aplica a *status* sociais e sua aquisição em diferentes culturas e comunidades. O *status* em si é o título legítimo para um papel social, ou a autoridade moral para exercê-lo. Por exemplo, um príncipe pode escolher desempenhar o *papel* de um servo, embora seu *status* legítimo seja muito superior: príncipe. De fato, alguém com o *status* de um servo ou escravizado pode "interpretar" um príncipe, mas claramente não tem esse *status*. Há inúmeros exemplos em culturas nas forças armadas em que a "mudança de papéis" é institucionalizada. Em um dia preestabelecido, aqueles que têm o *status* legítimo de oficiais servirão àqueles que têm o *status* de soldados rasos. Os oficiais simplesmente assumem o papel, mas não o *status*, de soldados rasos – por um dia, após o qual todos assumem seu verdadei-

---

77. Novamente, cf. figura 11, no fim deste cap.

ro *status* como antes. Mas, se um soldado raso for representar uma pessoa com o *status* de oficial, seu *status* real, no entanto, permanecerá o de soldado raso. De modo semelhante, um chefe ou mesmo um rei pode agir como um servo e esperar por alguns de seus súditos como demonstração de que é permitido às pessoas humildes agirem como se fossem "rei por um dia". Assim, enquanto alguém com o *status* de neurocirurgião ou de bispo pode escolher assumir o papel de servo, um servo real que assume o papel de professor ou diretor de empresa estará "interpretando papéis", ou estará fingindo, a menos que ele ou ela também tenha as credenciais apropriadas (*status*) da pessoa em questão.

Em sociedades fortemente egocêntricas, a maioria dos *status* é alcançável por praticamente qualquer um. Em sociedades fortemente sociocêntricas, a maioria das pessoas é excluída de *status* significativos. Os Estados Unidos orgulhosamente proclamam que qualquer um pode tornar-se presidente – se ele ou ela *alcançar* esse objetivo e for um cidadão americano. Barak Obama provou que isso é mesmo correto (assim como uma mulher presidente). O *status* de presidente é alcançável, em princípio, por praticamente qualquer um, independentemente de gênero, credo ou etnia. Mas, em muitas partes do mundo, a competição inclusiva por cargos oficiais ou outras posições de *status* é simplesmente impossível. Atualmente, na Igreja Católica, as mulheres não podem alcançar o *status* de diácono ou presbítero (e, onde elas foram ordenadas *sacerdotisas*, a posição ortodoxa é de que elas se excluíram da Igreja e de que suas ordenações são inválidas e certamente ilícitas). Enquanto isso, em outras Igrejas cristãs, as mulheres são normalmente ordenadas padres ou bispos, desempenhando, assim, um papel vital na sobrevivência de muitas comunidades.

O que, então, caracteriza sociedades fortemente sociocêntricas a esse respeito? Eles alocam – ou atribuem – muitos *status* de acordo com a ordem de nascimento, gênero, descendência e assim por diante. Tais *status* não estão abertos para ninguém, nem como princípio nem na prática. Por exemplo, uma irmã mais nova pode não ter permissão para casar-se (receber o *status* atribuído de esposa) antes que sua irmã mais velha o tenha feito. Uma menina – seja mais velha, seja mais nova que seus irmãos – pode não ter permissão para ir à escola: o *status* de "acadêmico" pode só ser atribuído a meninos. E uma linha de descendência, geralmente reconhecendo-a apenas através do pai e continuando somente pelos filhos, pode determinar quem será o próximo chefe, independentemente do fato de que pode haver outras pessoas competentes, inclusive outros membros da família, como as filhas. Se o *status* de chefe for atribuído em vez de alcançado, não haverá espaço para competição e nenhuma consideração de meritocracia entre os descendentes. A escolha e a identidade do próximo chefe são fixas e inegociáveis.

6. *Novidade* e *tradição*: nas sociedades modernas e pós-modernas, novidade e mudança são valorizadas. Mas as chamadas sociedades tradicionais dão grande importância ao costume e – como a designação implica – à tradição. Elas tendem a resistir à novidade e à mudança rápida por razões perfeitamente defensáveis. Mas, em um mundo globalizado, essa resistência se mostra cada vez mais ineficaz, embora as consequências da mudança rápida e da inovação sejam frequentemente destrutivas, divisivas e traumáticas. Sociedades fortemente egocêntricas tendem não apenas a valorizar, mas também a buscar e estimular ativamente a novidade e a mudança, em contraste com sociedades mais sociocêntricas e tradicionais.

Para compreender as motivações por trás dessas abordagens contrastantes aos valores que podem ser encontrados tanto na novidade como na tradição, pode ser útil identificar algumas características de uma sociedade "tradicional", mas tendo em mente que elas não se referem unicamente às chamadas sociedades tribais, simples ou primitivas (termos que tendem a ser usados pejorativamente, na melhor das hipóteses). Elas devem ser usadas com grande cautela porque frequentemente conotam uma atitude superior ou crítica por parte de seus usuários e uma compreensão bastante inadequada das pessoas que designam por esses termos. Mas "tradicional", como usado aqui, pode muito bem aplicar-se a muitas comunidades religiosas contemporâneas, comunidades rurais ou agrícolas em todo o mundo e a vários outros grupos de pessoas cujos valores nem sempre são os da cultura dominante em que são encontrados.

"Tradicional" se aplica àqueles que dão um alto valor à "tradição" como "a maneira como as coisas nos foram passadas". Também pode ser entendido em termos de atitudes pessoais em relação ao tempo, à história e à maneira como a inovação é considerada, como vimos anteriormente[78]. Aqui, porém, algumas observações sobre a novidade em si seriam mais pertinentes. O mundo contemporâneo, pós-moderno e de alta tecnologia – onde quer que seja encontrada, do Vale do Silício a alguns dos lugares mais isolados do planeta – é movido por inovação. Como todos com um computador ou um celular/telefone móvel sabem, o que nos surpreendeu há somente um ou dois anos agora é considerado obsoleto, antiquado ou muito lento para as necessidades atuais – e não por acaso. A "obsolescência programada" – dispositivos eletrônicos intencionalmente projetados para serem substituídos por novas tecnologias em meses ou anos – garante tanto que o usuário tenha muito mais modelos para escolher em um curto espaço de tempo como que o modelo em si permaneça útil, embora peças de reposição não estejam mais disponíveis quando necessário. Uma cultura consumista prospera na demanda insaciável por dispositivos mais novos, melhores e mais rápidos, que economizam trabalho; e não só os jovens são seduzidos pela mídia e por seus afins a buscar a inovação por si ou como um índice de moda, ou, pelo menos, tanto quanto por utilidade ou durabilidade. Assim, o vício é criado e alimentado.

---

[78]. No cap. 5, "A compreensão cultural do passado, do presente e do futuro".

Em contraste, uma comunidade mais sociocêntrica (teoricamente, pelo menos) preparará seus membros para compartilhar, redistribuir e minimizar o desperdício: essa é a antítese de uma cultura movida pela novidade. Aqui, dá-se grande valor social à pessoa criteriosa e prudente que cuida das coisas, as conserta quando necessário e, assim, garante que elas continuem funcionando pelo maior tempo possível. O desperdício e o descuido são fortemente sancionados, e as pessoas são formadas com um senso de respeito pela propriedade e para continuar usando tudo o que continue adequadamente operante, independentemente de sua idade.

Em uma comunidade intercultural, cujos membros, alguns deles, pelo menos, podem ter sido preparados em uma sociedade fortemente sociocêntrica ou "tradicional", pode haver um choque significativo de valores e de pessoas. Onde uma pessoa vê valor no conservadorismo, na reciclagem e na simplicidade, outra é motivada por maior velocidade e eficiência, e julga que os modelos mais recentes são bastante justificados por causa dessas qualidades e de suas propriedades de economia de tempo e de trabalho. Para uma pessoa, o fato de máquinas ou dispositivos perfeitamente utilizáveis permanecerem sem uso em armários é justificado perfeitamente com base na eficiência. Para a mentalidade consumista, isso é suficiente. Mas uma ética de compartilhamento comunitário e um espírito de "não desperdice, não passe necessidade" se acomodam desconfortavelmente neste ambiente, e as pessoas podem até mesmo ser alvo de piadas ou ridicularização por sua atitude "antiquada". O voto, a virtude e o espírito de pobreza religiosa estarão, então, sob sério exame e até mesmo sob ameaça.

7. *Competição* e *colaboração*: nosso perfil social nos oferece um contraste entre os respectivos valores de competição e colaboração. Em uma sociedade em que o trabalho duro pode ser causa de sucesso, em que praticamente todos têm potencial para alcançar seus objetivos, em que objetivos pessoais são encoraja-

dos, e em que as pessoas são preparadas para falarem por si mesmas e serem assertivas e articuladas – em outras palavras, onde muitas das características de uma sociedade egocêntrica podem ser encontradas –, a competição é uma característica-padrão da vida social, do jardim de infância à diretoria de empresas. Esse tipo de sociedade promove a noção de que as pessoas prosperam na competição e de que valorizar o progresso e a melhoria é uma característica essencial de uma sociedade moderna. Mas, embora a competição possa de fato estimular os indivíduos, trazer à tona o melhor deles e contribuir para conquistas sociais e nacionais, um lado mais sombrio deve ser reconhecido. Em um mundo competitivo, nem todos têm sucesso ou mesmo sobrevivem. Essa é a natureza de tal sociedade ou mundo. Algumas pessoas prosperam na competição, enquanto outras são ameaçadas e podem até ser destruídas por ela. "A sobrevivência do mais apto" pode ser uma realidade fria.

No atual mundo multicultural e globalizado, e mesmo em uma sociedade predominantemente competitiva, ainda pode haver pessoas cujos valores são baseados diretamente na colaboração. Mas a interação entre "competidores" e "colaboradores" pode levar a grande confusão e distopia. Portanto, é preciso ter cuidado. Em uma comunidade religiosa multicultural, o choque de pessoas de extremos opostos do espectro (competição-colaboração) pode rapidamente produzir uma comunidade disfuncional, a menos que seja abordado com rapidez e compreensão.

Quanto mais sociocêntrica for uma sociedade ou comunidade (religiosa ou de outra natureza), e quanto mais enfatizar o dever sobre os direitos pessoais, e a posição em vez da ambição pessoal, mais valorizada será a colaboração. Será encorajado trabalho em equipe em vez do individualismo, com o resultado de que o individualista será visto como anômalo, talvez perigoso, e certamente uma influência desestabilizadora no grupo. Em sociedades menores, de encontros presenciais inevitáveis, nas quais as pessoas não apenas conhecem seus vizinhos, tanto os imediatos como os mais distantes, mas também estão relacionadas a muitos deles por laço sanguíneo ou de casamento, ou como companheiros ou pares que foram educados ou iniciados juntos (mediante ritos culturais específicos de passagem ou em um programa comum de noviciado, teologado ou formação terciária), a colaboração é uma virtude aprimorada ao longo de muitos anos, um sinal de solidariedade e apoio moral. Mas, quando pessoas com tal experiência são separadas de sua comunidade de pares e encontram-se em uma comunidade multicultural de indivíduos de alto desempenho e naturalmente competitivos, a tarefa de construção de uma comunidade intercultural torna-se aguda e requer tanto uma grande quantidade de esclarecimento de uma variedade de normas e convenções sociais como um esforço coordenado e concentrado para chegar a um acordo e à colaboração.

8. *"Bens limitados"* e *"bens comuns"*: resta mais essa força motriz ou motivação social. Bastante consistente com uma sociedade egocêntrica, na qual as pessoas competem por conquistas e *status*, é a noção de que tal competição não recompensa a todos igualmente. Esta é a natureza da competição em si: "Ao vencedor, o prêmio". As pessoas sabem perfeitamente bem que esse é um mundo de "bens limitados". Só pode haver um vencedor (um individual ou uma equipe) e, portanto, também deve haver um perdedor. Se se diz que o vencedor ganha um ponto e o perdedor perde um ponto, então o quociente é sempre zero (por isso falamos de um jogo de "soma zero"). Uma sociedade competitiva prospera com vencedores e perdedores.

Mas há outras maneiras de trabalhar. Em nítido contraste com a noção de bens limitados está a noção de bens comuns. Onde ela é defendida, os "bens" são alcançados sem polarizar vencedores contra perdedores. Algumas sociedades funcionam de modo bastante eficiente (segundo critérios claros) no princípio dos bens limitados, enquanto outras acham que enfatizar os bens comuns e a colaboração de todos resulta em uma sociedade mais harmoniosa, embora nem sempre a mais eficiente.

O esporte oferece uma boa ilustração do contraste entre essas duas abordagens. Todo esporte é, até certo ponto, agonístico: uma luta ou competição entre indivíduos ou grupos. Mas nem todo trabalho humano é agonístico. Trabalhadores construindo uma ponte ou estrada devem aprender a cooperar. Ali a competitividade não é apropriada. Igualmente, uma vila tomada pelo fogo pode mobilizar todas as pessoas fisicamente aptas para combatê-lo como uma comunidade. Mas onde as casas são muito separadas e as comunidades muito vagamente constituídas, os vizinhos podem simplesmente assistir enquanto os donos das casas as veem queimarem. E, curiosamente, nem todos os esportes são agonísticos. Nem toda ocasião esportiva precisa ser um jogo de soma zero, com um vencedor e um perdedor. O futebol tem uma longa linhagem, e muitas de suas partidas terminam empatadas: nenhum time "ganha". O críquete também é lendário como jogo que pode durar cinco dias e *ainda* assim não ter "vencedores" e "perdedores". A participação em si, a pura "diversão do jogo" ou "o espírito da coisa" contam mais, e, se os membros de diferentes equipes não devem provocar animosidade mútua, um jogo que seja apreciado por todos é mais importante do que um em que uma equipe é – e é promovido para que ela se sinta assim – derrotada ou mesmo humilhada.

Por outro lado, em uma sociedade altamente agonística e competitiva, todo esporte é projetado para produzir um vencedor e um perdedor: tanto que o futebol – o jogo mais praticado no planeta – demorou muito para ser bem-sucedido. E, quando, finalmente, se desenvolveu, foi em parte devido ao fato de os Estados Unidos terem conseguido mudar as regras em nível internacional, para que não houvesse empates e cada jogo tivesse um vencedor e um perdedor. Daí a disputa por pênaltis, que tantas vezes conclui os jogos, para grande desgosto dos conservadores, dos puristas e dos tradicionalistas, que afirmam que isso destrói o "jogo nobre", como é chamado sempre que praticado como jogo de soma zero.

## Estilos de comunicação de "alto contexto" (sociocêntrico) e de "baixo contexto" (egocêntrico)

No capítulo 3, mencionamos os estilos de comunicação de alto e de baixo contexto (AC/BC), identificados por Edward T. Hall[79]. Esse tópico precisa ser descrito mais claramente no contexto atual. A questão aqui é como a informação é mantida e transmitida entre duas pessoas quaisquer. Imagine, então, outro contínuo com "alto contexto" (AC) e "baixo contexto" (BC) em polos opostos. Em uma comunicação de AC, a maioria das informações compartilhadas está nas próprias pessoas e no contexto específico. A mensagem real pode ser breve e conter relativamente pouco da comunicação total. É a pessoa, a postura, a emoção e o contexto (não apenas físico, mas também "tópico" ou relacionado ao tópico da comunicação) em que a mensagem é compartilhada que carregam o peso desta última. Na comunicação de BC, no entanto, precisão e clareza são necessárias para transmitir a mensagem adequadamente, já que os interlocutores têm muito pouco em comum com relação ao conhecimento implícito ou ao contexto.

Os membros de uma família que compartilham conhecimento implícito (eles podem interpretar ou "preencher as lacunas" da conversa real) são comunicadores de AC. Eles entendem não somente o que é realmente dito, mas também o que realmente significa aquilo que foi dito, como em: "Você está bravo comigo?" "Não!" – quando "não", aqui, significa na verdade "sim". Mas em um julgamento em um tribunal, onde cada detalhe precisa ser explicado e nada é deixado para a imaginação, a comunicação é de BC: aqui, os fatos são tudo. Há uma forte correlação entre a comunicação de AC (informal) e os relacionamentos sociocêntricos, como também entre a comunicação de BC (mais formal) e os relacionamentos egocêntricos. Vale a pena refletir a seu respeito no contexto da vida intercultural. Amigos próximos são de AC. Um superior entrevistando um candidato é muito mais de BC (veja a figura 11).

---

79. Cf. E. T. Hall (1976, p. 74-123) e F.-J. Eilers (2012, p. 116).

## COMUNICAÇÃO DE ALTO CONTEXTO E DE BAIXO CONTEXTO

| *Baixo contexto* | *Alto contexto* |
|---|---|
| As partes compartilham muito pouca informação em comum e precisam ser explícitas e precisas, às vezes de modo cansativo. | As partes têm muita informação em comum e não há necessidade de ser prolixo ou de tratar o outro como criança. |
| Um mestre de noviços seria muito explícito e verboso ao falar com um novo membro não familiarizado com a comunidade. | Confrades separados há muito tempo poderiam facilmente retomar experiências de anos anteriores e desenvolver experiências compartilhadas sem verbosidade injustificada. |
| Algumas pessoas falam como se estivessem dando instruções a uma pessoa de raciocínio lento, em vez de terem uma conversa. Isso pode ser inapropriado e ofensivo. | Algumas pessoas presumem erroneamente que estão falando com alguém familiarizado com a comunidade, mas o outro não sabe o que está acontecendo. |
| Pessoas fortemente "egocêntricas" tendem a atuar com um estilo de comunicação de BC: profissional em vez de caloroso. | Pessoas fortemente "sociocêntricas" têm um estilo de comunicação de AC: sensível aos sentimentos e ao humor do outro. |
| Assertividade e confronto podem resultar em conflito aberto. | Deferência e sutileza minimizam conflitos, mas podem resultar em agressão passiva. |
| Pessoas de BC são diretas, pouco sutis e, às vezes, insensíveis e ofensivas. | Pessoas de AC evitam desacordos abertos, mas às vezes são indecisas ou ambíguas. |
| A ênfase está na resolução racional de problemas. | A ênfase está em manter relacionamentos. |

**Figura 11**

**Interpretar, aplicar e viver com estilos comunicativos**

Em uma comunidade intercultural, seria de esperar que, como em uma família, as pessoas compartilhassem uma grande quantidade de informações comuns – sobre suas aspirações comuns, sua fé comum e sua filiação comum –, sem precisar torná-las explícitas toda vez que conversassem. Isso implica que uma comunidade representa uma situação de alto contexto (AC). As características incluem a partilha de informações "privilegiadas", não compartilhadas com pessoas de fora; familiaridade com as personalidades e os temperamentos uns dos outros, e a capacidade de ajustar-se a diferentes personalidades e adaptar a conversa de modo coerente; um nível de intimidade consistente com um relacionamento de longo prazo na comunidade; e uma suposição de que os outros entendem os sentimentos de alguém e são sensíveis a eles sem serem excessivamente sentimentais. Seria de esperar uma preocupação mútua genuína e um questionamento sobre o bem-estar uns dos outros, e os membros da comunidade evitariam um estilo de confronto entre si. Contudo, a falta de comunicação pode ocorrer facilmente entre duas pessoas, das quais uma age com um entendimento de BC, enquanto a outra se aproxima com uma atitude de AC. Uma pessoa pode, então, soar paternalista para a outra. Evidentemente, a sensibilidade para com cada pessoa em uma comunidade é necessária para que todos se unam na fé, na amizade e no propósito comum. Uma situação de baixo contexto é muito mais apropriada entre um viajante e um frentista ou entre dois membros de uma paróquia que são apenas conhecidos. Na comunicação de BC, cada pessoa precisa ser explícita e não presumir que a outra saiba o que o outro está pensando.

Não se faz, portanto, uma comunidade intercultural sem esforço, e, se sua composição muda com relativa frequência, deve-se prestar atenção cuidadosa para facilitar um espírito de inclusão e acolhida. A menos que isso seja feito, recém-chegados podem sentir-se muito isolados e desinformados, e panelinhas ou grupinhos de dois ou três membros podem tornar-se exclusivos. Se, após um período inicial de familiarização, um membro da comunidade sentir que vive em uma comunidade de baixo contexto, seria extremamente difícil ele prosperar. Isso pode ocorrer quando os indivíduos são muito fortemente focados no ego, ou quando há racismo latente, ou simplesmente uma falha em atender adequadamente a outros membros da comunidade. Quando isso acontece, o espírito de uma comunidade intercultural se esvai e as pessoas descobrem que, embora vivam sob o mesmo teto, estão longe de compartilhar um espírito fraterno comum. Muitos religiosos reconhecem que, mesmo depois de décadas, têm poucos amigos próximos, e têm ainda menos confidentes na comunidade. As pessoas se tratam de forma amigável e respeitosa, mas falta algo intangível. Uma verdadeira comunidade intercultural deve ser construída lentamente. Isso não pode acontecer de moto automático. Como observamos em várias ocasiões, apenas boa vontade não basta. Deve haver mecanismos em vigor para facilitar a construção da comunidade, da partilha da fé ao planejamento estratégico, e da partilha de atividades de lazer à socialização.

Os encadeamentos deste capítulo agora podem ser reunidos em um resumo e em uma sugestão para cada indivíduo e cada comunidade comprometidos em tentar passar da simples filiação a uma comunidade internacional para uma vida comunitária real em um contexto intercultural. A cultura, como vimos, é um componente intrínseco da *persona* social do indivíduo e, de fato (para os religiosos), um fator importante na formação de nossa fé. Assim, como membros de comunidades religiosas internacionais, devemos descobrir, respeitar e honrar as demandas legítimas de nossas respectivas culturas e comprometer-nos a abordar pessoas de outras culturas com apreço e abertura ao aprendizado. Tendo em mente que em cada cultura, assim como em cada pessoa, há elementos de graça e de pecado, devemos ter cuidado para não notar apenas a graça em nós mesmos e em nossa própria cultura, mas ver nos outros e em suas culturas pouco mais do que o pecado que julgamos que os infecta. Isso é etnocentrismo pecaminoso e revela uma perspectiva obtusa e intolerante. Isso de modo algum constitui uma base para construir comunidades interculturais.

Jogar a "carta da cultura" pode ser apenas um exemplo de perversidade, inflexibilidade ou preconceito que impede alguém de tentar mudar e adaptar-se. Se uma pessoa pensa que ninguém mais na comunidade está em posição de fazer um julgamento sobre sua cultura, ela pode ser tentada a exagerar no uso dessa sua "carta da cultura". Todos devem monitorar-se e entender que, na comunidade, o comportamento disruptivo precisa ser desafiado. Olhando, então, para o diagrama com seus perfis sociais contrastantes (figura 9), devemos ter claro que há valor e virtude em cada lado da linha mediana vertical. Duas coisas, no entanto, precisarão de atenção cuidadosa. Primeiro, as convenções de toda e qualquer cultura não estão acima de reprovação e de crítica apropriada, e nenhuma cultura modela os imperativos do Evangelho e o chamado ao discipulado de um modo totalmente adequado, muito menos de um modo perfeito. Portanto, toda cultura e todos os membros que a constituem devem, primeiro, dobrar os joelhos diante da revelação de Jesus Cristo, e todo discípulo cristão deve tornar-se contracultural em alguns pontos, a fim de conformar-se ao Evangelho e ao chamado específico da vida religiosa. Segundo, para que pessoas de diferentes culturas vivam harmoniosamente juntas, todos devem fazer um esforço concentrado para entender melhor o que faz outras pessoas "funcionarem", tanto cultural como espiritualmente. Em última análise, isso só pode ser feito mediante o desenvolvimento da confiança mútua e da disposição de explorar juntos, com fé, os contornos de diferentes abordagens culturais para os desafios comuns da vida.

As pessoas são muito diferentes e moldadas por muitos fatores. Comunidades interculturais, então, compreendem pessoas de muitos estilos diferentes – francas, reservadas, dominantes, submissas, extrovertidas, introvertidas, opinativas, receptivas, competitivas, colaborativas, insensíveis ou sensíveis. A consideração cuidadosa de como isso pode ser administrado adequadamente continuará sendo um imperativo para cada comunidade e cada pessoa. São Paulo sabia disso bem: "Completai minha alegria, permanecendo unidos no mesmo pensar, no mesmo amor, no mesmo ânimo, no mesmo sentir [...],visando não ao próprio interesse, mas ao dos outros" (Fl 2,2-4).

**Sugestões para continuidade**

1. Tente passar um tempo com o diagrama (figura 9), colocando um X em cada linha horizontal, de acordo com os principais fatores sociais/culturais que o moldaram.

2. Identifique – colocando outro conjunto de X – onde Jesus o desafia a mover-se, como um religioso comprometido com o Reino de Deus. Em seguida, considere as implicações de quaisquer diferenças entre as duas marcas X.

3. Deixe a grande comunidade (local ou regional) encontrar tempo – e não uma única vez – para um diálogo real no qual os membros são individualmente encorajados a identificar seu próprio perfil cultural, a explicar seus valores e a articular o que eles consideram (a) os aspectos mais desafiadores e difíceis na vida intercultural, (b) o que acham mais gratificante e (c) o que gostariam de modificar em suas próprias expectativas dos outros para o bem maior da comunidade.

4. Veja se você consegue entender as comparações de alto contexto/baixo contexto. Discuta a respeito disso como um reflexo das relações comunitárias, especialmente se alguns indivíduos sentem que não estão sendo tratados como adultos e como membros da família.

# 7
# Desenvolvendo competência intercultural

**"Modelos de" e "modelos para"**
Podemos identificar dois tipos de modelo. Um modelo em escala de um navio ou de um arranha-céu é um modelo físico ou material que mostra muitos detalhes e uma perspectiva geral da realidade maior que ele reduz à escala: é um "modelo de" o que quer que represente. Como tal, pode ser muito útil para oferecer um contexto mais amplo do que uma pessoa confinada na cabine de um navio ou no elevador de um arranha-céu jamais teria, mesmo que estivesse realmente dentro do navio ou do edifício. Um "modelo de" disponibiliza a simplificação e a sistematização de uma realidade complexa, ao mesmo tempo em que oferece atenção satisfatória aos detalhes. Mas nem todo "modelo de" é simplesmente um modelo em escala de uma realidade física. Tais modelos também podem ser construídos para ajudar-nos a refazer nossos passos para vermos onde estivemos ou o que nos trouxe à situação atual (figura 12). Portanto, podemos falar legitimamente de modelos de missão ou ministério pastoral, ou de modelos de vida comunitária, que tentam esquematizar o que já está, ou estava, acontecendo. Esses seriam modelos "normativos".

Mas também há um "modelo para" ou modelo "descritivo", como uma projeção ou um estímulo para empreendimentos futuros. Aqui, consideraremos um "modelo para" a vida intercultural com base em um já em uso, mas para circunstâncias diferentes das nossas; então ele precisa ser coerentemente modificado de acordo, ainda que tenha sido considerado muito útil por vários anos.

## UM "MODELO DE" E UM "MODELO PARA"

| *Modelo de* | *Modelo para* |
|---|---|
| Ajuda a mostrar como chegamos aonde estamos. | Ajuda a indicar como podemos progredir. |
| "Domestica" ou resume a realidade. | Gera ou imagina criativamente a realidade. |
| Demonstra o funcionamento de um sistema. | Indica como o sistema pode funcionar. |
| É dedutivo: parte de certas premissas. | É indutivo: parte de circunstâncias reais. |
| Tem origem em circunstâncias concretas. | Seu objetivo ou seu resultado é algo novo. |
| Fornece informação e clareza. | Fornece inspiração e ideais. |
| Descreve o que já existe. | Descreve o que pode existir. |
| É baseado na realidade. | É baseado em necessidades e imperativos. |
| É fixo e completo. | É provisório e incompleto. |
| É feito a partir das últimas conquistas ou de anteriores. | Surgirá de aspirações do presente. |

**Figura 12**

Obviamente, não se trata de um modelo do que está em processo, nem é um modelo físico, já que a vida intercultural é uma experiência existencial. Mas pode ser visto como um tipo de guia ou apresentação prática de "como fazer", oferecendo conselhos e instruções específicas para gerir várias circunstâncias e evitar alguns problemas evitáveis ou possíveis causas de constrangimento. Como qualquer outro "modelo para", ele também pode disponibilizar um indicador ou teste autoadministrado, para um indivíduo ou uma comunidade inteira – particularmente se com auxílio de alguém adequadamente competente –, para que se possa avaliar o amadurecimento, o progresso na dedicação e no tornar-se verdadeiramente intercultural. Ele também pode ajudar os indivíduos a entenderem as reações, as motivações, os pontos fortes e os fracos próprios e dos outros. Entender outras pessoas não é algo automático, como não o é entender uma língua estrangeira.

Alguém que tanto contribuiu para a compreensão teórica dos desafios da vida intercultural como forneceu muita sabedoria prática e orientação para pessoas empenhadas em enfrentar os desafios que ela apresenta é Milton J. Bennett. Tendo dado seus primeiros passos na jornada transcultural ao longo de seus anos no Corpo da Paz, ele aprendeu – como todos nós deveríamos – com seus erros, refinando gradualmente um modelo de "competência intercultural" que tem sido amplamente usado e aplicado. É um "modelo para" a vida intercultural e, usado por uma comunidade inteira, pode ser de considerável ajuda prática. Também pode ajudar a persuadir os ainda não convencidos da possibilidade real de alcançar um modo de vida intercultural saudável.

Começando na década de 1980, e com refinamentos subsequentes, Bennett elaborou aquele que agora é chamado de *Modelo de desenvolvimento de vida intercultural* (Bennett, 1986, p. 179-186; 1993; 2004, p. 62, 77). Houve refinamentos e desenvolvimentos posteriores, feitos por um de seus antigos colegas, a que nos referiremos mais tarde[80]. Primeiro, porém, identificarei cada um dos seis estágios de Bennett, acrescentando algumas palavras de crítica e aplicação potencial especificamente para aqueles que se comprometem com a vida intercultural explicitamente moldada pela fé e pelo compromisso religioso.

---

80. Cf. o trabalho de M. Hammer em *Intercultural development inventory*: http:// idiinventory.com.

## Do etnocentrismo ao etnorrelativismo

Algumas pessoas parecem lidar com situações interculturais muito melhor do que outras. Algumas parecem aprender rápida ou cumulativamente, enquanto outras batalham ou desistem ou vivem alegremente ignorantes de sua própria atitude indiferente ou abertamente desrespeitosa para com aqueles com os quais e entre os quais vivem. Se as primeiras são fortemente motivadas a melhorar suas habilidades e relacionamentos, e o querem, outras são intimidadas, conscientes ou alheias aos desafios impostos não só a si mesmas, mas também às pessoas ao seu redor. O modelo de Bennett rastreia um movimento ou progressão de seis estágios, do *etnocentrismo* até o que ele chama de *etnorrelativismo*[81]. Os três primeiros estágios exemplificam vários graus de etnocentrismo[82], enquanto os estágios de quatro até seis descrevem uma pessoa que se moveu para além do etnocentrismo e cada vez mais em direção ao objetivo, o etnorrelativismo. Nem todo mundo começa no primeiro estágio. No entanto, nem todo mundo progride até o sexto, e não há, necessariamente, um progresso constante em cada estágio. Pode haver alguma regressão antes que se dê novamente o impulso para a frente. Ter isso em mente pode ser bom para nosso próprio benefício e porque pode ajudar-nos a entender melhor as outras pessoas.

## Os estágios etnocêntricos do desenvolvimento

Em seu significado mais básico, etnocentrismo é a propensão a ver e a interpretar o mundo da perspectiva subjetiva de um quadro contextual específico: vejo, julgo, interpreto o mundo como visto por meus próprios olhos e assim ajo nele. Trata-se, então, de uma perspectiva estreita e pessoal. Essa tendência é, em si, perfeitamente natural e não deve ser motivo de consternação imediata, uma vez que o propósito de todos os nossos processos de socialização ou enculturação é precisamente

---

[81]. Cf. também F.-J. Eilers (2012, p. 133-136).
[82]. Cf. Apêndice I.

ajudar-nos a enraizar-nos em um contexto cultural específico e dotar-nos de uma perspectiva baseada no contexto, bem como de uma capacidade de julgamento moral. Mas o etnocentrismo se torna problemático, e até pecaminoso, quando ajo como se minha perspectiva fosse a única possível ou aceitável; quando espero que outras pessoas adotem minha perspectiva como absolutamente normativa e quando até imagino que minha perspectiva é, na verdade, a de Deus. A definição de trabalho de Bennett para etnocentrismo é "a experiência da própria cultura *como central para a realidade*" (eu diria até *como a realidade em si*). Isso significa que as crenças e os comportamentos de alguém, acumulados durante a socialização primária (até a idade da razão) e além, permanecem inquestionáveis depois dessa socialização e são aceitos como "exatamente como as coisas são". Bennett diz que "etnorrelativismo" é sua própria cunhagem e pretende ser o oposto do etnocentrismo: "A experiência das próprias crenças e dos próprios comportamentos apenas como uma organização da realidade entre muitas possibilidades viáveis". Por enquanto, simplesmente indicamos estes dois polos opostos, etnocentrismo e etnorrelativismo. Depois identificaremos a série de seis estágios nomeados por Bennett movendo-nos entre eles. Começamos com o etnocentrismo e seus efeitos.

Evidentemente, ninguém mais pode ver através de meus olhos ou ver exatamente o que vejo, assim como não posso ver através dos olhos de outra pessoa ou ver exatamente o que o outro vê. Mas a mais mera dignidade e respeito humanos exigem que estejamos cientes das diferenças e das perspectivas individuais que existem ao lado das nossas, sejam elas de natureza puramente pessoal, linguística, religiosa ou cultural em geral. Nunca devemos tentar coagir os outros ou impor-lhes nossa perspectiva. Argumento racional e diálogo genuíno são aceitáveis, mas, além disso, entramos em águas turvas e perigosas. Bennett identifica três estágios ou graus de etnocentrismo, do mais bruto ao mais sutil: negação, defesa e minimização. Esses rótulos identificam diferentes tipos de experiência subjetiva.

*1. Negação*

Esta é a forma mais tendenciosa ou grosseira de etnocentrismo. A negação se refere a uma tentativa grosseira de desconsiderar totalmente as diferenças culturais. Às vezes, ela se mostra como um tipo de cegueira ou desconexão cultural, uma falha flagrante de percepção até mesmo das diferenças culturais. Noutras ocasiões, a consciência inicial de tais diferenças é seguida por táticas de evitação bastante óbvias, ou por esforços mais intolerantes ou de confronto para removê-las para que a vida possa continuar como antes. Bennett faz a importante observação de que a negação não é vivenciada apenas por pessoas da cultura dominante em um lugar específico, qualquer que seja. Grupos minoritários também podem operar com o que ele chama de "cosmovisão de negação" ou propensão a evitar trazer à plena consciência diferenças culturais, reconhecê-las ou lidar com elas. Ela também se mostra em pessoas que, por exemplo, pensam na "África" ou falam dela como uma entidade vaga em algum lugar "lá embaixo", ou como se fosse uma única nação ou etnia e como se todos os seus habitantes fossem idênticos (geralmente identificados pejorativamente). Caracterizações rudes de etnias – o uso eufemístico de "moreno(a)" ou termos depreciativos relacionados a etnias, como "tupiniquim", "portuga", "cabelo ruim" e similares – servem para distanciar o falante de porções inteiras da humanidade e aplicar-lhes rótulos genéricos que, assim, as desumanizam.

A negação é uma forma de fugir das realidades culturais que distinguem "eles" de "nós"[83]. Aqueles que as negam não são completamente inconscientes das diferenças em si, sejam elas culturais, étnicas e assim por diante. Eles simplesmente deixam de refletir sobre seu significado. Tal negação, portanto, impede toda possibilidade de estabelecer qualquer *relacionamento* com alguém categorizado como "outro". Ela revela uma

---

83. Essa questão será explicada e discutida no cap. 10.

incapacidade ou falta de vontade de lidar com fatos e de discutir diferenças culturais e pessoais. "Ignorância agressiva" é uma das expressões reveladoras de Bennett e descreve muito bem a pessoa em negação.

*Reflexão pastoral*: pessoas inflexivelmente monoculturais podem tentar negar diferenças culturais, evitando situações transculturais em que tais diferenças surgem ou são evidentes. Se estiverem em posições de liderança, podem tornar-se autoritários em um esforço para impor a eliminação de certas práticas ou comportamentos, como em "Não prepare [alimentos estrangeiros] na cozinha porque deixam um odor muito ruim por dias". Ou, ainda mais pesadamente, podem deixar instruções ou criar regras arbitrárias como: "X é proibido e não será tolerado". Isso revela uma perspectiva monocultural obtusa. É difícil dizer se esse comportamento flagrantemente insensível é pior do que o esquivamento ou a agressão passiva, como quando uma pessoa faz um suspiro alto e deliberado antes de sair de uma sala em evidente desaprovação. A negação é encontrada sempre que as pessoas evitam perceber diferenças culturais ou lidar com elas, ou quando as interpretam simplesmente como maus hábitos de outras pessoas. É uma expressão de ignorância cultural.

*2. Defesa*

Não tão condenável quanto o etnocentrismo grosseiro sob o rótulo de negação, a defesa é "a situação em que a cultura de alguém (mesmo que seja uma cultura adotada) é experimentada como a única viável – a forma mais 'evoluída' de civilização ou, pelo menos, a única boa maneira de viver" (Bennett, 2004, p. 65). Uma pessoa que age no modo de defesa certamente está *ciente* de muitas diferenças culturais que alguém em negação pode simplesmente negligenciar, mas a mentalidade de defesa vê *somente* diferenças em relação ao que se considera ser a norma, julgando-as imediatamente de modo negativo e sem a reflexão ou a introspecção adequadas. Aqui, a linha de separação entre "nós" e "eles" é traçada ainda mais nitidamente e predomina uma atitude de aprovação acrítica de tudo aquilo de que se dispõe na própria cultura. Esse chauvinismo ou patriotismo excessivo é altamente sensível a qualquer forma de crítica oriunda "dos outros". A pessoa em modo de defesa estereotipará o outro e poderá contar piadas humilhantes – aparentemente leves, mas, na verdade, profundamente sentidas – sobre outras nacionalidades, outros modos de falar ou vestir, ou outros costumes. Levada ao extremo, a defesa se expressa na afiliação a grupos exclusivos (racistas, sexistas, homofóbicos e assim por diante), cujas políticas são explicitamente direcionadas contra "o outro".

Mas a defesa também pode caracterizar a atitude de pessoas de grupos ou culturas minoritárias. Esta é uma forma compreensível de autoproteção contra comportamentos pouco conhecidos e dominantes, e quase todos, quer se sintam em menor número, quer seguros em um grupo maior, criarão alguns mecanismos de defesa. Esses, no entanto, devem diminuir gradualmente na proporção em que a pessoa se sente mais integrada e aceita em um grupo maior ou mais heterogêneo. Mas isso está longe de ser algo que se desenvolva automaticamente. A atitude de algumas pessoas pode realmente endurecer, de modo que elas se tornam cada vez mais mordazes em suas críticas à cultura dominante e em defesa da sua própria. Mas Bennett também chama a atenção para o que ele denomina "reversão", uma resposta bem diferente de algumas pessoas de grupos minoritários. Isso significa que alguém se encanta pela cultura dominante a ponto de absorver ou aprovar muito acriticamente tudo o que ela representa. Esse comportamento, às vezes chamado de "tornar-se nativo" ou "retirar-se", pode ser extremamente ingênuo ou um esforço não tão sutil para harmonizar-se com o grupo anfitrião. Analisaremos isso mais de perto ulteriormente[84]. Mas, como Bennett (2004, p. 66) diz

---

84. Cf. cap. 9, sobre as reações psicológicas.

com perspicácia, isso é ir realmente de um extremo (rejeição total) a outro (aceitação total), e, "ao mudar de polos na visão de mundo polarizada, essa pessoa não mudou [uma] experiência essencialmente pouco sofisticada de diferença cultural".

*Reflexão pastoral*: volte à definição de Bennett – "a situação em que a cultura de alguém (mesmo que seja uma cultura adotada) é experimentada como a única viável" – e simplesmente substitua "cultura" por "religião", e os perigos da defesa se tornam imediatamente aparentes. Qualquer pessoa intolerante a qualquer religião ou denominação defendida pelo "outro", instintivamente hostil ou defensiva diante de quem usa uma etiqueta religiosa diferente e sem nenhum desejo de diálogo ou relacionamento simpático, está no modo de defesa. Algumas tentativas grosseiras de proselitismo (usando força ou medo como instrumentos) e qualquer coisa que se aproxime de um zelo de "cruzada" exemplificam a posição de defesa extrema. Assim, dentro de uma comunidade intercultural, a liderança que ensina e não dialoga, ou que é preventiva e inflexível na tomada de decisões, pode estar atuando em um modo de defesa. Igualmente, certas pessoas em posição de autoridade (até mesmo alguns clérigos ou formadores) que proclamam de modo bombástico: "Você não pode me dizer nada sobre essas pessoas, estou por aqui/faço isso há vinte e cinco anos", manifestam claramente aspectos da resposta de defesa às diferenças culturais ou religiosas. Levado ao extremo, isso produziria uma atitude de "faça o que eu digo, ou vá embora", que, talvez, popularmente se diria: "Do meu jeito, ou rua".

Mais uma vez, é sempre útil lembrar: há pecado e graça em cada cultura. Nenhuma cultura sobrevive indefinidamente sem os elementos distintivos da virtude e nenhuma está livre de fraquezas ou deficiências. Deve-se, então, resistir à tendência de comparar a graça na própria cultura com o pecado percebido em outra: vemos o cisco nos outros, mas falhamos em identificar a trave em nós mesmos. Se reivindicamos alguma virtude cultural ou pessoal, devemos pelo menos procurar algum equivalente em outra cultura ou pessoa. E, se imediatamente identificarmos algum defeito ou pecado em outra pessoa, devemos ser honestos o suficiente para olhar para nós mesmos antes de atacar em resposta. Outra maneira de abordar diferenças culturais ou religiosas positivamente é lembrar o grande paradoxo: os seres humanos são simultaneamente todos iguais (humanos) *e* todos diferentes (individuais). Precisamos olhar para ambos os aspectos se quisermos viver harmoniosamente com os outros. A atitude identificada como defesa é uma expressão de presunçosa superioridade cultural e de julgamento grosseiro.

### 3. Minimização

Ainda contaminada com uma quantidade inaceitável de etnocentrismo, mas já dando sinais de uma abordagem mais madura e tolerante das diferenças culturais ou religiosas é a fase que Bennett identifica como terceira resposta possível em relação à cultura do outro. "A minimização da diferença cultural é a situação em que elementos da própria cosmovisão cultural são vivenciados como universais" (Bennett, 2004, p. 66). O tom de etnocentrismo que ainda marca uma abordagem de minimização está em alguém interpretar o outro usando as categorias que são imediatamente familiares a si mesmo. Em vez de identificar as diferenças culturais como ameaçadoras e então condená-las (defesa), alguém "subordina as diferenças a categorias familiares" (Bennett, 2004, p. 66). Mas isso é correr o risco de ficar fechado para a possibilidade de significados válidos ou racionais intrínsecos a outras culturas ou religiões. "Essa não é a maneira de segurar sua faca/amarrar seus sapatos/fazer suas orações" revela uma pessoa que emprega a abordagem de minimização: supõe-se que haja uma maneira única e universal, e que é a minha. Existe ainda o risco de tirar conclusões precipitadas sobre o que a outra pessoa está mesmo fazendo: o que interpreto como "oração" pode, na verdade, ser outra coisa. Sintomaticamente,

Bennett (2004, p. 67) observa que, "na minimização, as pessoas são incapazes de apreciar outras culturas [ou ações religiosas] porque não conseguem ver claramente sua própria cultura". Isso se deve à nossa habituação ou socialização, por cuja causa simplesmente consideramos muitas coisas como certas. Presumimos que nosso modo de agir seja correto e até normativo.

Pessoas em minoria podem inicialmente se ajustar às expectativas ou demandas de um grupo dominante, que pode insistir na conformidade para minimizar o que considera variações sem importância, com base ou na disciplina necessária ou na padronização racional. Em ambos os casos, a minimização funciona se pessoas em ambos os lados de uma divisão cultural presumirem que variações são simplesmente desnecessárias e impedem o bom andamento de uma operação. Mas, se a conformidade provar ser mais do que mero incômodo para a pessoa minoritária, a resistência à conformação pode provocar sérios problemas.

*Reflexão pastoral*: em comunidades religiosas, novos membros são agregados em uma comunidade preexistente, com muitos modos estabelecidos ou padronizados de proceder. Espera-se que o recém-chegado aprenda, adapte-se e conforme-se. Em uma comunidade monocultural, as diferenças individuais podem ser adequadamente minimizadas para atingir um espírito de equipe e obter respostas comuns. Mas, em uma comunidade multicultural, a pessoa responsável (ou da cultura dominante) e o recém-chegado (de um grupo minoritário) podem não estar cientes de que o próprio procedimento na comunidade foi significativamente moldado pelas suposições culturais da cultura dominante ou "da comunidade". A menos que a liderança se sensibilize para a expressão puramente cultural (e, portanto, potencialmente adaptável) de vários comportamentos – postura para oração, vestimenta, privacidade e assim por diante –, uma tensão séria pode desenvolver-se à medida que membros novos ou minoritários da comunidade se sintam sufocados e injustamente constrangidos. Aqueles que podem inicialmente se sentir constrangidos, no entanto, também precisam aprender a tolerar maneiras e expectativas desconhecidas. Este, afinal, é um dos desafios necessários da vida intercultural. Mas, se uma polarização "nós"/"eles" ocorrer em uma comunidade, o grupo dominante terá a maioria das cartas e se adaptará menos, enquanto a minoria se sentirá impotente e manipulada. Assim como a liderança (ou o grupo dominante) é desafiada a aprender a ser culturalmente sensível, as pessoas em minoria devem aprender a não gritar pedindo "falta!" tão logo se lhes diga que façam algo desconhecido ou desafiador. Invocar instintivamente a carta da "cultura" como razão para não mudar seus hábitos é indigno de qualquer pessoa comprometida com a vida intercultural. Igualmente, porém, nunca ter a oportunidade de expressar sua identidade cultural essencial em questões importantes é um fracasso daqueles que se encontram em posição de autoridade e logo se mostrará desastroso.

A minimização é típica de qualquer primeira tentativa de dar sentido e de adaptar-se a outra cultura, uma vez que é perfeitamente natural tentar interpretar eventos e comportamentos com a "gramática" que nos é familiar: nosso próprio inventário cultural. Leva um tempo para perceber que isso não ajuda muito, assim como não ajudaria tentar entender russo com a gramática do inglês. E há um perigo adicional na minimização: presumir que o que funciona em uma cultura – o teste Myers-Briggs, o eneagrama e até mesmo os testes de QI – seja universalmente aplicável a todas as outras. Muitos testes são vinculados à cultura ou sensíveis a ela (ou ao gênero, à idade ou a outros fatores), e tentar forçar um indivíduo a uma camisa de força culturalmente inapropriada pode ser devastador. O pessoal envolvido com a formação deve ter cuidado para não minimizar as diferenças culturais. Mas, ao mesmo tempo, precisa lembrar-se de que as pessoas não só são culturalmente diferentes (em maior ou menor medida), mas também que cada um de nós é um membro da raça humana e, assim, capaz de comunicar-se e cooperar, de ter empatia – ou de tiranizar.

Eis aqui, então, os três estágios do etnocentrismo, do mais flagrante (negação), passando pelo estágio intermediário (defesa), até o mais moderado (minimização). Uma pessoa desloca-se para além da simples *negação* ao tornar-se conscientemente sabedor de que *há*, de fato, diferenças culturais significativas. Move-se para além da *defesa* ao perceber que as diferenças culturais nem sempre são intoleráveis ou incompatíveis, e que há semelhanças significativas. Desloca-se para além da *minimização* ao dar-se conta de que as diferenças interculturais são intrinsecamente válidas e efetivamente significativas. Estamos, então, nos movendo firmemente em direção ao que Bennett chama de etnorrelativismo, uma maneira aceitável e criativa de encontrar "outros" culturais. Esse também pode ser visto em três manifestações ou estágios, conforme ilustrado no próprio diagrama simples de Bennett[85] (figura 13):

Figura 13

**Os estágios etnorrelativos do desenvolvimento**

"Etnorrelativismo", diz Bennett, significa simplesmente "que a cultura de alguém é vivenciada no contexto de outras culturas" (2004, p. 68). Os etnorrelativistas estão conscientes de culturas diferentes da sua e, consequentemente, adaptam sua abordagem e monitoram suas reações instintivas ao "outro". O termo "etnorrelativista" é desajeitado e talvez pudesse ser substituído em conversas comuns por um termo como

---

85. Aqui levemente retocado de Bennett (2004, p. 63).

"respeitoso" ou "culturalmente sensível", mas a literatura já o consagrou. Não há, contudo, inevitabilidade alguma quanto a uma transição suave do etnocentrismo bruto para o etnorrelativismo simpático: pessoas que, antes de tudo, se apresentam como grosseiramente etnocêntricas já formaram hábitos que podem mostrar-se intratáveis. Os estágios que identificam o etnorrelativismo são: aceitação, adaptação, integração.

*1. Aceitação*

Simplesmente aceitar outra pessoa parece ser o requisito mínimo de qualquer um que espera lidar com o desafio de uma situação multicultural, e, no entanto, esperar só por isso de algumas pessoas já parece demasiado. Qualquer um ainda enraizado em uma visão de mundo etnocêntrica simplesmente continuará a reagir de forma etnocêntrica, a menos que seja encorajado, motivado e auxiliado a tornar-se mais aberto. E pessoas profundamente preconceituosas, com uma forte ideia fixa ou obsessão e um espírito dissimulado, serão ameaçadas por comportamentos ou ideias diferentes dos seus e não os tolerarão. A aceitação, então, não é algo que podemos tomar como garantido, a menos que alguém esteja, em princípio, aberto a formas alternativas de agir ou pensar que sejam, pelo menos, toleráveis, nem irracionais nem ímpias. A aceitação se torna possível somente se eu puder reconhecer livremente que meus caminhos não são os únicos possíveis. Mas o preconceito religioso pessoal e o dogmatismo precisam primeiro ser identificados, porque algumas pessoas são simplesmente incapazes de ir além da noção de que suas próprias ideias e convicções são absolutos inegociáveis.

A aceitação das diferenças culturais requer que possamos distinguir nossos próprios caminhos culturais daqueles dos outros e, ao mesmo tempo, aceitar os outros como tão humanos quanto nós. Podemos, então, aceitar a ideia da possibilidade de haver muitas maneiras de resolver um único problema e muitos modos de interpretar a realidade externa. Mas não se mede a aceitação só por conhecer alguém. É preciso ter simpatia pelos esforços de outras pessoas e compreendê-los, para lidar com as circunstâncias de suas vidas. É exatamente aqui que se faz necessário (e que se tentou, ao longo deste livro, introduzir mediante certa terminologia, reflexões e exercícios) integrar algum conhecimento antropológico. Deparar com diferenças culturais munidos de certo conhecimento antropológico teórico ou fatual mas sem nenhum "sentimento" para com as pessoas envolvidas – uma atitude de real respeito e abertura – seria quase tão ruim para uma pessoa quanto tropeçar cegamente em um contexto multicultural sem absolutamente nenhuma preparação. Então, embora a boa vontade por si só seja insuficiente, igualmente o é o conhecimento sem empatia e flexibilidade.

Aceitação não significa parar de pensar e julgar. Tampouco é concordância ou capitulação. Na verdade, o julgamento *acrítico*, como Bennett nos lembra, cheira a etnocentrismo. O verdadeiro desafio é ter a mente aberta às diferenças e ser tolerante com elas, sem perder todo o senso de princípio ou valores essenciais. O "relativismo" é positivo quando reconhece áreas aceitáveis de livre escolha (em matéria de vestimenta, comida, modos de rezar, postura, e assim por diante). Esse seria um "relativismo relativo". Mas torna-se perigoso (e ainda pior) se as pessoas decidirem que *tudo* e *qualquer coisa* são aceitáveis (como canibalismo, tortura, infanticídio, tráfico de pessoas, e assim por diante). Esse seria um "relativismo absoluto". O relativismo absoluto logo produziria a anarquia e a destruição da própria cultura. Evidentemente, há graus de relativismo, e a tolerância de alguém com diferenças culturais específicas será construída em sua socialização, bem como nos princípios teológicos e filosóficos que moldam seu caráter moral. Assim, a aceitação está sempre sujeita a uma reflexão cuidadosa, a um diálogo real e contínuo e a uma consideração mútua, para que as pessoas possam chegar a um consenso ou *modus vivendi* em relação ao que é e ao que não é aceitável em circunstâncias particulares – como a vida intercultural.

*Reflexão pastoral*: a aceitação está sempre relacionada a outras questões, como o que é e o que não é negociável, mutável ou provisório. Em uma comunidade intercultural, isso exige muita paciência e respeito mútuo, já que todos nós nos comportamos de certas maneiras (culturais) que tendemos a considerar normativas, até encontrarmos outras pessoas que se comportam diversamente. Isso não é um problema quando as vidas desses outros dificilmente afetam as nossas – situação em que o mais prontamente possível "vivemos e deixamos viver". Mas, quando realmente vivemos com e entre pessoas com maneiras, hábitos e mesmo convicções diferentes, mas com as quais devemos criar uma comunidade de fé e de vida em comum, muitas questões delicadas ou nevrálgicas surgirão rapidamente. Simplesmente tentar aceitar, sem trabalhar as implicações de tal aceitação, pode resultar logo em irritação e, em seguida, em ressentimento, um rompimento na comunicação ou uma erupção repentina de raiva real. Um dos frutos da aceitação bem-sucedida é a capacidade de reconhecer a humanidade e a boa vontade plenas de outras pessoas, sem tentar fazê-las se conformarem precisamente à nossa compreensão dessas coisas, e de ter condições de fazer julgamentos provisórios sobre as ações de outras pessoas, sem, com isso, condenar seus supostos motivos. Consequentemente, cada pessoa é desafiada a distinguir o que seria pessoalmente inaceitável daquilo que alguém poderia desaprovar nos outros, mas não tem o direito de julgá-lo e condená-lo.

A desarmadora pergunta: "Quem sou eu para julgar?", do Papa Francisco, chocou muitas pessoas que pensavam que tinham o direito de julgar – e condenar. A responsabilidade da liderança é onerosa, mas também delicada. Líderes devem liderar, e isso requer que encontrem a demarcação entre o que é totalmente inaceitável e o que é tolerável, mas, ao mesmo tempo, que afrontem o fato de que o formato futuro da vida religiosa, particularmente em sua diversidade cultural, será muito diferente do que até agora foi considerado inquestionável, exportável e universalmente aplicável.

A boa vontade por si só é evidentemente insuficiente e pode resultar em grande frustração e em uma sensação de impotência. O conhecimento também é importante, e as pessoas que se esforçam por uma vida intercultural saudável devem aprender diretamente umas com as outras e umas das outras, de um modo que vai muito além do casual. Poderíamos assistir a pessoas jogando xadrez por cem anos, mas, a menos que conheçamos de fato as regras, nunca o entenderemos bem o suficiente para jogar. De modo semelhante, viver sob o mesmo teto que outras pessoas (cônjuges, filhos, religiosos) não é um indicador adequado de vida intercultural. Trabalho duro, questionamento constante de si mesmo e dos outros, mas, acima de tudo, compaixão real, interesse, amor pelo outro são condições *sine qua non* para a compreensão mútua – e especialmente transcultural.

*2. Adaptação*

A questão da relatividade – a capacidade de reconhecer e respeitar uma variedade de abordagens para tarefas comuns (boa), ou a completa ausência de quaisquer padrões e princípios absolutos que levem à aceitação acrítica de qualquer coisa que alguém escolha fazer (ruim) – deve ser resolvida antes que uma pessoa possa passar da aceitação para a adaptação. Indivíduos maduros devem ter um forte senso intuitivo de certo e errado e a capacidade de seguir sua consciência sem, no entanto, impor suas visões ou convicções aos outros. Após a devida consideração e com informações apropriadas, uma pessoa pode aprender a comportar-se de novas maneiras no contexto de outra cultura. Ver o ponto de vista do outro e respeitá-lo, e até mesmo adotá-lo, é a essência da adaptação. Mas isso exige uma abordagem construtivamente crítica. "Quando em Roma, faça como os romanos" é uma regra prática útil. Mas, "quando não estiver em Roma, não há necessidade de agir como se lá estivesse" pode ser um corolário útil. A adaptação é construída sobre respeito mútuo e flexibilidade, mas não significa que as pessoas devam abandonar seus princípios nem que sejam absorvidas ou assimiladas de modo que percam, assim, sua própria identidade. A adaptação bem-sucedida aumentaria, na verdade, a gama de respostas possíveis de uma pessoa; e, já que estamos pensando em um contexto multicultural, também resultaria na transformação de todos na comunidade e na erosão gradual de uma mentalidade de cultura dominante ou de manipulação deliberada.

*Reflexão pastoral*: a adaptação leva tempo e se mostra em diferentes formas de valor desigual. Copiar o comportamento de outra pessoa porque parece "exótico" ou "diferente" cheira a encenação ou modificação superficial de comportamento. A verdadeira adaptação deve ser respeitosa tanto com outras pessoas como com suas culturas. Não deve ser simplesmente uma mudança de comportamento que não atinge as convicções ou as crenças mais profundas de alguém. Nisso, um exemplo da África pode ajudar.

Vivi por vários anos em uma sociedade na qual a ameaça, o medo e a realidade da bruxaria dominavam a vida das pessoas. Quando cheguei lá, levava comigo uma compreensão puramente acadêmica da bruxaria, mas nenhuma experiência real de sua realidade social. Gradualmente, chegando a entendê-la como tentativa real, existencial e cultural de explicar e abordar vários tipos de mal comum a pessoas de todas as culturas (má sorte injustificada ou morte súbita, "acidente" trágico, perda de colheita e coisas do tipo), fui capaz de vê-la como uma resposta cultural específica às perguntas universais: "Por que o mal?" e: "Por que eu?" Nisso, a bruxaria faz a mesma interrogação que todas as religiões fazem. Mas a bruxaria é uma *explicação personalizada do mal* (o "o quê?" e o "qual é a causa disso?" se tornam um pessoal "quem causou isso?"). Como tal, a lógica da bruxaria exige que uma pessoa real na comunidade seja acusada e considerada culpada, quer o tenha feito conscientemente ou não. Enquanto eu estava imerso na "mentalidade de bruxaria", precisava colocar entre parênteses minha própria compreensão ocidental de *causalidade "acidental"* ou *impessoal* e aceitar a bruxaria como a realidade vivida, a (única) explicação disponível nas circunstâncias[86]. Poucos de meus confrades "ocidentais" conseguiam apreciar isso, e alguns suspeitavam que eu tinha perdido a razão. Mas, ao aceitar a realidade social palpável, em vez de ridicularizar as pessoas, eu me tornei mais empático e pastoralmente relevante. Quando retornei a meu próprio contexto cultural, retornei a minha própria visão de mundo, da qual a bruxaria simplesmente já não fazia mais parte. Ser mutuamente inteligível enquanto se mantém o núcleo da própria identidade – sua autenticidade – é o desafio para todos.

Este é um exemplo simples de uma situação que exige que uma pessoa repense, reexamine suposições e esteja preparada para uma modificação ou transformação de ideias estabelecidas e, às vezes, arraigadas sobre o mundo e a realidade social. A menos que estabeleçamos uma base comum, uma linguagem comum para abordar o que é mesmo real, consideraremos impossível viver juntos como membros de uma única comunidade.

*3. Integração*

Este não é de fato um estágio separado, mas, na verdade, como a palavra sugere, a integração das experiências externas ou interpessoais e da identidade interna ou pessoal. A característica básica da integração é a capacidade de generalizar a partir de um conjunto de experiências e de aplicar os aprendizados e sua adaptação a situações subsequentes. Viver em uma comunidade em que a mentalidade de bruxaria é difundida seria um exemplo de adaptação e integração, se facilitasse o aumento da sensibilidade a futuras experiências transculturais. Uma das expressões que Bennett usa em relação à integração é "marginalidade cultural", que abordarei a seguir[87].

---

86. Isso não significa que a "mentalidade de bruxaria" nunca possa mudar. A consciência de alternativas abre mundos fechados, e a explicação da bruxaria pode dar lugar a outras explicações, como a história demonstra.

87. Para mais, cf. "liminaridade", juntamente com Lee (1995) e Bennett (2004, p. 72).

É importante reconhecer que a adaptação e a integração não são alcançadas ao custo do núcleo da identidade de ninguém: não posso tornar-me você, mas posso continuar a melhorar as maneiras pelas quais posso ser eu mesmo com maior integridade. Tampouco sou absorvido por outra comunidade nem totalmente incorporado, se isso significa que me perco em uma organização ou entidade maior. No caso de esforços para criar uma comunidade intercultural intencional, no entanto, há perdas e ganhos para cada pessoa, de modo que a nova comunidade não é idêntica a uma antiga ou, na verdade, a qualquer outra comunidade. Na medida em que é de fato uma nova criação, pode-se argumentar que há incorporação sem perda de identidade, porque cada pessoa é mudada pela experiência da vida intercultural e porque essa experiência em si cria um novo organismo. É aqui que um retorno à consideração de várias formas de marginalidade seria valioso.

Resumindo os três estágios do etnorrelativismo, uma pessoa se move para além da aceitação, e em direção à adaptação, quando há um comprometimento real com a realização da tarefa de aprender uma cultura mediante o estudo, a pesquisa e o encontro, e há sinais palpáveis disso. E o deslocamento dali para a integração se dá efetivamente quando uma pessoa desenvolve respeito pela cultura de outra e se mostra em relacionamentos interpessoais autênticos, bem como na apreciação do próprio engenho cultural.

*Reflexão pastoral*: esta descrição bastante resumida, de um movimento potencial do etnocentrismo grosseiro de um indivíduo para a integração bem-sucedida de várias pessoas em uma comunidade intercultural, tem como objetivo identificar algumas armadilhas e talvez algumas habilidades e mudanças de atitude necessárias exigidas de todos. Mas a experiência real em si, de viver com outros e moldar tal comunidade, continua sendo o grande desafio. Antes que esse desafio possa ser enfrentado, deve primeiro ser reconhecido; e, se se quiser afrontá-lo com sucesso, é preciso um comprometimento grande e consistente por parte de todos. Outros capítulos deste livro tratam de outros aspectos do chamado e do desafio, mas este tem como objetivo principal esboçar uma abordagem e afirmar que é possível passar do etnocentrismo para um modo de vida mais inclusivo e respeitoso. É claro, porém, que muitas variáveis podem afetar o resultado esperado, e em um capítulo subsequente consideraremos a tensão entre nossa identidade cultural, já bem formada, e nossas atitudes em relação à perspectiva e ao desafio da transformação ou conversão pessoal[88].

**Coda**

Nos últimos anos, e em grande parte como resultado do trabalho pioneiro de Bennett, vários modelos e inventários foram projetados para avaliar a adequação do pessoal no mundo corporativo de empresas multiculturais. Da mesma forma, no mundo das comunidades religiosas e missionárias, há uma grande quantidade de experiência e de assistência disponíveis. No nível corporativo, o *Inventário de desenvolvimento intercultural* de Mitchell Hammer pode ser encontrado em www.idiinventory.com. Mas, para comunidades religiosas internacionais e multiculturais, o melhor recurso é o *Intercultural consultation services* (atualmente sob a direção da Irmã Katie Pierce, IHM, em ktpierce@interculturalconsultation.com), cujo endereço na rede é www.interculturalconsultation.com.

**Sugestões para continuidade**
1. Um exercício comunitário útil pode ser tentar construir um "perfil" de alguns dos comportamentos e das atitudes encontrados em cada um dos estágios do etnocentrismo ao etnorrelativismo.

---

88. Isso está no cap. 9, depois que tivermos examinado alguns aspectos da marginalidade/liminaridade.

2. É importante que, em algum momento, uma comunidade identifique requisitos ou compromissos específicos que cada um de seus membros possa ter de cumprir, se uma comunidade internacional e multicultural pretende avançar intencionalmente em direção a uma verdadeira vida intercultural (ou seja, cursos, leituras, "experiências de imersão" e assim por diante).

3. M. Scott Peck (1987, p. 59-72) identifica seis características da comunidade autêntica: inclusão, comprometimento, consenso, contemplação, vulnerabilidade e "luta graciosa". Como sua comunidade se avalia em relação a isso?

# 8
# Missão, margens e vida intercultural

**Revisão e previsão**

Até agora, olhamos para *dentro* de uma comunidade intercultural, mas a missão também é um chamado que nos leva *além* de nosso pequeno mundo. Antes de explorar isso, pode ser bom revisitar vários temas-chave já identificados, para enfatizar seus relacionamentos intrínsecos. Então, poderemos concentrar-nos nas margens, na marginalidade e no desafio missionário para os membros de comunidades interculturais. Afinal, a própria finalidade da vida intercultural é permitir-nos sair da relativa segurança de nossa comunidade, ou zona de conforto, para alcançar e encontrar pessoas. Nosso desejo final não é a sobrevivência, mas um maior comprometimento com a missão de Deus – a *missio Dei*.

No entanto, a vida intercultural faz certas exigências a todos, mesmo antes de nos aventurarmos nela. Primeiro, e fundamentalmente, temos de reconhecer as diferenças culturais e aprender a respeitá-las. Com esse objetivo, falamos de cultura como "a parte [humana] do ambiente" e, em seguida, a descrevemos de várias outras maneiras, como "forma de vida social", "sistema gerador de significado", "realidade social duradoura" e até mesmo como "pele social". Cada uma dessas imagens descritivas (várias outras poderiam facilmente ter sido adicionadas) pode facilitar uma compreensão da cultura, que é algo que a maioria das pessoas toma como certo ou acredita que já entende. Mas a cultura, como vimos, é mais complexa, delicada e sutil do que muitos percebem. A menos que tenhamos uma compreensão razoavelmente firme das partes que a compõem, será impossível criar uma comunidade intercultural autêntica. Os capítulos 3 e 4 foram destinados a aprofundar nossa compreensão da cultura e a apreciar tal compreensão como decisivamente importante para nosso compromisso com a missão de Deus dentro e fora de qualquer comunidade local.

No capítulo 5, reunimos cultura, fé e espiritualidade cristã, tentando mostrar que a fé *sempre* precisa de um contexto cultural e que ela pode ser expressa *só* em uma forma cultural. Tentar destruir a cultura das pessoas é montar um ataque frontal à sua fé e espiritualidade em si. No entanto, toda cultura é chamada a "dobrar os joelhos" diante de Deus, o que implicará a identificação e a transformação de seus elementos pecaminosos. Mas, como a espiritualidade é "um modo de estar no mundo com Deus", o mundo em que as pessoas realmente vivem fornece o contexto imediato para seu encontro com a criação de Deus e com o Deus da criação. Para convidar a uma reflexão pessoal e comunitária sobre a relação entre fé, cultura e espiritualidade, consideramos uma série de fatores antropológica e teologicamente significativos: localização social e geografia, corporificação e tolerância corporal, saúde e doença, tempo e espaço, e, finalmente, alguma reflexão teológica adicional.

Passando para o capítulo 6, consideramos duas maneiras de viver, contrastando pessoas e sociedades egocentradas (de forte a moderadamente) e sociocentradas (de forte a moderadamente). Várias características de cada uma foram contrastadas, e os leitores foram convidados a localizar-se ao longo de um contínuo. A intenção aqui era oferecer a cada pessoa duas ajudas possíveis. Primeiro, deve ser possível identificar nossas próprias ênfases culturais e contrastá-las com a influência que nossa *teologia* ou *espiritualidade* exerceu na formação de nossa identidade cultural. Deve ser bem fácil ver como tanto a cultura quanto a fé conjugaram-se para moldar nossa própria identidade (e, portanto, pensando bem, como elas fazem o mesmo na vida de todos os outros). O segundo modo como o diagrama de "perfis sociais" pode ajudar em um contexto intercultural é como um instrumento para iniciar uma conversação, a ser usado entre pessoas de diferentes origens culturais e religiosas, ou como um dispositivo que uma comunidade religiosa pode usar para entender melhor os humores e as motivações de seus membros individuais. Então o capítulo 7, sobre competência intercultural, ofereceu outra maneira de as pessoas identificarem e avaliarem sua situação atual. Os seis estágios de Milton Bennett, do etnocentrismo extremo à mutualidade real, podem ajudar a esclarecer impedimentos à vida intercultural e indicar um caminho a seguir de uma forma menos clara para uma forma mais esclarecida de viver em comunidade.

Cada um dos seis primeiros capítulos pode ser lido isolada ou sequencialmente. Eles oferecem algum contexto, vocabulário e abordagens necessárias (mas apenas parciais) para a vida intercultural. O capítulo 7 constrói uma ponte entre esses capítulos um tanto teóricos e o resto do livro, oferecendo uma espécie de lista de verificação ou medidor para determinar onde estamos na jornada em direção à vida intercultural autêntica. Inclui teoria, mas também fornece algumas dicas práticas. Pois bem, sem negligenciar completamente a teoria, o resto deste livro colocará ênfase crescente nas implicações práticas e aplicações da vida intercultural, que, precisamos lembrar sempre, não é um fim em si, mas um meio cujo propósito está além de si mesma: a missão de Deus, da Igreja e de cada um dos batizados. Então agora podemos abordar a questão das margens e da missão.

**Margens e marginalidade**

O autor da Carta aos Hebreus lembra aos leitores que "não temos aqui cidade permanente" (Hb 13,14). Com isso em mente, o presente capítulo busca sinais de que assimilamos essa sentença teológica. Também exploramos algumas de suas implicações profundas para membros de comunidades interculturais comprometidas com o alcance do discipulado missionário.

As palavras afins "margens" e "marginalidade" são tanto ambíguas como polissêmicas: às vezes seu significado pode parecer vago e às vezes têm significados e conotações bastante diversos, podendo ser evasivas e sutilmente mutáveis. Também acontece que para um grande número de pessoas não é fácil usar essas palavras. Mesmo assim, o que é problemático ou ofensivo para alguns pode ser vivificante e saudável, até mesmo atraente, para outros. O próprio Jesus, nosso mestre e modelo, adotou um estilo de vida marginal e viveu para aqueles que subsistiam às margens, aceitando o desconforto que isso acarreta. Consequentemente, a frase "confortavelmente marginal" seria quase um oxímoro. Então, começamos com esclarecimentos de terminologia, usos e nossas próprias expectativas.

Embora nosso tema seja teológico, em vez de etimológico ou semântico, um pouco do último pode ajudar a aguçar nosso foco. Se pensarmos missiologicamente, ou sobre missão, lembramos, primeiro, que uma *fronteira* é um marcador ou linha divisória que serve não somente para separar, mas também, primária e significativamente, para conectar espaços ou pessoas. Como observamos ao falar de *micro* e de *macrocosmos* no capítulo 5, algumas fronteiras são porosas e indefesas, enquanto outras são fechadas e fortemente defendidas, algumas dificilmente perceptíveis, mas outras patrulhadas e virtualmente impenetráveis. Segundo, uma *definição* é em si uma forma de criação de fronteiras. Ela identifica limites, limitações e bordas que excluem claramente o que, ou quem, não está claramente incluído. E, terceiro, uma *margem* é uma borda, mas também chama a atenção imediata para um centro, contra o qual é polarizada e em referência ao qual é definida[89]. O termo *marginal* – implicitamente "hegemônico", porque depende da perspectiva de quem está no centro – refere-se a algo ou alguém julgado sem importância, de significância mínima e não incluído na parte principal de outra coisa. Assim – e seriamente importante para a mentalidade missionária –, pessoas marginais são, por definição, assimiladas de modo incompleto a quaisquer correntes centrais, estão nos limites inferiores dos padrões de aceitabilidade de outra pessoa, são *liminares*. Mas, para nosso assunto, também é altamente importante como elas se tornam ou permanecem marginais. E, porque o verbo *marginalizar* ou o adjetivo *marginalizado* podem carregar conotações e denotações muito diferentes, devemos distinguir a marginalidade imposta da escolhida; depois, a marginalidade ativa da passiva e, então, fazer uma breve referência à *liminaridade* em si.

Tudo isso pode servir como um convite a considerarmos a natureza e o propósito mesmos de nossas comunidades interculturais. Eles excluem, incluem ou ambos? Nós realmente buscamos mover-nos do centro (nossa comunidade intercultural) para a borda, a margem, e para além dela? Nossa comunidade intercultural facilita nosso movimento para suas margens e para além delas, explicitamente, para encontrarmos aqueles que vivem lá, pessoas marginais e marginalizadas? Já que há vários tipos de marginalidade com efeitos diferentes, precisamos identificá-los.

---

89. Em manuscritos iluminados, incluindo Bíblias, as margens são frequentemente preenchidas com recursos visuais para o texto. Essas "apostilas" tinham uma função explicativa, mas também chamavam a atenção para o próprio texto. Em outras palavras, as margens podem esclarecer os fatos ou o território circundante.

## 1. Marginalidade imposta e escolhida

Socialmente falando, a marginalidade, como condição de estar longe do centro – de poder, de influência, de ortodoxia ou de estilo de vida –, é mais frequentemente um rótulo atribuído ou uma condição imposta às pessoas. Essas pessoas são forçadas, por quaisquer entidades sociais ou religiosas, a uma situação na qual são percebidas – por quem se encontra nos centros e, às vezes, até por si mesmas – como irrelevantes, inferiores e muitas vezes culpadas. A maioria não busca o título de "marginal", mas há quem o faça: pessoas que, por várias razões, de fato escolhem deixar os centros de poder e buscam um *status* "excêntrico" ou marginal. Esses são aqueles indivíduos específicos que deixam sua casa ou centro para buscar as margens onde outros – que estão "em casa", independente de como essa esteja – vivem.

Porque aqueles que escolhem a marginalidade dedicam-se ao "outro", eles são inicialmente os de fora no novo mundo social em que entram, e ainda assim podem, com o desenvolvimento gradual da mutualidade apropriada e a assistência dos de dentro, tornar-se forasteiros participantes[90], em vez de não participantes, como é o caso de turistas ou peregrinos: pessoas com direitos mínimos (*nokri*, em hebraico). O forasteiro-participante, por outro lado, seria o estranho sociológico: alguém com certos direitos especificados na comunidade (*gēr*, em hebraico). Isso descreve o próprio Jesus, e o ministério que ele escolheu, como um "judeu marginal" (na frase marcante do biblista John Meier). Mais tarde, explicarei as consequências de ser um "judeu marginal" (Meier, 1991-2009). Mas qualquer um que tente seguir o exemplo de Jesus como discípulo e que intencionalmente tome a cruz diária para seguir o Mestre está, portanto, comprometido a escolher a marginalidade. Contudo, relativamente poucos parecem levar essa identidade

---

90. Isso será explicado e explorado no cap. 10, sobre as reações culturais.

sociológica a sério como a principal força motriz de suas vidas ministeriais e missionárias. Não obstante isso, é extremamente importante que assinalemos e apreciemos a distinção entre a marginalidade imposta e a escolhida.

Podemos, então, identificar dois tipos de marginalidade escolhida. Primeiro, um indivíduo que adere a uma comunidade intercultural estabelecida é, inicialmente, marginal para essa comunidade e para seus membros atuais, mas busca tornar-se um participante ativo. Há, porém, algo a mais envolvido do que a escolha da marginalidade inicial do novo membro: porque a comunidade preexiste ao recém-chegado, ele ou ela é, de fato, marginal em relação à comunidade (independentemente de qualquer disposição expressa de que seja assim) e deve, portanto, lidar com qualquer resistência ou teste decorrentes disso. Tal situação colocará o novo membro em um estado de transição ou *liminar*, o que pode ser extremamente doloroso. O segundo tipo de marginalidade escolhida é aquele que se encontra no comprometimento de um membro da comunidade com aqueles que vivem fora ou além dela, nas ou através das margens ou dos limites de gênero, etnia, poder econômico, religião e assim por diante. Deve-se lidar separadamente com cada uma dessas duas formas de marginalidade. No primeiro caso, busca-se aderir a uma comunidade; mas, porque os membros já abraçaram uma visão e um propósito compartilhados e estabeleceram sua própria identidade e solidariedade corporativas, será necessário fazer ajustes, principalmente por parte do recém-chegado. No segundo caso, as pessoas além das margens (marginalizadas não por escolha, mas por circunstância) podem ser díspares, estranhas e, naturalmente, desconfiadas dos motivos de alguém. Novamente, a pessoa que escolhe a marginalidade precisará fazer ajustes sérios, já que as outras partes, dentro ou fora da comunidade, de fato imporão um grau extra de marginalidade a quem inicialmente a escolheu. As consequências de nossas escolhas de boa-fé nem sempre estão sob nosso controle.

## 2. Marginalidade ativa e passiva

Também precisamos distinguir a marginalidade ativa da passiva. A marginalidade ativa pode assumir a forma de uma iniciativa ou de uma resposta. Como iniciativa, é essencialmente o mesmo que marginalidade escolhida. Mas há algumas pessoas, inicialmente marginalizadas contra sua vontade, que conseguem transformar essa imposição em uma marca ou símbolo de novo significado. Pode-se pensar em pessoas que são gays ou lésbicas, bissexuais ou transgêneros. Ao afirmar sua identidade legítima, elas ganharam ampla aceitação, nos círculos de serviço social e além, para a designação "LGBT", removendo, assim, algum estigma social. Mais geralmente, a marginalidade ativa descreve aquilo com que qualquer cristão contracultural está comprometido, um caminho para o discipulado. Não há, todavia, correlação absoluta entre a marginalidade escolhida e a ativa, ou entre a marginalidade imposta e a passiva. Aqueles que a escolhem podem de fato ser muito ativos, assim como aqueles a quem a marginalidade é imposta podem responder por passividade. Mas é possível experimentar a marginalidade imposta e responder a ela ativamente (como muitas pessoas em Auschwitz) ou passivamente (como muitas outras em circunstâncias idênticas). Quanto à marginalidade escolhida, pode-se inicialmente assumir um papel muito ativo no trabalho nas margens e com pessoas marginalizadas, mas, devido ao esgotamento ou desilusão, tornar-se passivo e indiferente aos desafios previamente buscados.

O economista e teórico da justiça social Amartya Sen (2000) fala de "exclusão social" ativa e passiva. A primeira acontece quando imigrantes ou refugiados "não recebem um *status* político utilizável", enquanto a exclusão passiva acontece "quando não há uma tentativa deliberada de excluir" (2000, p. 14-15), mas a pobreza e o desemprego criam condições tais que produzem tal exclusão. Isso pode ser tão prejudicial como quando o governo ou a Igreja têm a responsabilidade de examinar os efeitos – diretos e indiretos – de suas políticas ou procedimentos, mas não o fazem. Porém, criarmos ou perpetuarmos a marginalização de pessoas ativa ou passivamente é menos importante que contribuirmos com qualquer forma de marginalização que seja imoral, repreensível e completamente contrária ao espírito da missão de Jesus. Em suma, a exclusão social descreve qualquer processo que faz com que as pessoas sejam relegadas às margens sociais, privando-as – individual ou coletivamente – de seus direitos humanos básicos por meio de discriminação por qualquer motivo. Portanto, os limites ou margens de nossas comunidades interculturais devem permanecer porosos, se não quisermos trair a missão. Se fizemos uma escolha inicial em favor da marginalidade ou nos encontramos marginalizados devido às circunstâncias de uma nomeação ou tarefa específica, é menos importante do que o modo como respondemos à situação: ativa ou passivamente, de todo o coração ou sem entusiasmo. E cada membro da comunidade deve ser sensibilizado para perceber quando outra pessoa sofre marginalização na própria comunidade: alienação e solidão podem ocorrer em qualquer comunidade.

**Marginalidade como fardo ou oportunidade**

Classicamente, por meio de Georg Simmel (1908/1971, p. 143-149), há um século, e por meio de Everett Stonequist, trinta anos depois, as ciências sociais descreveram a pessoa marginal como alguém que vive em duas sociedades, mas não é membro de nenhuma delas, "posicionado na incerteza psicológica", nas palavras de Stonequist (1961, p. 8). Mas na marginalidade há muito, muito mais do que isso. Em sua influente obra de 1995 sobre marginalidade, o coreano-americano Jung Young Lee discute seus aspectos positivos e negativos e oferece um esquema ou escala útil. Ele distingue a marginalidade passiva ou mesmo patológica de outras formas mais produtivas. Porque, como ele diz, "estar entre dois mundos significa não estar totalmente em nenhum deles" (Lee, 1995, p. 45). Assim, é preciso lutar por mais do que tornar-se um não ser, vivendo em uma "nulidade existencial" (*ibid.*) ou ser definido negativamente por outros. Marginalidade não é apenas ser forçado a viver "entre", mas também escolher ativamente viver "em ambos"; então seus elementos positivos tornam-se visíveis. Mas isso só pode acontecer quando as pessoas afirmam tanto suas raízes como seus ramos: seu lar original e seu domicílio ou moradia atual. Identificando Jesus como a "nova pessoa marginal por excelência", ele observa que, "se Deus estava em Jesus Cristo, o povo de Deus também deve ser marginal [...]. A comunhão do povo marginal de Deus é conhecida como Igreja, [que] se torna autêntica quando está situada nas margens do mundo. O modo de superar a marginalidade [negativa] é mediante a transformação criativa pela qual pessoas marginais e dominantes criam uma nova marginalidade [...]. Mudança e transformação ocorrem na margem, porque é onde a criatividade floresce" (Lee, 1995, p. 4).

Mas Lee não terminou ali. Ele, então, prossegue fazendo algumas observações especificamente teológicas, dizendo que também é possível viver "no além", que descreve a perspectiva da já citada Carta aos Hebreus: "Aqui não temos cidade permanente, mas estamos buscando a cidade que há de vir" (13,14), mantendo nosso foco em nosso destino e aspiração finais. Lee diz que estar "entre" e "em ambos" "incorpora um estado de ser em ambos [destes] sem que nenhum deles seja misturado". Isso produz uma nova *pessoa marginal* com "a capacidade de ser continuamente criativa" (Lee, 1995, p. 62). Assim, viver "no além" não significa estar livre dos dois mundos diferentes nos quais as pessoas existem, mas significa que não estamos presos a nenhum deles, porque somos libertados pelo exemplo e pela promessa de Jesus. Aqui está uma percepção que as pessoas em comunidades interculturais, e trabalhando como pessoas marginais em situações marginais, podem ponderar proveitosamente.

*Marginalidade (liminaridade) positiva e negativa*

Uma forma de marginalidade familiar a todos nós é a *liminaridade*. Derivada da palavra latina para "limiar" ou "limite", descreve um estado de intermediação em um rito de passagem, quando alguém é movido de um antigo *status* social para um novo. O estágio intermediário ou *liminar* coloca os iniciados em transição, identificados tanto como perigo quanto como grande promessa. O resultado pretendido do estágio *liminar* é a reincorporação de indivíduos como um grupo na sociedade, mas com uma nova e aprimorada identidade social. Como um estágio de transição em um ritual, a *liminaridade* é positiva se leva os iniciandos ao resultado pretendido. Mas torna-se negativa se não o faz, deixando o indivíduo em um estado contínuo de confusão de *status*, angústia e, muitas vezes, medo real e duradouro. As teorias de Arnold van Gennep (1908/1977) e Victor Turner (1967), que se basearam na etnografia da *liminaridade*, não estão além de uma crítica vigorosa, mas nos proporcionaram linguagem e conceitos muito úteis, particularmente na identificação de uma série de estágios que, se abordados com sucesso, servirão para conferir a uma pessoa uma nova identidade, mas, se não, podem resultar em desastre.

**Liminaridade como "rito de passagem"**

Como termo sociológico, a liminaridade tem um propósito específico: manter uma pessoa em um estado "intermediário" pelo tempo que os de dentro ou o anfitrião levarem para examinar e testar essa pessoa a fim de determinar se eles a aceitarão ou rejeitarão. Classicamente, foram identificados três estágios em um "rito de passagem", seja um rito de iniciação como tal ou uma transição para uma comunidade, que é nossa preocupação aqui (Gennep, 1908/1977). Se uma pessoa deve ser aceita e bem-vinda, será necessário enfrentar os dois primeiros com sucesso. Se isso não for feito, o segundo estágio (verdadeira liminaridade) servirá para abortar o processo e rejeitar o recém-chegado. Os estágios são identificados (figura 14) como preliminar (ou prévia), liminar (às vezes marginal, transicional ou "entre") e pós-liminar (ou incorporação)[91]. Marginalidade e *liminaridade* têm conotações semelhantes de transicional ou de uma experiência de algo entre vida e morte: ambígua, desconfortável, indefinida – e, às vezes, aparentemente sem sentido. Positivamente, o movimento precisa ser em direção à vida: trabalhado mediante um embate de tipo quase mortal por uma transformação de *status* e o início de uma nova vida – como experimentado no *Rito de iniciação cristã para adultos* (RICA).

## Preliminar, liminar e pós-liminar

| | |
|---|---|
| *Preliminar* | É de curta duração (dias, não semanas). Representa o dever de hospitalidade formal dos anfitriões. É altamente indulgente com o hóspede, que é tratado preferencialmente e sem obrigações. |
| *Liminar* | É de duração indefinida, mas terá fim. Pode ser irritante. É tempo de teste e exame. Espera-se que a pessoa liminar assuma alguma responsabilidade e iniciativa. É um tempo previsivelmente imprevisível, planejado para levar à aceitação ou rejeição da pessoa liminar. |
| *Pós-liminar* | É de inclusão e de aceitação demonstráveis, duradouras e moralmente obrigatórias para ambos. Não é incorporação ou assimilação completa, mas reconhecimento autêntico e respeitoso da diferença. |

Figura 14

Esses ritos servem para mudar uma pessoa para uma nova identidade na comunidade (e, no caso do RICA, via submersão e morte simbólica por afogamento, para o emergir a uma nova

---

91. Cf. também A. J. Gittins (2002a, p. 131-133).

vida em Cristo). Os ritos de iniciação tradicionais, que foram o foco original dos estudos de Victor Turner, dão ênfase particular à nova vida pela atribuição de um *status* completamente novo e pela incorporação em um novo grupo. Mas, se *liminaridade* é o termo técnico que geralmente sublinha o positivo (ou movimento nessa direção), a palavra *marginalização* é mais comumente usada com conotações negativas, significando uma queda gradual ou dramática da graça, uma passagem da vida para a morte social. Contudo, embora se reconheçam os efeitos terríveis da marginalização imposta, é particularmente importante identificar missiologicamente os benefícios potenciais da marginalização positiva, não só para a pessoa que a escolhe, mas também para os beneficiários dessa escolha.

**Margens: problemas e possibilidades**

Uma exploração de margens ou limites revela que, na verdade, eles servem a uma função tripla, cujos componentes têm um propósito essencial: manter dentro, manter fora e, seriamente para nós mesmos, servir como pontos de contato, pontes ou locais de encontro[92]. Por isso, para considerar não apenas os respectivos problemas, mas também as possibilidades pastorais reais, podemos começar observando que cada pessoa se situa em determinado lugar ou centro que é definido em relação a uma borda, limite ou margem. Cada um de nós, como vimos no capítulo 5, é um microcosmo dentro de um macrocosmo, e vivemos em uma série de microcosmos aninhados dentro de seus respectivos macrocosmos. O microcosmo de nosso corpo encapsula algo autônomo e sagrado: nossa integridade física pessoal. Porém, o microcosmo corporal não existe isoladamente, mas em relação a um macrocosmo, um mundo maior além dos limites do eu, no qual outras entidades e outras pessoas existem.

---

92. Outra referência que vale a pena buscar é Law, particularmente suas ideias sobre "função de limite" e "margem de graça" (2000, p. 16ss e 43ss).

Se, pois, começássemos a andar às cegas, ou esbarraríamos uns nos outros ou tropeçaríamos em um objeto fixo. Em outras palavras, existimos em uma rede de limites e margens. Há limites pessoais, visíveis e invisíveis, entre cada um de nós. Há limites estruturais – paredes de tijolos e portas fechadas – entre nós e o mundo além de uma sala específica. Se esses forem tratados apropriadamente, podemos esperar viver com dignidade e harmonia. Daí podermos assumir a responsabilidade de manter nossa integridade pessoal e encontrar os outros – ou "o outro" – de uma maneira saudável e mutuamente respeitosa. Então, limites ou margens, pessoais e interpessoais, oferecem uma função positiva: proteger a dignidade humana e permitir uma interação saudável. Sempre, porém, que algo ou alguém inibe a abordagem apropriada de limites ou margens pessoais e sociais, as vidas das pessoas são colocadas em risco e sua dignidade humana é questionada. Então, ou as pessoas exploram a integridade física dos outros ao não respeitar limites ou margens mútuos, ou restringem ou reprimem os outros dentro de limites espaciais ou territoriais, como em uma prisão ou área de custódia. Assim, os limites se tornam o lugar da classificação da injustiça e da opressão.

Em tal situação, muitas vezes se presume que uma pessoa verdadeiramente altruísta possa abraçar e reabilitar o "outro" marginal, aproximando-o, assim, do centro (de respeitabilidade, influência, poder e assim por diante). Isso certamente está dentro dos limites de possibilidade. Mas também há outra possibilidade frequentemente esquecida: que a pessoa do centro já se torne verdadeiramente marginal. Isso pode acontecer por "contágio" ou "estigma": simplesmente por encontrar-se entre as pessoas já identificadas como marginais. Há ainda uma possibilidade muito mais intencional, que descreve o ministério de Jesus. As pessoas diziam depreciativamente: "Ele come com cobradores de impostos e pecadores". Ele não apenas escolheu fazer isso, mas, na verdade, desafia cada um de seus seguidores a fazer exatamente a mesma coisa.

Para falar apropriadamente a respeito de margens e de ministério marginal, devemos reconhecer que nosso ministério não se exerce simplesmente "nas margens" ou "para os marginalizados". Essas expressões reduzem as pessoas a uma categoria e podem despersonalizá-las e até mesmo desumanizá-las, assim como expressões como "os sem-teto", "os pobres" ou "as prostitutas". Como não existem pessoas genéricas (apenas pessoas específicas: mulheres, homens e crianças), não podemos falar genericamente. Nossa linguagem precisa tornar-se sensibilizada com relação às pessoas humanas, como indivíduos e agentes. "Mulher sem-teto", "homem desempregado" ou "pessoas marginalizadas" são maneiras mais apropriadas de identificar nossas irmãs e nossos irmãos. Afinal, o ministério é, antes de tudo, comunicação e relacionamento com pessoas de carne e osso, algumas das quais são marginalizadas e vivem, ou subsistem, nas margens.

Nós mesmos não tipificamos essas pessoas – embora cada um de nós possa quase certamente identificar algumas situações em que somos, ou nos sentimos, marginalizados, em relação à Igreja ou à sociedade em geral, ou mesmo a alguns dos membros de nossa própria comunidade. Por isso, o ministério marginal que empreendemos supõe e implica ir por – ou mesmo chegar a – quaisquer margens ou limites que nos separem ou isolem daqueles que são marginalizados. Antes, todavia, de voltar a perguntar se ou como nós mesmos podemos ser ou tornar-nos marginais, devemos refletir que, como podemos identificar-nos como centrais e como marginais em diferentes circunstâncias, assim cada pessoa em qualquer comunidade deve esforçar-se para ser *tanto* um doador *quanto* um receptor. Se o mundo fosse composto somente de pessoas marginalizadas, não haveria centro; e, se houvesse apenas doadores, não haveria ninguém para receber, e vice-versa. Em um mundo de interdependência, devemos tornar-nos ambos.

**Jesus: marginal por escolha e por exemplo**

Muitas pessoas nas margens são vitimizadas e tratadas pecaminosamente. Outros, porém, incluindo a maioria dos missionários convencionais, não são forçados a nada. E Jesus caracteriza aquele que escolhe a marginalidade precisamente como uma forma de realizar a missão e como um exemplo para aqueles que presumem seguir seu modelo missionário. Sempre me parece curioso e profundamente triste que, tendo lido as palavras de Jesus, "fui peregrino" (Mt 25,35), concluímos que o que elas significam ou implicam é que devemos, por nossa vez, abraçar e mostrar hospitalidade ao estrangeiro. Isso é verdade. Mas essa é só uma implicação e talvez não a mais importante. Colocando em prática essas outras palavras de Jesus na última ceia, "Dei-vos o exemplo para que façais o mesmo que eu fiz" (Jo 13,15), precisaríamos concluir que Jesus nos pede para sermos como ele, ao *abraçar realmente*, nós mesmos, o papel e o *status* de um forasteiro. Mostrar hospitalidade ao estrangeiro é identificar *o outro* como estranho e a si mesmo como anfitrião, uma posição de superioridade e controle, enquanto o estrangeiro, por definição, está em uma posição inferior e não tem controle algum. Talvez seja por isso que fomos muito mais rápidos ao optar pelo papel de anfitrião do que ao abraçar o de estrangeiro. A Carta aos Filipenses é memorável aqui: "Ele, subsistindo na condição de Deus, não se apegou à igualdade com Deus. Mas esvaziou-se a si mesmo, assumindo a condição de escravo, tornando-se solidário com os seres humanos. E, apresentando-se como simples homem, humilhou-se, feito obediente até a morte, até a morte em uma cruz" (2,6-8).

Fazer isso é precisamente abraçar o papel e o *status* de um estrangeiro, a pessoa palpavelmente marginal! Parece que, como discípulos de Jesus em missão, temos, como Jesus, duas tarefas: primeiro, reconhecer que realmente temos uma escolha e que devemos fazer essa escolha, e comprometer-nos a aprender a nos tornarmos marginais; e, segundo, focar nas próprias margens como lugares de descoberta, comprometendo-nos com um ministério marginal ativo para com as pessoas que ali se encontram. Toda a vida de Jesus foi derramada no ministério marginal ou no ministério nas margens. Nascido fora da cidade e criado em circunstâncias marginais – de pais pobres, migrantes e, mais tarde, refugiados –, ele viveu continuamente em tais circunstâncias, sem "onde reclinar a cabeça" e em desacordo com as autoridades. Morreu fora da cidade, tendo sido variadamente rotulado como louco, blasfemador, Belzebu e criminoso. Mas, a cada passo, Jesus fez escolhas em favor das margens e das mulheres e dos homens presos ali por circunstâncias econômicas, políticas ou religiosas. Essa foi sua opção preferencial pelos pobres. E ele alertou seus discípulos explicitamente que segui-lo os levaria a comprometer-se com a escória da sociedade e em favor dela: pessoas vivendo nas margens da sociedade ou mesmo além dela e até mesmo marcadas, como muitas foram, por várias formas de "morte social". Os Doze, aprendizes lentos, buscando privilégios e assentos à sua direita e à sua esquerda, foram avisados das perseguições que viriam (Mc 10,30) e informados de que o que ele pediu era "impossível" para eles, mas não para a graça de Deus (Mc 10,27). Como descendentes daqueles discípulos, somos instruídos, como o foram eles, a alcançar as margens e as pessoas que vivem lá. Essa é nossa primeira tarefa. Mas há outra questão: como, das próprias margens, nos relacionaremos com aqueles que ocupam os centros de poder e influência?[93]

**O potencial missionário do povo marginal**

Aqueles que vivem nas margens podem aprender e ensinar lições valiosas. Eles têm capacidade de atuação, ou não sobreviveriam por muito tempo. Frequentemente podem ver coisas que do centro estão fora de vista. Mas as pessoas marginalizadas não se restringem somente àquelas que o foram ativa-

---

93. Isso será tratado no cap. 10.

mente por forças sociais ou religiosas. Incluem-se ali também aquelas pessoas – como o próprio Jesus e cada discípulo – que escolhem alguma forma de vida marginal como um compromisso de fé. Sociologicamente, eles são "estranhos", categoria que Jesus aplica a si mesmo. Supondo que permaneçam com as pessoas que servem por um período considerável de tempo, e com o devido comprometimento com seu bem-estar, eles podem fazer uma contribuição única de meia dúzia de maneiras significativas (Law, 2000, p. 121-160): do compartilhamento de vidas e histórias à união de seus respectivos recursos, de um compromisso de solidariedade e apoio moral a uma abertura mútua de microcosmos e de descoberta de possibilidades alternativas, e de mediar hostilidades faccionais a forjar laços de real interdependência fraterna (Law, 2000, p. 135-141). O engajamento entre pessoas marginalizadas por circunstância ou por escolha – como participantes de fora em um mundo e em uma comunidade nos quais eles nunca podem e não precisam tornar-se totalmente assimilados ou incorporados – pode salvar vidas literal e figurativamente. Como compromisso missionário, a marginalidade escolhida cria um novo espaço, onde, ao encontrar o outro, encontramos um rosto de Deus até então desconhecido e incompreendido.

Isso nos leva de volta a Jung Young Lee. Perdermos o rumo enquanto lutamos nas margens e ao lado das pessoas marginalizadas é um perigo sempre presente. Nesse caso, nos tornaríamos *liminares* de um modo negativo ou patológico, que nos deixaria em mundos "intermediários". Mas, se estivermos verdadeiramente comprometidos com a missão de Jesus e com as pessoas que encontramos nas margens, podemos aprender a viver vidas integradas e saudáveis, como Lee diz, "em ambos" os mundos. Devemos sempre lembrar, porém, que, como participantes de fora, não podemos estar totalmente "em casa" com aqueles em cuja casa nos encontramos – como já não poderemos sentir-nos totalmente em casa, mesmo ao voltarmos àquela que deixamos.

Se formos intencionalmente marginais para o reino ou reinado de Deus, perceberemos que, de fato, não temos aqui nenhuma cidade permanente. Teologicamente, isso é viver "no além".

Toda pessoa deveria aprender – embora alguns não o façam – a identificar e a respeitar uma gama de margens: social, pessoal, interpessoal, religiosa ou nacional. A lista pode ser facilmente estendida. O autoabuso, seja qual for a maneira que escolhermos entender esse termo, indica um deterioramento do *auto*rrespeito, assim como o abuso de outros, seja sexual, físico ou por negligência, é uma profanação da integridade física ou moral de indivíduos ou grupos de pessoas. E o abuso de outras coisas – de propriedade, de espaço, de terra, de ar, de fogo ou de água – é um pecado social de proporções estruturais. Mas, tragicamente, o autorrespeito, o respeito mútuo e o respeito pela natureza são escassos em muitas comunidades e culturas humanas atualmente.

O respeito por limites ou margens, no entanto, é apenas parte de nossa responsabilidade uns com os outros. Ele deve sempre servir a um propósito apostólico maior e explicitamente: amplo comprometimento, contato humano, engajamento e solidariedade com "o outro". As pessoas devem descobrir novos modos de alcançar, encontrar, envolver-se em seus respectivos limites, a fim de estabelecer conexões humanas autênticas de intimidade apropriada. Então, elas podem construir relacionamentos amigáveis e amorosos e criar novas comunidades, para que a sociedade humana não se desintegre e para que as pessoas não se tornem isoladas e antissociais. A verdadeira intimidade é intrínseca à verdadeira humanidade, e as margens são precisamente os pontos de contato entre pessoas individuais.

Os cristãos, já que aqui falamos em um contexto particular, devem, portanto, identificar várias margens, entender suas funções e, então, aprender se, como e em que circunstâncias tentar fazer a ponte, ou cruzá-las, para conectar-se com quem ou o que quer que esteja do outro lado. Aqueles que não têm essa delicadeza deixarão de honrar ou reivindicar sua integridade pessoal ou de respeitar a dos outros. Nesse caso, as pessoas podem ultrapassar margens apropriadas causando danos graves, ou podem temer tanto os encontros a ponto de se retraírem e de se encolherem nas margens de seu próprio mundinho. Nosso desafio hoje é, primeiro, respeitar e, depois, cruzar ou apagar apropriadamente os limites ou margens que marcam nosso mundo e separam ou segregam pessoas que precisam umas das outras. É um desafio enorme e é vitalmente necessário que o enfrentemos, como uma expressão de nossa fé, compaixão e solidariedade.

Um componente essencial de qualquer relacionamento humano duradouro e autêntico é a confiança mútua, que só pode ser estabelecida e mantida mediante encontros reais face a face e que, por sua vez, requer que as pessoas se encontrem em suas respectivas margens corporais ou territoriais. Lamentavelmente, contudo, muitos relacionamentos humanos racham-se e rompem-se porque a confiança é quebrada, como a Igreja e as comunidades religiosas deveriam estar muito cientes. Uma reação, por parte das pessoas afetadas pela erosão da confiança provocada pelos escândalos de alguns de seus colegas de ministério, é retirar-se e recusar-se a estender a mão novamente por medo de agravar o crime. Mas o alcance da missão essencialmente cruza fronteiras. Os encontros pastorais sempre exigem disposição para permitir que as fronteiras se tornem lugares para o encontro mútuo, em vez de locais de inimizade e destruição mútua. Assim, somos – todos nós – chamados não só a permanecer firmes e fiéis em nossa integridade, mas também a comprometer-nos a apagar linhas de divisão, a remover margens de discriminação ou privilégio e a curar as feridas e as cicatrizes causadas pelo abuso de confiança. Permanecer firme e avançar são, afinal, dois lados de uma mesma moeda, o dinheiro do ministério e da missão, a moeda da vida comunitária.

**Sugestões para continuidade**
1. Identifique alguns dos limites ou margens que marcam sua comunidade internamente, e em relação a quem, e o que está fora. Qual é o significado desses limites ou margens?
2. De que maneiras você escolheu a marginalidade? Como isso ajuda ou atrapalha a vida comunitária intercultural?
3. Você consegue identificar-se com o vocabulário de Jung Young Lee de viver "em ambos", "em nenhum", "entre" e "no além"? Se você aspira viver "em ambos" e "no além", quanto acha que isso lhe custará?
4. A pessoa marginal ou de fora pode fazer contribuições significativas para "o outro" ou os de dentro. As últimas referências a Law (2000, p. 121-160 e 135-141) apontam para algumas delas. Talvez isso possa ser algo a discutir na comunidade.

# 9
# Reações psicológicas à vida intercultural

**A necessidade de ajustes mútuos**

Agora é apropriado olhar mais de perto para a interação dinâmica entre um indivíduo que entra em uma comunidade intercultural preexistente e a própria comunidade. Muito do que é dito e sugerido aqui, no entanto, seria aplicável a uma comunidade ainda não intercultural, mas internacional e multicultural que busca tornar-se intercultural. Se todos os membros dessa comunidade comprometerem-se com o processo de criação da comunidade, todos estarão, individualmente, trabalhando ativamente para sintetizar aspectos de sua própria cultura com as demandas evolutivas da comunidade intercultural. Mas também, como vimos no último capítulo, quando uma comunidade inteiramente nova é constituída – como às vezes é feito, quando uma congregação ou ordem assume uma nova jurisdição e reúne um grupo internacional –, todos na comunidade são inicialmente e mais ou menos igualmente marginais, até que uma nova unidade orgânica seja formada. Isso pode criar oportunidades esplêndidas para criatividade e união, mas também pode produzir a experiência clássica de liminaridade, durante a qual há confusão e falta de clareza inevitáveis.

A reciprocidade, mediante o respeito mútuo e a tolerância, é um componente essencial da verdadeira vida intercultural e requer dois compromissos distintos, mas convergentes ou sobrepostos. Antes de tudo, cada indivíduo precisa esforçar-se para tornar-se uma pessoa *transcultural*, e isso inevitavelmente implica ser "deslocado" de sua própria cultura de origem e não mais viver em seu ambiente "natural". Mas isso não é vida transcultural no sentido convencional, na qual um indivíduo vive entre pessoas de uma cultura homogênea (cujos membros todos estão "em casa", enquanto a pessoa transcultural pode estar em uma minoria de um). Em vez disso, em uma comunidade intercultural, não há uma única cultura ou sociedade homogênea na qual um indivíduo de fora entra. Uma comunidade intercultural é composta de pessoas de várias culturas, das quais nenhuma está inteiramente "em casa", em seu ambiente natural. É aqui que o segundo compromisso é necessário: uma nova cultura, ou uma comunidade intercultural, deve ser moldada e formada a partir das culturas que constituem os vários membros do grupo. Isso requer um compromisso diário e sem fim.

Com o tempo, essa nova cultura se tornará um "modo padronizado de coatividade", a "forma de vida social" e um "sistema gerador de significado", como discutimos anteriormente[94] entre outras exemplificações de cultura. Assim, cada membro traz seu próprio eu cultural para a comunidade, em que as várias culturas serão desafiadas à coadaptação mútua. Assim, como resultado, e sob impulso explícito do compromisso de fé de toda a comunidade, uma nova cultura ou modo de vida surgirá, não deixando nenhum dos membros da comunidade sem a responsabilidade de crescer em conhecimento, habilidades e virtude. Como enfatizado mais de uma vez, essa é uma tarefa monumental e desafiadora e, para ser perfeitamente franco, nem todos serão capazes de viver de modo benéfico e saudável em uma comunidade intercultural. Mas, a menos que haja uma "massa crítica"[95] de membros de comunidades internacionais, comprometidos em construir e sustentar sua natureza intercultural, o próprio futuro

---

94. Cf. os cap. 3 e 4.
95. A noção de "massa crítica" é discutida no contexto da *communitas*, no cap. 11.

das comunidades religiosas internacionais está indiscutivelmente sob o risco do declínio terminal.

Como bem sabemos, muitas comunidades internacionais estão muito longe de serem interculturais. Alguns de nós nunca aspiraram realmente e com a devida intenção por ser assim, e alguns simplesmente não saberiam por onde começar. Conforme, porém, há comprometimento contínuo e esforço diário, a comunidade intercultural desenvolverá uma identidade própria – uma cultura que não mistura, funde ou apaga aspectos da cultura de cada indivíduo, mas se torna "superorgânica"[96] –, algo maior do que a soma de suas partes. Torna-se mais do que simplesmente um grupo de indivíduos vivendo sob o mesmo teto, pois eles desenvolverão um novo jeito de interagir – verbalmente, não verbalmente e simbolicamente (por ritos e convenções comuns). A nova cultura que eles criarem será uma realidade viva e evolutiva, continuamente contestada (desafiada por inovadores e sonhadores, infratores e rebeldes, e consequentemente em evolução) à medida que seus membros trabalharem para reivindicar sua identidade central individual e ainda se adaptarem às necessidades físicas e espirituais do grupo maior. Assim, o último a chegar a uma comunidade encontrará um modo de vida mais ou menos estabelecido ou padronizado para o qual ele ou ela ainda não contribuiu. Mas, proporcionalmente à agregação de novos membros à comunidade, ela mesma continuará a adaptar-se e reconfigurar-se, pois seus próprios membros individuais são desafiados a adaptar-se e reconfigurar aspectos significativos de suas próprias vidas. Como fazem isso é questão para estudo empírico e percepção

---

96. Termo hoje em dia raramente usado, cunhado pelo antropólogo Alfred Kroeber (1876-1970), pode indicar um modo útil de visualizar uma cultura ou sociedade como realidade maior do que a soma de suas partes. A matéria inorgânica é inerte, a matéria orgânica diz respeito a entidades vivas compostas de elementos inorgânicos, mas "superorgânico" se refere a culturas que desenvolveram modos complexos de comunicação que não são só genéticos, mas também constituem sistemas externos aos indivíduos. A atividade social humana é cultural e simbólica, em vez de instintiva ou geneticamente programada.

psicológica. Entretanto, uma apresentação esquemática pode ajudar a identificar algumas das possíveis reações e seus efeitos.

**Um diagrama esquemático de ajuste psicológico**

O diagrama em si (figura 15) pode ser aplicado primeiro ao encontro transcultural inicial, como quando um indivíduo sai de casa e insere-se em uma comunidade desconhecida e culturalmente diferente. O indivíduo em um contexto transcultural é o de fora entre pessoas de dentro, todas as quais entendem as regras convencionais da cultura e as sanções que a sustentam, mas o recém-chegado ainda não. Essa é a dinâmica de um encontro transcultural. Com reflexão e adaptação, porém, o diagrama também pode ser aplicado a uma verdadeira situação intercultural, na qual o recém-chegado encontra uma comunidade preexistente, cujos membros sabem muito mais uns sobre os outros e sobre suas expectativas comuns do que sobre o recém-chegado e sobre sua experiência anterior. A síndrome do "garoto novo no pedaço" é familiar a todos nós de uma forma ou de outra. E, entre muitas reações possíveis, podemos identificar dois extremos: apegar-se firmemente aos próprios modos familiares ou repudiar dramaticamente esses modos e pontos de referência e esforçar-se para aceitar tudo o que os outros fazem. A maioria das pessoas se encontrará em algum lugar entre tais extremos, e o diagrama pode ajudar a identificar sua propensão.

A familiaridade com uma realidade transcultural – e cada membro de uma comunidade intercultural terá essa familiaridade até certo ponto – já terá moldado e formado a atitude de alguém, e a experiência intercultural fará com que hábitos e reações anteriores – bons, ruins e indiferentes – ressurjam. O exercício a seguir, de autodiagnóstico ou de discernimento comunitário, ou de trabalho individual ou em grupo, com o próprio diagrama, pode, portanto, ser realizado tanto em contextos transculturais como em interculturais.

# Efeitos do contato cultural no indivíduo e na comunidade

| Reação | Tipo | Efeito inicial na comunidade intercultural | Efeito a longo prazo no indivíduo | Efeito a longo prazo na comunidade |
|---|---|---|---|---|
| **(1)** Rejeição à própria cultura (*cultura 1*). Adesão à nova cultura (*cultura 2*). | *"PASSAGEM"* Repúdio da própria cultura. | As normas da *cultura 1* perdem saliência. As normas da *cultura 2* tornam-se salientes. | Perda da identidade étnica. Autodepreciação e perda da autoestima. | Assimilação. Erosão das características da identidade da *cultura 1*. Predomínio da *cultura 2*. |
| **(2)** Rejeição da *cultura 2*. Exageração das qualidades da *cultura 1*. | *"CHAUVINISTA"* Entusiasmo agressivo pela própria cultura. | As normas da *cultura 1* ganham maior significado. As normas da *cultura 2*, consequentemente, ganham em significado. | Nacionalismo, racismo, intolerância e etnocentrismo grosseiro ou acrítico. | Atrito com o grupo mais amplo. Resistência a e ressentimento por indivíduos "entrantes" ou minoritários. |
| **(3)** Hesitação entre as duas culturas. | *"MARGINAL"* Indecisão e desconforto em relação a ambas as culturas. | As normas de ambas as culturas são importantes, mas percebidas como mutuamente incompatíveis. | Conflito. Confusão de identidade e supercompensação. | Reforma e mudança social são impossíveis sem coerção ou dominância. Ressentimento ou não cooperação. |
| **(4)** Sintetização de ambas as culturas de modo saudável. | *"MEDIADORA"* Qualificado para a vida intercultural. | As normas de ambas as culturas são importantes e percebidas como integráveis. | Crescimento pessoal para indivíduos comprometidos e cheios de fé. | Comunidade harmoniosa e pluralista. Diversidade aceita; preservação da integridade cultural dos indivíduos. |

Figura 15

Nesse diagrama, a cultura primária de uma pessoa é identificada como "cultura 1", e a configuração cultural ou realidade que alguém experimenta em uma situação transcultural ou intercultural é chamada de "cultura 2". A cultura 1 será afetada pela cultura 2 e, por sua vez, afetará esta última de várias maneiras possíveis. O diagrama identifica quatro dessas maneiras como reações psicológicas.

Cada uma afetará o comportamento pessoal e interativo e pode ser usada para avaliar o quão bem equipada uma pessoa está para a vida intercultural. Devemos estar cientes de que a importância que as pessoas – seja o recém-chegado membro da comunidade, seja a comunidade preexistente – atribuem à tradição, ao dogma, à vontade de Deus, à verdade e assim por diante terá um papel importante na determinação do resultado. Quem quer que tente trabalhar com esse diagrama deve considerar essas variáveis.

Além disso, o modelo no qual o diagrama se baseia pressupõe uma série de coisas: (1) que o contato cultural pode ocorrer em situações monoculturais, biculturais, transculturais ou multiculturais; (2) que "a composição cultural do ambiente tem influência direta sobre os indivíduos que ali estão" (Bochner, 1982, p. 23), conforme eles resistem ou passam por mudanças em relação a outros grupos culturais; e (3) que as pessoas modificam seus ambientes para que até mesmo as culturas dominantes passem por mudanças (Bochner, 1982, p. 23-24). O modelo também indica por que a cultura deve ser levada muito a sério: mudanças de atitude, de percepção ou de sentimento sugerem uma "reordenação das estruturas cognitivas dos indivíduos, tornando-os, em um sentido real, pessoas diferentes" (Bochner, 1982, p. 24). Vimos as implicações e aplicações disso ao examinar as contribuições de Milton Bennett anteriormente.

Lendo o diagrama, no topo, da esquerda para a direita, estão os critérios ou parâmetros a serem empregados e, abaixo deles, quatro reações dispostas verticalmente, numeradas de um a quatro: quatro tipos ou nomes relacionados às reações, quatro modos pelos quais a vida intercultural (e transcultural) será afetada e quatro maneiras pelas quais o indivíduo e a comunidade, respectivamente, sentirão o efeito do contato entre uma pessoa que chega da cultura 1 e a comunidade atual (cultura 2). Começamos com a primeira das quatro reações.

**Reação 1:** *Um recém-chegado à comunidade tenta rejeitar totalmente sua própria cultura e abraçar a cultura da comunidade sem nenhum questionamento ou crítica.*

Este seria um caso extremo: é quase um "tipo ideal", exceto pelo fato de estar longe de ser uma proposta ideal ou positiva. No entanto, serve a um propósito, mesmo que apenas por hipérbole ou grande exagero, porque há algumas pessoas que realmente imaginam que podem repudiar sua própria cultura e abraçar totalmente outra em um processo às vezes chamado de "tornar-se nativo" ou "retirar-se". (Uma boa analogia seria imaginar que alguém pudesse trocar de pele e, de alguma forma, assumir a pele de outra pessoa.) Essa reação, no entanto, também pode acontecer de forma atenuada, mas, como a identidade cultural de todos está enraizada em certos pontos fixos de referência e em certas maneiras de interpretar e administrar o mundo externo, esses pontos de referência não podem ser totalmente rejeitados[97]. Se o fossem, a pessoa se tornaria completamente insana. Portanto, mesmo que as pessoas pareçam rejeitar sua própria cultura, elas ainda retêm uma estrutura interpretativa básica que aplicam à tomada de decisões e à interpretação de eventos.

Essa resposta pode ser chamada de "passagem", para indicar uma mudança radical da perspectiva cultural original de alguém para uma totalmente nova. No que diz respeito à co-

---

[97]. Esses pontos de referência cultural poderiam incluir aspectos de geografia social, de tolerância corporal, de atitudes com relação a saúde, enfermidade e morte e de percepções culturais de tempo e espaço, como vimos no cap. 5.

munidade preexistente, essa atitude não constitui uma ameaça direta a seus padrões de comportamento estabelecidos, porque o membro que chega à comunidade parece ser totalmente positivo em sua adaptação a quaisquer maneiras em que a comunidade funcione. Contudo, vale a pena repetir: este é um caso extremo, porque, na verdade, esses membros que chegam seriam incapazes de sustentar a tentativa de mascarar ou apagar sua verdadeira identidade cultural. O que provavelmente aconteceria, no entanto, é que a integridade do recém-chegado seria profundamente comprometida. De fato, a identidade étnica dessa pessoa seria sufocada e depreciada. O resultado disso é que o indivíduo deixaria de ser apropriadamente assertivo e perderia rapidamente o senso de valor individual ou pessoal, ou a autoimagem positiva. Em última análise, enquanto o indivíduo permanecesse na comunidade (e, tanto para o indivíduo como para a comunidade, seria de esperar que isso não durasse muito), ele ou ela se tornaria assimilado ou completamente marginalizado na comunidade mais ampla, enquanto a comunidade mesma seria mais pobre por não ter se beneficiado de perspectivas, conhecimento e sabedoria diferentes, que poderiam ter enriquecido a todos. Porque a comunidade seria minimamente afetada pela presença do recém-chegado, seus modos continuariam iguais, sem contestação, uma vez que a experiência de vida do novo membro e suas perspectivas não serviram para "contestar" a cultura da comunidade ou para oferecer uma oportunidade para ajuste e transformação interpessoal, bem como conversão, contínuos.

Historicamente (e infelizmente), essa abordagem – de forma atenuada, sem dúvida – caracterizou um jeito clássico de assimilar novos membros. A filosofia implícita, às vezes explícita, era "deixe sua cultura e ideias na porta". Mas as comunidades, naquele tempo, eram predominantemente monoculturais, e tal abordagem permitia que o recém-chegado mergulhasse na tradição e nos valores da comunidade. Por outro lado, a individualidade não era encorajada, a uniformidade e a padronização eram de norma, e inconformados potencialmente criativos eram rapidamente removidos.

**Reação 2:** *Um recém-chegado à comunidade resiste e rejeita a cultura – o "modus vivendi" e o "modus operandi" – da comunidade e insiste que suas próprias perspectivas culturais e individuais devem ser aceitas como iluminadas.*

Isso é bem mais comum do que a reação anterior. Nesse caso, em vez de rejeitar a própria cultura e abraçar a cultura da comunidade, uma pessoa rejeita ou desafia seriamente a cultura estabelecida da comunidade ao manter energicamente seus próprios modos familiares. Membros de comunidades bem estabelecidas provavelmente estão bastante familiarizados com isso, pelo menos como uma atitude inicial, não redimida, egocêntrica e etnocêntrica de um recém-chegado. E é indiscutivelmente mais provável que isso aconteça hoje do que no passado. Por um lado, muitas pessoas que querem entrar em uma comunidade hoje são consideravelmente mais velhas do que aquelas que entraram há décadas e, por isso, estão consideravelmente mais constituídas, e frequentemente experimentadas, em seus próprios modos culturais. Por outro lado, quando as comunidades eram grandes e novos membros abundantes, era mais fácil socializá-los nos modos da comunidade, impondo padrões rígidos de comportamento e conformidade. Hoje – pelo menos em culturas nas quais novos membros são menos numerosos e mais velhos –, a própria comunidade precisa ajustar-se mais a pessoas que são quase sempre articuladas, assertivas e dispostas a confrontar e contestar o que quer que seja ou quem quer que encontrem, em parte porque não são segregadas dos membros seniores como antigamente, quando novatos e postulantes eram "vistos e não ouvidos" e seguiam com um código de fala significativamente restrito.

Essa resposta também pode ser vista em uma forma mais extrema como o nacionalismo ou a etnicidade agressivos e acríticos de um membro recém-chegado e pode ser caracterizada como a síndrome do "americano desagradável"*, embora certamente não seja restrita a pessoas dessa nação. Se não for modificada, tal atitude de superioridade nacional ou cultural rapidamente se torna bastante questionável. Ela não apenas alardeia as qualidades presumidas da própria cultura, mas também tem a consequência de não poupar críticas à cultura anfitriã, isto é, à comunidade estabelecida. Mas, como a crítica à cultura de uma pessoa é frequentemente entendida também como crítica pessoal, alguém com essa atitude se tornará uma fonte constante de irritação, atrito e confronto na comunidade. Não inapropriadamente, essa atitude é classificada como "chauvinista". Ela vai muito além do patriotismo razoável e manifesta-se em uma combinação de arrogância e ignorância. O chauvinista extremo é incapaz de ver a diferença como digna de diálogo ou mesmo de respeito. Em vez disso, tal pessoa é rápida em julgar, inflexível e intolerante com outras maneiras. Além do mais, o chauvinista praticamente não pensa que mudanças em seu comportamento pessoal sejam possíveis ou desejáveis, mas constantemente encontra defeitos nos modos estabelecidos da comunidade. Pior ainda, o comportamento do chauvinista revela uma recusa a adaptar-se à rotina diária ou a acolhê-la. Algumas das palavras aplicadas a tal chauvinismo são "racista" ou "intolerante" e, na terminologia de Bennett[98], etnocêntrico de uma forma bastante extrema e inaceitável. Toda a comunidade pode, assim, ser afetada adversamente por um único indivíduo, enquanto o próprio indivíduo não consegue adaptar-se e crescer em relação à comunidade. Enquanto permanecerem na comunidade, pessoas com tais tendências chauvinistas criarão

---

*"Americano desagradável" traduz *the ugly American*, que é expressão para designar a imagem estereotipada de estadunidenses etnocêntricos desrespeitosos, inicialmente referida a seu comportamento em lugares turísticos fora dos Estados Unidos. Parece ter se tornado popular entre o final da década de 1950 e início da de 1960 [N.T.].

98. Cf. o cap. anterior, sobre competência intercultural, para a terminologia de M. Bennett.

uma atmosfera de mal-estar latente ou explosivo no grupo em geral e um ressentimento mútuo entre si e a comunidade mais ampla.

**Reação 3:** *O recém-chegado não consegue manter uma atitude consistente em relação à comunidade e oscila constantemente entre o apego à sua cultura primária e o apego às normas culturais da comunidade.*

Ao considerarmos o terceiro tipo de reação, podemos notar que, tanto da perspectiva do membro recém-chegado como da visão da comunidade mais ampla, ela representa – pelo menos potencialmente – uma melhoria significativa em relação às reações de "passagem" e "chauvinista", embora ainda não seja uma reação madura e integrada. Para que ela se torne aceitável, seu potencial deve ser realizado. Caso contrário, uma atitude vacilante crônica levará a dificuldades contínuas, à deterioração das relações interpessoais e, consequentemente, a uma séria ameaça à integridade da própria vida comunitária. A reação é caracterizada por um grau de incerteza, por uma falta de comprometimento total e, pelo menos, por uma hesitação intermitente do membro recém-chegado, tentando negociar com ou equilibrar-se entre duas realidades. A pergunta a ser feita, tanto pelo indivíduo como pela comunidade, é se a hesitação é uma condição crônica ou se é algo que está sendo tratado ativamente.

Por um lado, os modos de vida, de relacionamento e de avaliação familiares a um indivíduo, dados como certos, são uma parte intrínseca da constituição ou socialização dessa pessoa e, como tal, não são, de forma alguma, facilmente descartados ou modificados. Por outro lado, a comunidade mais ampla, com sua história, costumes e ritos estabelecidos, é uma realidade dura, um fato social da vida e um desafio que precisa ser enfrentado e trabalhado. Pode ser muito difícil viver com incerteza, tanto para o indivíduo quanto para a comunidade como um todo, e, enquanto ela não for tratada, inibirá seriamente a possibilidade de criar uma atmosfera de confiança mútua e, assim, desestabilizará qualquer comunidade. Entretanto, como vimos ao considerar a liminaridade, uma parte intrínseca da transição para uma nova comunidade é a incerteza, a imprevisibilidade previsível e a passagem por certo teste de coragem. Portanto, enquanto o noviço ou recém-chegado for capaz de confiar no processo e nos mentores e entender que o período de incerteza acabará em algum momento, tudo deve ficar bem. Pois indecisão e hesitação crônicas, que persistissem por muito tempo depois do período inicial de transição, seriam contraproducentes para todos.

Embora essa reação seja identificada como "marginal", deve ser entendida não como uma liminaridade saudável, mas como algo a ser cuidadosamente monitorado para que não se transforme em uma patologia completa. O indivíduo que exibe esse terceiro tipo de reação mostrará sinais de desconforto ou "mal-estar" persistente, tanto com certos aspectos significativos de sua própria cultura primária quanto com aspectos significativos da cultura da comunidade: sua organização social ou comportamentos e expectativas convencionais. Essencialmente, o conflito nasce do desejo ou da necessidade urgente de apegar-se a certos valores e características de uma existência pré-comunitária e, ao mesmo tempo, porém, abraçar certos valores encontrados na comunidade. Para o indivíduo – e para a comunidade –, no entanto, parece não haver um modo satisfatório ou virtuoso de fazer isso.

Essa marginalidade poderia expressar-se de várias maneiras, particularmente na incapacidade regular de comprometer-se permanentemente com a comunidade e sua missão. Por exemplo, o indivíduo continua a valorizar a liberdade de escolha e de movimento desfrutadas antes de ingressar na comunidade, mas a estabilidade, a Regra e um cronograma ou horário comunitário também são valorizados. Ou, ainda, o cultivo de relacionamentos românticos e monogâmicos tornou-se uma característica significativa da experiência de vida de uma pessoa, mas ela também é atraída por uma vida de castidade celibatária. Tanto o indivíduo como a comunidade em geral continuarão em conflito, a menos que tal pessoa convenientemente logre passar pela reação ou estágio "marginal" e deixe a comunidade ou alcance um modo de vida muito mais estável e consistente, bem como de comprometimento com a comunidade e com seu carisma.

Duas questões devem, portanto, ser tratadas: o comprometimento do indivíduo em resolver o conflito e a tolerância ou aceitação de certos padrões de comportamento por parte da comunidade. No que diz respeito ao indivíduo, a menos que ele esteja disposto, certamente com a orientação apropriada de uma figura de sabedoria confiável, a confrontar e abordar os dois conjuntos de valores ou opções conflitantes, o atrito interno provavelmente irá inflamar-se até resultar em aumento da ansiedade e incapacidade total de viver uma vida comunitária integrada. Ou então essa pessoa tentará viver uma vida dupla, que degenerará em segredo, engano e hipocrisia.

No que diz respeito à comunidade em geral, ela pode, por uma liderança apropriada, assumir uma postura positiva, mas confrontadora, e dar um ultimato ou impor sanções em um esforço para resolver a situação insustentável. De fato, se a comunidade, e especificamente a liderança, espera mudar o indivíduo para o bem comum, então a autoridade apropriada deve ser invocada e aplicada. Se isso falhar, a situação precisa ser resolvida de um jeito mais radical, mediante a remoção do indivíduo, pelo bem da comunidade e talvez igualmente para o bem da pessoa "marginal". Mas, sem uma liderança forte, ou sem uma política clara, há um sério risco de que todos se tornem perdedores, não ganhando nada com seu relacionamento, mas gerando agressão ativa ou passiva, ressentimento mútuo e uma ruptura do espírito de comunidade.

**Reação 4:** *O recém-chegado, por um esforço concentrado e esclarecido, e com oração, reflexão e experiência acumulada, é capaz de viver em harmonia consigo mesmo e com os outros, fiel a seu eu e a seus valores essenciais, mas adaptando-se de forma saudável às diferentes culturas e pessoas na comunidade.*

Observando os efeitos psicológicos de contatos transculturais, multiculturais e interculturais em indivíduos e comunidades, podemos agora identificar o resultado ideal pelo qual o indivíduo é enriquecido pelo contato intencional, diário e baseado na fé com pessoas de diferentes culturas e, por sua vez, a comunidade mais ampla é enriquecida pela presença, pelas perspectivas e pela fé vivida da pessoa que chega. Se isso acontecer, então a comunidade orgânica e evolutiva realmente se torna, com o tempo, uma cultura (ou subcultura) em si: um "sistema gerador de significado", uma expressão de "criatividade ditada por regras", e a "forma de vida social". Em virtude dessa condição feliz que chamamos de "mediadora", uma pessoa que se junta a uma comunidade é capaz de viver de forma saudável, integrando valores pessoais importantes, habilidades e perspectivas, ao mesmo tempo em que abraça os valores e as virtudes da comunidade. Isso é viver "em ambos", para usar a terminologia de Jung Young Lee. Mas, como a vida intercultural, como a que estamos discutindo, é essencialmente um empreendimento baseado na fé, também é uma tentativa contínua de viver "no além". Se isso acontecer, no entanto, será devido em grande parte à receptividade da comunidade como um todo e, por sua vez, será um estímulo e uma afirmação para a comunidade de que esse modo de vida intercultural é mais do que uma possibilidade teórica. Mas isso não acontece sem o cultivo do respeito mútuo. Isso leva tempo e não acontece facilmente ou sem erros.

No cenário rotulado como "marginal", um indivíduo está em conflito porque não está nem um pouco convencido de que sua visão de mundo previamente construída e os valores e as aspirações que o constituem sejam compatíveis com as demandas da nova cultura comunitária. Por outro lado, a pessoa "mediadora" é capaz de identificar alguns elementos diferentes, mas compatíveis, tanto de um modo de vida anterior como da vida da comunidade[99]. Haverá inevitavelmente doações e recebimentos, perdas e ganhos, mas a pessoa "mediadora" é capaz de fazer escolhas e sacrifícios apropriados, saudáveis e sagrados, cujo resultado é promover a formação e a transformação contínuas na fé e no comprometimento com a comunidade e seu carisma. Se isso for realizado como um processo constante, o indivíduo e a comunidade continuarão a crescer em harmonia e pluralismo. A diversidade será aceita na teoria e na prática como potencialmente boa e mutuamente enriquecedora. Simultaneamente, a integridade – cultural e espiritual – do indivíduo não só será salvaguardada, mas também se fará com que floresça.

### Da teoria à prática: a vida intercultural autêntica

O cinismo é o inimigo mortal da coexistência fraterna, mas o romantismo também o é. Devemos tentar – por comprometimento e esforços repetidos – viver pela fé, e não simplesmente pela visão, pelo som ou pelos cheiros da cozinha. Para repetir: Jesus disse explicitamente aos discípulos, que imaginavam que a estrada seria fácil e a jornada cheia de afirmações e elogios: "Para os seres humanos isso é impossível, mas não para Deus; pois para Deus tudo é possível" (Mc 10,27). Pedro protestou que ele e os demais tinham "deixado *tudo*" (hipérbole romântica, quando de fato tudo o que tinham deixado era a labuta diária, o odor corporal, as queimaduras de sol, o cheiro de peixe morto, os barcos fura-

---

99. J. Sacks (2003) diz que a abordagem de "busca por valores comuns" é completamente inadequada atualmente e insiste que identifiquemos algumas das diferenças – culturais, religiosas e todo o resto – com as quais as pessoas em uma sociedade pluralista podem viver mutuamente. Quanto à vida comunitária, é claro, precisamos enfatizar os valores comuns, mas, ao mesmo tempo, em comunidades interculturais somos desafiados a explorar juntos como lidar criativa e respeitosamente com algumas de nossas diferenças. A "dignidade da diferença" é uma expressão maravilhosa para cultivar.

dos, as noites agitadas pela tempestade e por muito mais) na vã esperança de receberem tratamento preferencial de Jesus. Mesmo quando foram agradados pelas promessas que Jesus lhes fizera de recompensas posteriores, eles foram novamente trazidos a terra quando Jesus disse: "No meio de perseguições" (Mc 10,30). Embora algumas traduções tentem suavizar isso para "e não sem perseguição" ou "e com (alguma) perseguição", as palavras de Jesus são inequívocas: haverá perseguição de um tipo ou de outro, como qualquer um acostumado à vida em comunidade sabe bem.

Então, o que qualquer um de nós deveria esperar quando tentamos transformar uma comunidade internacional, verdadeiramente multicultural, em uma realidade intercultural, missionária e baseada na fé? O romantismo inicial certamente correrá o risco de transformar-se em cinismo, assim como a camaradagem inicial e superficial será, mais cedo ou mais tarde, ameaçada por mal-entendidos, irritações e recriminações mútuas. Se a boa vontade por si só for palpavelmente insuficiente, a tenacidade e a fidelidade destemidas só serão possíveis onde houver uma tentativa consistente e focada de lidar com os desafios inevitáveis da vida em comunidade intercultural. E isso requer a aplicação dos indivíduos ao aprendizado sistemático e direcionado uns com os outros e uns sobre os outros, bem como um estudo sério da cultura, em vez de mera "sensibilidade cultural" – que não passa de palavras vazias, a menos que se realize em circunstâncias concretas.

No capítulo 2, identificamos certas características de uma comunidade que está verdadeiramente comprometida com a vida intercultural, e entre elas estava não só a correção apropriada, mas também um fórum para desabafar apropriadamente, a atenção à sobrecarga e ao esgotamento e o fomento da mutualidade e da confiança. Todos esses deveriam ser antídotos poderosos para quaisquer ameaças à vida comunitária autêntica. Então, se lutarmos contra o cinismo (que encontra defeitos em todos os lugares e age a partir de uma nuvem de negatividade perversa) e o romantismo (que se esforça para esconder defeitos e rugas e, muitas vezes, para evitar o confronto com a realidade), que outra sabedoria para o caminho haveria acerca da qual poderíamos ponderar e que talvez pudéssemos adquirir?

Cada pessoa provavelmente terá seu próprio senso de prioridades aqui. É assim que deve ser, mas também é bom nos lembrarmos de que nossas prioridades são as *nossas* e não são necessariamente idênticas às de todos, ou mesmo de qualquer outra pessoa. Isso por si só pode ser um lembrete útil para cada um de nós: se eu pessoalmente sinto a necessidade de mais partilha ou interesse mútuo, de mais afirmação ou encorajamento, e os apreciaria mais, é muito provável que isso se deva a eu me sentir atualmente privado dessas coisas em alguma medida. Igualmente, se eu buscasse mais privacidade e silêncio, estaria identificando meus próprios desejos ou necessidades pessoais. Mas a privacidade de uma pessoa é o isolamento de outra, e o silêncio de uma pessoa é o inferno nesta terra de outra. Cada um de nós terá de lidar com algumas expectativas culturais e ser sensível às dos outros. Todavia, haverá algumas virtudes ou atitudes que muitos, ou a maioria, dos membros de uma comunidade irão, e de fato deveriam, compartilhar, já que, sem isso, a própria ideia de uma comunidade seria irrealizável.

O interesse fraterno genuíno por outras pessoas na comunidade – embora não por todos em igual medida, uma vez que temperamentos e atrações pessoais variam – não deveria custar o desenvolvimento de um verdadeiro *esprit de corps* ou atitude de solidariedade e apoio ao projeto comunitário[100]. Novamente, o contexto com o qual nos preocupamos é uma comunidade de *pessoas de fé*, unidas em um empreendimento comum, não obstante a contribuição diferente de cada pessoa.

---

100. A esse respeito, cf. as importantes qualificações e descrição no cap. 2.

A conversa é, por certo, fundamentalmente importante para a comunicação. Mas muita conversa na comunidade pode tornar-se banal ou superficial, à custa da comunicação autêntica sobre questões críticas de preocupação e comprometimento comuns. Para os de fora, informados quanto às razões para uma comunidade de fé, sua partilha pareceria um componente óbvio e importante da vida comunitária. Mas algumas comunidades podem talvez ser acusadas de usar ocasiões de oração comum – o ofício divino, a liturgia ou outras devoções – quase como uma alternativa ou uma maneira de evitar a partilha concreta da fé. E algumas comunidades masculinas são, sem dúvida, muito menos proficientes ou comprometidas com isso do que muitas comunidades femininas. O resultado disso é que é possível viver com pessoas amigavelmente por décadas, e ainda assim ter pouca ou nenhuma ideia de (ou interesse em?) como elas vivem ou lutam com sua fé, e que sabedoria podem ter acumulado ao longo da vida. Parece, *prima facie*, que os membros de uma comunidade intercultural devem fazer da partilha da fé uma prioridade séria, por mais delicado que seja organizá-la com sutileza e respeito por todos. No entanto, simplesmente deixar de tentar discutir o assunto e seu objetivo de alguma ação coordenada a respeito pode deixar os membros isolados, profundamente solitários e famintos por uma das realidades mais cruciais que os atraíram para a comunidade em primeiro lugar.

*Lectio divina*, em comum ou em pequenos grupos, é outro jeito de uma comunidade intercultural amadurecer na fé. Do mesmo modo, a própria prática da meditação silenciosa na companhia de outras pessoas pode ser enormemente encorajadora. O cardeal Basil Hume disse uma vez que sua própria meditação diária era sustentada por sua crença de que ele não estava totalmente sozinho, e que Deus estava na mesma sala – embora ele não pudesse ver, nem ouvir, nem mesmo sentir a presença de Deus em muitas ocasiões. Se, porém, nos reunimos para a oração quando outras pessoas estão silenciosa, mas fisicamente presentes, embora não falemos ou sequer abramos os olhos, *sabemos* de sua presença real e de nosso compromisso comum com a meditação e a contemplação como nosso principal alimento da alma.

Não é apenas a partilha da fé que é importante, no entanto, mas também a partilha de pelo menos alguns vislumbres do contexto cultural e da experiência de cada membro. No capítulo 5, examinamos a importância da localização social e da geografia, da corporificação, da saúde e da doença e das atitudes em relação ao tempo e ao espaço. E, no entanto, ainda é comum que os membros de uma única comunidade não tenham praticamente nenhuma compreensão de com quem exatamente vivem. A conversa – seja informal, seja de um tipo mais formal –, destinada a permitir a partilha de vidas muito diferentes, pode ser enormemente benéfica para todos.

Anos atrás, um colega e eu dávamos aulas em equipe em um curso chamado "Casamento e família em perspectiva intercultural", ele como profissional de assistência pastoral e eu como antropólogo, mas ambos de uma perspectiva de fé e teologia. Em vez de tentar identificar ou descrever uma família perfeita, normal ou média, meu colega sempre disse que buscaríamos identificar, de cultura para cultura, o que ele apelidou de "Família Bastabom": uma família hipotética – imperfeita, batalhadora, deficitária e perseverante –, mas ainda assim reconhecível por pessoas em qualquer cultura e, por isso, não apenas hipotética, mas também muito real. Acredito que não seja possível nem desejável tentar definir ou descrever a comunidade de fé intercultural perfeita, pela simples razão de que ela não existe por natureza. Mas, em nossos muitos e variados contextos, talvez possamos esforçar-nos para nos tornarmos uma "Comunidade Bastabom", embora nunca nos contentemos com o que realmente é, pois esta é a tarefa vitalícia de seres humanos falíveis: sempre em uma jornada de fé e sempre um trabalho em andamento.

Outro colega costumava esboçar uma abelha na lousa e explicar que, *em teoria*, ela era completamente incapaz de voar: as asas eram erradas para o peso do corpo, seu ângulo de inclinação era insuficiente para impulsioná-la para a frente, e o peso extra do pólen tornaria impossível para a abelha decolar da flor. Então ele lembrava seus alunos de que, apesar da impossibilidade teórica, "surpreendentemente, a abelha voa mesmo e perfeitamente bem!" Essa é uma imagem para aqueles comprometidos em fazer o impossível: transformar uma comunidade multicultural, talvez multilíngue e até multigeracional, em uma comunidade intercultural funcional e para a qual francamente "basta o bom" de fé e missão.

As últimas palavras deste capítulo são de São Paulo, encorajando sua comunidade em Filipos a comprometer-se com o desafio em nome de Jesus: "Se, pois, há uma consolação em Cristo, um estímulo no amor, uma comunhão no Espírito, uma ternura e compaixão, completai minha alegria, permanecendo unidos no mesmo pensar, no mesmo amor, no mesmo ânimo, no mesmo sentir. Não façais nada com espírito de rivalidade ou de vanglória; ao contrário, cada um considere com humildade os outros superiores a si mesmo, não visando ao próprio interesse, mas ao dos outros. Tende em vós os mesmos sentimentos de Cristo Jesus. Ele subsistindo na condição de Deus [...] esvaziou-se a si mesmo" (Fl 2,1-7).

Todos nós conhecemos suficientemente bem a sequência. Mas o conhecimento é apenas parte disso e, por si só, insuficiente. Como Samuel Johnson disse: "Integridade sem conhecimento é frágil e inútil" (o que é pelo menos discutível), mas "conhecimento sem integridade é perigoso e terrível" (o que certamente é muito verdadeiro). Foi-nos dado o conhecimento de grandes verdades teológicas e espirituais. Mas, mais do que isso, somos convidados – na verdade, somos comissionados – a tentar viver o que sabemos: nossa atitude deve ser a mesma de Jesus Cristo.

**Sugestões para continuidade**
1. Provavelmente ajudaria toda a comunidade se cada membro se sentasse e refletisse sobre o diagrama (figura 15), em uma tentativa de identificar seu estado e esforços atuais para lidar com os maiores desafios.
2. Da mesma forma, a(s) pessoa(s) na liderança pode(m) ser capaz(es) de usá-lo de modo proveitoso para ajudar e desafiar membros individuais da comunidade.
3. Você consegue identificar algumas de suas expectativas em relação aos membros de sua comunidade? Você consegue partilhá-las abertamente com os outros e ouvir as expectativas deles em relação a você?
4. É preciso dar e receber em cada comunidade. O que você estaria preparado para "dar" e o que você mais gostaria de "receber"?
5. Você partilha sua fé – e outros aspectos de si mesmo – com as pessoas na comunidade? Há algo que sua comunidade poderia empreender que facilitaria o processo?
6. Sua comunidade é uma "Bastabom"? Como ela pode ser ainda melhor?

# 10

# Reações culturais à vida intercultural

**O controle da cultura**

Agora precisamos complementar a discussão sobre as reações psicológicas ao desafio da vida intercultural, examinando a cultura e as influências culturais que afetam a comunidade. Já identificamos a cultura em termos gerais e descrevemos algumas maneiras pelas quais ela pode ser abordada, compreendida e considerada. Agora mudamos o foco e observaremos como algumas influências culturais específicas que moldam indivíduos enculturados se afirmarão em uma comunidade que se esforça para tornar-se intercultural. Juntas, essas considerações devem ajudar a lançar mais luz sobre como e por que os indivíduos respondem a situações sociais específicas. Como buscamos explicações para várias reações psicológicas na composição individual, as reações culturais, por sua vez, podem dizer-nos mais sobre certas tendências compartilhadas por pessoas da mesma cultura.

Mas precisamos estar cientes de duas coisas. Primeiro, nem as reações psicológicas nem as culturais são absolutamente determinadas ou programadas: podemos mudar, amadurecer, modificar, ser transformados e convertidos, não importa o papel formativo que nossa composição psicológica ou cultural possa ter desempenhado na formação da pessoa que somos. A chamada teoria do "gene egoísta" foi completamente desacreditada, e a cooperação e o altruísmo humanos são mais uma vez afirmados[101]. Jesus chamou as pessoas à mudança: "A menos que vocês mudem e se tornem como crianças [isto é, cientes de que têm muito a aprender e devem estar dispostos a tentar], vocês nunca entrarão no reino dos céus" (Mt 18,3). O cardeal Newman disse de modo incisivo: "Viver é mudar. Ser perfeito é ter mudado frequentemente".

Segundo, vale a pena repetir, mais uma vez, que devemos resistir à tendência ou tentação de "jogar a carta da cultura (e da psicologia)", esperando assim desviar as críticas recebidas ou reivindicar privilégio especial ou livrar-se de desafios. Muitas vezes, esses são os motivos, como qualquer um que conheça a cultura ou a psicologia dessa pessoa que invoca a referida carta pode dizer imediatamente.

Pessoas humanas não são mônadas: não vivemos isolados, autonomamente ou responsáveis unicamente por nós mesmos. Somos animais sociais que existem de forma relacional com outras pessoas e o resto da criação. Mas, como vimos no capítulo 8, há limites entre as pessoas e eles servem a vários propósitos, nem todos ruins. Tais limites nos ajudam a classificar o mundo por processos de distinção ou separação. Toda definição verbal coloca um tipo de limite ou fronteira em torno de uma palavra, especificamente para identificá-la e distingui-la adequadamente de outras coisas. Assim, uma maçã é definida tanto intrinsecamente (o que é) quanto por distinção (o que não é) como espécie de *malus sylvestris* e como *diferente* de uma laranja, como também um tipo particular de maçã (Gala) se *distingue* de outro tipo

---

[101]. Dawkins (1976). Cf. também Nowak e Coakley (2013). A cooperação é definida como "uma forma de trabalho conjunto, em que um indivíduo paga um preço (em termos de aptidão, tanto genética como cultural) e outro ganha", e altruísmo é "uma forma de cooperação (onerosa) em que um indivíduo é motivado por boa vontade ou amor por outro (ou outros)". Elas merecem um lugar especial na vida intercultural.

de maçã (Fuji). De modo semelhante, homem e mulher, sejam saudáveis ou doentes, bons ou maus e assim por diante, precisam ser definidos e classificados, porque a capacidade de fazer isso permite que nós – a pessoa com linguagem, especificamente – disponhamos de uma maneira de colocar o mundo sob nosso controle, em certa medida. Em princípio, o poder de nomear e classificar representa uma excelente capacidade humana, sem a qual o mundo externo pareceria aleatório e caótico, em vez de relacional e conectado. Há, no entanto, um problema: os seres humanos, não só pela linguagem, mostram uma tendência perturbadora não apenas a definir e diferenciar, mas também a rebaixar e discriminar. É nisso que essa capacidade potencialmente criativa pode causar estragos nos relacionamentos humanos. Primeiro, elaboraremos essa noção e, então, consideraremos as implicações para a vida intercultural.

**A dignidade da diferença**

O rabino-chefe e intelectual reconhecido Jonathan Sacks nomeou um de seus muitos e excelentes livros como *The dignity of difference* ["A dignidade da diferença"] (2003). Tendo, primeiro, identificado a abordagem contemporânea da "busca por valores comuns", que ele julga completamente inadequada no mundo de hoje, Sacks oferece um paradigma alternativo, incitando-nos ativamente a dar espaço para as diferenças floresçam. No contexto de uma futura comunidade intercultural, todavia, devemos ser cuidadosos. As diferenças distinguem um indivíduo do outro, e até mesmo gêmeos idênticos. Mas levar as diferenças longe demais – isto é, contrapor-se com o próprio direito de ser diferente – pode facilmente nos fazer cair em um individualismo doentio e destrutivo. Consequentemente, uma comunidade unida por carisma e comprometimento não deve ser dividida e destruída pelo cultivo descontrolado de egoísmo raivoso. Deve haver um equilíbrio entre pluralismo e comprometimento comum, e

Jonathan Sacks oferece muitas ideias perspicazes para ajudar-nos nisso. Seu ponto de partida é simples e profundo: Deus criou a vasta gama de diferenças na criação e, por isso, a diferença é divina e muito boa. Mera tolerância ou pluralismo desinteressado de nossa parte, bem como uma desapegada filosofia de "viva e deixe viver", são simplesmente insuficientes. Precisamos reconhecer que a unidade de Deus, o Criador, se atualiza e expressa muito claramente – ostensivamente, aliás – na diversidade da criação, sem reivindicar, com isso, uma licença para defender nossas diferenças à custa da vida em comunidade e de um projeto ou compromisso comunitário[102].

Cinquenta anos atrás, Jacques Derrida falou maravilhosamente de *différence* e *différance*, duas palavras que soam exatamente iguais em francês, mas das quais a segunda foi cunhada pelo próprio Derrida para apontar o significado do verbo *différer*, que significa tanto "distinguir" como "remeter a" (Derrida, 1978, p. 75). Em nosso contexto, quando aspiramos a respeitar as diferenças individuais e culturais, elas podem ser um lembrete útil para remeter graciosamente ao outro sempre que possível. São um contraponto benéfico a uma propensão, às vezes espontânea, à intolerância às diferenças e à defesa de nossa própria posição, em vez de remeter a outra pessoa. Como diz Sacks: "Se nossas semelhanças são tudo o que definitivamente importa, nossas diferenças são distrações a serem superadas. Essa visão é profundamente equivocada" (Sacks, 2003, p. 48), pois inibiria cada indivíduo e sufocaria a criatividade de que uma comunidade precisa para viver a missão. Então, exploremos o desafio contemporâneo à vida intercultural contra o pano de fundo da dignidade e da importância crítica da diferença.

Ao tentarmos lidar com nossa diversidade humana, tendemos a aplicar um destes dois critérios hermenêuticos: relativismo ou universalismo. Com o primeiro, simplesmente

---

102. Parcialmente extraído da capa de Sacks (2003).

reconheceríamos a diversidade onde quer que ela exista, mas sem nenhuma tentativa de agir para normalizar ou conciliar diferenças óbvias. Aplicando, por outro lado, uma perspectiva universalista, primeiro identificaríamos todas as diferenças, e então sentiríamos a necessidade de julgá-las a partir da convicção de que há só um caminho e só uma verdade universal e eterna. Pessoas com essa perspectiva tendem a resolver o desafio das diferenças mediante um veredito dialético de ou/ou, em vez de tentar encontrar uma resolução mais moderada e promissora de ambos/e.

Sacks vê no judaísmo uma tentativa de respeitar a abordagem do tipo ambos/e, enquanto a Grécia e Roma, Platão e Aristóteles – e subsequentemente o cristianismo e o islamismo – adotaram a perspectiva de ou/ou. David Tracy (1981) e Andrew Greeley (2000), entre outros, contudo, argumentaram que o cristianismo católico é, historicamente, mais analógico (permitindo uma abordagem de ambos/e), enquanto o cristianismo luterano desenvolveu uma abordagem mais dialética. No primeiro caso, a criação é uma manifestação de Deus em um disfarce, mas íntimo (tanto distante quanto próximo); normalmente, para os teólogos protestantes, Deus não apenas se disfarça, mas também se oculta (distante). Para nós, a implicação mais importante disso é que Deus é encontrado na criação e nos seres humanos e, assim, quanto mais capazes formos de nos relacionarmos com a criação e com a comunidade, mais poderemos esperar encontrar Deus. Esse é um dos desdobramentos e dos desafios da vida intercultural. O cristianismo em geral, entretanto, tende a temer o relativismo ou a desconfiar dele como algo que compromete ou faz abandonar o engajamento com uma perspectiva universalista de uma verdade única, absoluta, imutável e eterna. Nessa visão, se eu sei que estou certo ou correto, e você tem uma opinião diferente, segue-se logicamente que um de nós está errado, e, já que não sou eu (porque eu *sei*), deve ser você.

"Daí", diz Sacks, "surgiram alguns dos maiores crimes da história, alguns sob a égide da religião, outros sob a bandeira de filosofias seculares" (Sacks, 2002, p. 50). Nunca tivemos sucesso perene em lidar humana e piedosamente com diversidade social e religiosa.

Há bilhões de pessoas no mundo hoje, dezenas de milhares de culturas e milhares de línguas, mas existe somente uma única raça humana dentro de toda essa diversidade e uma humanidade comum a todas. E o fato surpreendente é que, com tudo isso, ainda *é* possível nos comunicarmos com e entre pessoas de qualquer língua ou cultura sob o sol. Uma razão para nossa xenofobia e aproximação menos que humana da diversidade pode ser mostrada como a "falha cultural": nossa tendência humana a dividir e conquistar, a opor e confrontar, a separar e discriminar. Mas outra pode muito bem ser nossa tendência à intolerância religiosa, à hipocrisia e à defesa agressiva da "minha verdade" contra todos os que chegam.

### Do paraíso ao rompimento: "a falha cultural"[103]

Os mitos gêmeos da criação, no Gênesis, pintam um quadro de caos inicial transformado em ordem, essencialmente pela separação e discriminação criativa e vivificante de Deus: luz, da escuridão; mar, da terra seca; masculino, de feminino. Mas Deus e toda a criação – inclusive o homem e a mulher, criados diferentes, mas iguais, porque ambos igualmente à imagem divina (Gn 1,27) – vivem em paz e harmonia: "E Deus viu que era muito bom". Na segunda história da criação, Deus apresentou animais e pássaros ao homem e permitiu que ele os nomeasse: "E o que o homem chamasse a toda criatura vivente, esse seria o seu nome" (Gn 2,19). Esse poder – extraordinária e gratuitamente concedido por Deus ao homem – também se tornará, por parte do ser humano, uma medida de controle, de discriminação e de pecaminosidade: é a "falha

---

[103]. Isso é discutido detalhadamente em A. J. Gittins (2002b).

cultural". A capacidade de usar a linguagem para nomear e definir dá grande poder a seu usuário, e o autor da história do Gênesis atribui esse poder, antes de tudo, a Deus. "Faça-se a luz!", diz Deus, "E a luz *se fez*" (Gn 1,3). Igualmente, porém, "eu chamo este navio de *Invencível*", diz a rainha [Elisabete II], e isso se torna realidade; "eu vos declaro marido e mulher", diz o ministro, e as palavras realmente fazem isso acontecer. Este é o poder "performativo" das palavras, como J. L. Austin demonstrou brilhantemente em seu clássico *How to do things with words* (1962) [ed. bras.: *Quando dizer é fazer* (1990)]. Quando usamos a linguagem para definir algo ou alguém, fazemos isso por distinção e também por inclusão. Tragicamente, esse poder criativo também pode ser usado de modo destrutivo e desastroso.

Na segunda história da criação, no Gênesis, somos primeiro lembrados da mutualidade ou complementaridade do casal: juntos, os dois são um corpo, uma carne (Gn 2,24). Mas é a desobediência – comer o fruto da árvore do conhecimento do bem e do mal – que causa o desastre, a desarmonia e a dispersão. E, ainda assim, há dois subprodutos extremamente importantes e positivos dessa queda: primeiro, "o Senhor Deus disse: 'Eis que o ser humano [isto é, homem *e* mulher] tornou-se *como um de nós*, capaz de conhecer o bem e o mal'" (Gn 3,22, itálico meu); e, segundo, embora os humanos tenham sido des-graçados, não perderam a graça inteiramente. Essas duas coisas, consciência e conhecimento moral, contêm o potencial tanto para a grandeza da humanidade como para sua vergonha.

Na harmonia mítica do paraíso, havia inclusão e uma comunidade de "nós"; depois da queda, houve exclusão, confronto, discriminação e polarização: a comunidade inclusiva original ("nós") é oposta, polarizada e antagônica: o homem contra a mulher, e cada um contra Deus. A partir de então, um mundo de "nós" se divide em um mundo de "nós" e "eles". Essa é a "falha cultural" universal e pervasiva (figura 16).

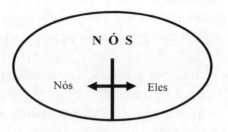

**Figura 16**

Toda cultura e língua, ao nomear e adestrar, classificar e colocar sob controle verbal, distingue, separa, opõe e exclui cada parte tanto quanto inclui, une ou harmoniza. A criação multiforme e diversa de Deus é boa, mas a falha cultural é a tendência perversa de ver a diferença através das lentes distorcidas da discriminação, da distinção, da dessemelhança, da divergência, da discórdia ou da disparidade. Cultura é o que a humanidade faz ao mundo em que vive. E toda cultura produz, até certo ponto, a divisão da natureza, criando a própria separação e a divisão sobre as quais Gênesis alertou.

Explicitamente ou não, a partir da matéria-prima encontrada no Gênesis e nos Evangelhos – de "submetei" ou "dominai" (Gn 1,28), de "se tornarão uma só carne" (Gn 2,24) e de "não separe, pois, o homem o que Deus uniu" (Mc 10,9) –, as culturas humanas refizeram o mundo e muitas vezes pisotearam com violência e indiferença a terra e seu povo. Tão logo o "nós" é contestado, dividido, rompido, destroçado e, então, renomeado como "eu" e "você", "meu" e "seu", ou "nós" e "eles", a falha cultural ou tendência de reconstruir pela desconstrução, e de avançar pela evitação ou competição, em vez de encontro e colaboração, é revelada. Se não for controlada, ela certamente prejudicará quaisquer esforços para criar e manter uma comunidade intercultural saudável[104].

---

104. No cap. 6, vimos a tensão entre os padrões egocêntrico e sociocêntrico. A menos que sejam tratados e resolvidos mediante ajuste e colaboração apropriados, os membros da comunidade se tornarão polarizados.

## Os de dentro e os de fora, participantes e não participantes

O diagrama da página seguinte pretende ilustrar uma realidade *cultural* universal ou fato social. No contexto atual, talvez possa servir a três propósitos. Primeiro, pode destacar as condições sociais no mundo de Jesus de Nazaré e mostrar sua estratégia de missão pastoral. Segundo, pode, com as devidas modificações, ajudar a identificar alguns pontos de inclusão e exclusão, autoridade e poder encontrados em todas as culturas, incluindo a das comunidades interculturais. E, terceiro, pode ajudar a identificar o quanto uma comunidade intercultural específica alcança "o outro", seja dentro ou além de seus próprios limites. Então, eis aqui uma descrição *cultural* geral da sociedade em relação à qual medir nossas próprias reações individuais e comunitárias.

Para criar e manter uma identidade interna ou ordem social, uma cultura ou comunidade se definirá primeiro traçando uma séria linha vertical, entre si e o outro (figura 17), para que os "de dentro" ("nós") sejam claramente distinguidos dos "de fora" ("eles") ou os nativos dos estrangeiros. Em alguns casos, a linha pode ser tão concreta quanto o Muro de Berlim, tão maciça quanto a Grande Muralha da China ou tão feia quanto a monstruosidade que forma a fronteira entre os Estados Unidos e o México. Mas também pode ser uma característica natural como um oceano, um grande lago ou uma cadeia de montanhas. Em outros casos, a linha pode ser invisível, mas não menos real, marcada, por exemplo, por diferenças de idioma, etnias ou culturas dentro das fronteiras de uma mesma nação, como nos Estados Unidos e em muitos outros países. Quanto mais porosa ou permeável a linha, mais provável será que ela tenha uma função de união e separação. Quanto menos porosa e mais rigorosamente patrulhada, mais evidente se torna sua função de exclusão. Mas, na própria comunidade dos "de dentro", cada sociedade traça outra linha ou segregação, e às vezes menos óbvia, mas não menos real, como na discriminação de gênero ou homofobia.

## OS QUATRO QUADRANTES

| | OS DE DENTRO | OS DE FORA |
|---|---|---|
| **PARTICIPANTES** | **ADULTOS DO SEXO MASCULINO/"VIPs"**<br>Detentores de autoridade (autorização legitimada) e poder (força, capacidade, domínio)<br><br>• **OUTROS SIGNIFICATIVOS/ LEGITIMADORES**<br>  o CHEFES DE FAMÍLIA<br>  o MEMBROS DE PROFISSÕES<br>    ▪ Médicos<br>    ▪ Financiadores/Banqueiros<br>    ▪ Advogados<br>    ▪ Clero<br>    ▪ Professores<br>  o LÍDERES NOMEADOS/ELEITOS<br><br>• **AQUELES COM PODER DE SANÇÃO**<br>  o FORÇAS MILITARES<br>  o DEFESA CIVIL/POLÍCIA<br>  o AUTORIDADES RELIGIOSAS<br>  o AUTORIDADES POLÍTICAS/ LEGAIS | **"ESTRANHOS"/ESTRANGEIROS RESIDENTES**<br>Opositores, tolerados e talvez protegidos quando apropriado<br>• NÃO IMPORTANTES<br>• VULNERÁVEIS, AMBÍGUOS<br>• DEFINIDOS, EM PARTE, POR OUTROS<br>• TOLERANTES COM PAPÉIS MARGINAIS<br>• NÃO INICIALMENTE NA "ORDEM DO DIA"<br>• CHEIOS DE POTENCIAL<br><br>• **JESUS, O ESTRANHO**<br><br>• ALUNOS, APRENDIZES (em grego: *mathētēs*)<br>• TODOS OS CRISTÃOS RADICAIS, SERVOS<br>"OS DE FORA PARTICIPANTES" |
| **NÃO PARTICIPANTES** | **NÃO ADULTOS DE SEXO MASCULINO/"NINGUÉNS"**<br>Aqueles que não têm autoridade (sem *status* social) e com poder limitado (mas não completamente impotentes)<br><br>• **OS IMATUROS**<br>  o Os não nascidos (falta de viabilidade)<br>  o Bebês (falta de linguagem)<br>  o Crianças (falta de maturidade sexual)<br><br>• **OS DESVIADOS**<br>  o Fisicamente: aleijados, doentes, paralisados<br>  o Mentalmente: os insanos, possuídos, loucos<br>  o Moralmente: criminosos, assassinos, prostitutas – "pecadores" em geral<br><br>• **MULHERES**<br><br>• **HOMENS NÃO PARTICIPANTES** | **INTRUSOS/TURISTAS**<br>• NÃO CONTRIBUINTES: "PARASITAS"<br>• PASSANTES: "CURIOSOS"<br>• VISITANTES SAZONAIS<br>• VISITANTES DE CURTO PRAZO<br>  o Funcionários de corporações multinacionais<br>  o Pessoal com imunidade diplomática<br>  o Pessoas socialmente insignificantes/ exploradoras ou perigosas<br>  o Alguns voluntários ou missionários de curto prazo, buscando uma "experiência" ou "imersão" por iniciativa própria?<br>• INTRUSOS "BISBILHOTEIROS"<br>• FORÇAS DE OCUPAÇÃO |

**Figura 17**

A linha horizontal separa os "de dentro participantes" ("VIPs") dos "de dentro não participantes" ("ninguéns"), e diferentes sociedades a criam e mantêm de tal forma que ela as divide em dois grupos iguais ou desiguais. Em algumas culturas, os "de dentro participantes" são a maioria, enquanto a minoria, substancial ou não, são os "de dentro não participantes". Mas, se essa linha horizontal fosse projetada para cortar a linha vertical, criaria uma figura de quatro quadrantes: no canto superior esquerdo (1) estariam os "de dentro participantes" ("VIPs"), e no canto inferior esquerdo (2) os "de dentro não participantes" ("ninguém"). No canto inferior direito (3) estariam os "de fora não participantes" ("intrusos, turistas"), e no canto superior direito (4) os "de fora participantes" ("forasteiros residentes, estranhos"). O diagrama ilustra essa construção social, criada pelos de dentro e – implícita, mas muito perigosamente – da perspectiva patriarcal, dois fatos de enorme importância para nossa compreensão da sociedade e das comunidades. As culturas humanas são patriarcais. Não há registro de uma cultura verdadeiramente matriarcal, na qual somente as mulheres exerceriam autoridade e controle, e os homens lhes seriam subordinados[105].

**Quadrante 1:** *os de dentro participantes.* Este quadrante é ocupado pelos detentores de autoridade que, transculturalmente, são geralmente homens adultos, mas não invariavelmente[106].

---

105. Este é um princípio geral da organização social humana. Uma comunidade religiosa na qual se adota o princípio segundo o qual "já não há judeu nem grego, nem escravo nem livre, nem homem nem mulher" (Gl 3,28) é, portanto, "contracultural". Geralmente, comunidades interculturais têm membros do mesmo sexo, então parte deste diagrama não lhes é aplicável. A tendência *cultural* a domínio e subordinação, no entanto, terá de lutar com o compromisso *religioso* com o serviço (*diaconia*) e a liderança servidora. O diagrama oferece uma visão sobre a "falha cultural" que *contrapõe* os de dentro aos de fora e os "VIPs" aos "ninguéns" – dos quais sempre há vestígios em qualquer comunidade, por mais esclarecida que seja.

106. Em uma sociedade matrilinear, a descendência é determinada pela linha feminina, e algumas mulheres têm considerável autoridade. Mas predomina a autoridade dos homens (rastreada pelo irmão de uma mulher-chave). Em um sentido um tanto análogo, apesar da autoridade legítima de mulheres líderes em comunidades religiosas, na Igreja Católica elas são sempre consideradas responsáveis perante alguns homens mais acima na hierarquia, o que, na Igreja contemporânea, continua sendo um problema. Para uma pesquisa sobre igualdade/desigualdade de gênero e poder e autoridade das mulheres, veja A. Beteille (2002, p. 1010-1039, especialmente 1021-1023).

Alguns têm autoridade moral e/ou legal (não apenas a autoridade para impor sanções, mas também a discrição para apelar ao senso de honra ou dever de outra pessoa em vez de punir), predominantemente no nível doméstico ou local, e alguns têm autoridade associada a sanções públicas – recompensas e punições – concebidas para a manutenção da lei e da ordem, como figuras militares ou religiosas. Outros compõem o quadro dos profissionais qualificados em medicina, política, educação e teologia. Juntos, esses são os "de dentro participantes", VIPs, responsáveis pela manutenção da ordem e dos serviços domésticos e públicos na sociedade em geral. Às vezes, porém, eles excedem e abusam de sua autoridade legítima ao exercer o poder bruto de impor sanções, mas sem a autoridade legal e moral para fazê-lo. É importante identificar quando isso acontece.

**Quadrante 2:** *os de dentro não participantes.* Este quadrante é ocupado pelas pessoas consideradas em uma sociedade específica – pelos VIPs ou "números um", é claro, e haverá variação aqui de uma sociedade para outra – como dispensáveis, inúteis ou sem autoridade[107]. Há três grupos primários: primeiro, os imaturos (ainda não nascidos, bebês e crianças); segundo, aqueles considerados desviantes (física, mental ou moralmente); e, terceiro, as mulheres. Alguns deles "têm sua utilidade", como às vezes se diz. Os não nascidos ("inviáveis") podem ter sua gestação concluída, nascer e crescer até a maturidade; infantes (literalmente, "aqueles sem linguagem") podem adquirir linguagem, e crianças ("sem identidade sexual") podem tornar-se adultos sexualmente maduros. Da mesma forma, criminosos podem emendar-se, e alguns outros, considerados "desviantes", podem reabilitar-se. Mas aqueles que o fazem só podem ser promovidos ao quadrante 1 se forem, ou se se tornarem, homens adultos. Ao

---

107. Membros mais velhos de comunidades religiosas/de fé se lembrarão de terem sido tratados como crianças e lembrados do abismo entre postulantes ou noviços e membros professos ou ordenados. Em algumas comunidades, isso criou uma enorme dependência de outros (líderes) e alguma infantilização de adultos.

longo da história, as mulheres nunca – ou só muito raramente e sob condições socialmente prescritas – conseguiram cruzar do quadrante 2 para o quadrante 1.

Este retrato – especialmente minha identificação de muitas mulheres e outros "não participantes" – é simplesmente uma tentativa de esboçar *la condition humaine*, o lote cultural das pessoas ao longo das eras e entre as culturas: é a "falha cultural", o "pecado original", o viés cultural universal; e sua existência ou realidade representa um desafio direto a qualquer pessoa comprometida com a vida intercultural[108]. E isso nos leva ao lado direito do diagrama, contendo pessoas – vistas da perspectiva dos de dentro – como "de fora".

**Quadrante 3: *os de fora não participantes*.** Embora identificados como "de fora não participantes" naquelas culturas cujos limites ou fronteiras são não porosos e excludentes, ou cujos membros são extremamente xenófobos, tais pessoas podem praticamente não existir: elas são irrelevantes ou simplesmente desconhecidas. Mesmo hoje, há alguns pequenos grupos sociais quase separados do contato com, ou do interesse por, quem ou o que pode existir além de seu próprio pequeno mundo: pessoas como os Amish, comunidades fechadas de monges, freiras ou eremitas, ou algumas pequenas comunidades que vivem em partes inacessíveis da Amazônia. Mas, no atual mundo globalizado, há três categorias que merecem menção. Uma inclui os de fora que são parasitas sociais, e talvez alguns de passagem e até mesmo outros que podem pagar por sua estada, mas não pretendem contribuir com nada para a comunidade. A maioria dos turistas claramente não participa, posto que seu propósito está inteiramente em interesses próprios, mesmo se relativamente inofensivos. Pode-se dizer

---

108. Em comunidades masculinas, se alguns membros vêm de uma cultura machista, isso pode criar uma tensão enorme com os outros, enquanto, em comunidades femininas, membros criados em um ambiente patriarcal e sociocêntrico podem achar uma comunidade mais igualitária, mas egocêntrica, muito difícil de negociar. Essas variáveis culturais devem ser identificadas e tidas em consideração.

que eles são contribuintes importantes para as economias locais, mas essa certamente não é sua *raison d'être*: eles chegam, ficam e partem inteiramente à sua própria maneira. Mas há uma terceira categoria que podemos identificar como de fora indesejados: invasores, agentes imperiais ou bisbilhoteiros intrometidos, incluindo alguns religiosos e missionários, talvez bem-intencionados, mas lamentavelmente inadequados e moralmente culpados.

Também é importante reconhecer outra categoria de pessoas que são muitas vezes tratadas como marginais e localizadas entre os quadrantes 3 e 4. Tais são, por exemplo, os asiático-americanos, que frequentemente se encontram marginalizados e tratados como "estrangeiros eternos" ou "brancos honorários". Pode-se identificar empiricamente como esses indivíduos são tratados, às vezes como outras pessoas no quadrante 3 ("não participantes") e às vezes como pessoas no quadrante 4 ("participantes")[109].

**Quadrante 4:** *os de fora participantes.* Olhando mais de perto para este quadrante, podemos identificar seu propósito e intenção específicos na contribuição para – *precisamente sendo de fora, com suas perspectivas particulares e os dons que trazem* – o bem-estar dos de dentro, especialmente os "ninguém" ou "números dois" (no quadrante 2), os "de dentro não participantes". Essas pessoas podem tornar-se campeãs dos pobres e dos ninguéns, quando muitos participantes de dentro exploram ou ignoram essa subclasse. Aqui, as palavras operativas são "de fora" e "participante" ou "participação". Esses dois descritores são mantidos juntos em tensão, pois cada componente contribui com algo muito particular para a interação entre os de dentro e os de fora, "nós" e "eles". Sociologicamente, o de fora participante clássico é a pessoa inicialmente identificada pelos de dentro como um deles (um de fora com categoria), mas que,

---

[109]. Para a importante questão dos "nacionais hifenizados" (afro-, asiático- e outros americanos), cf. J. Tan (2008, p. 41-56). Eles são às vezes relegados aos quadrantes 3 ou 4 e com quais consequências?

por um processo discernível e mapeável, passa, por estágios estruturados, para um novo *status*[110]. Não mais simplesmente "o de fora", nem um intruso ou turista, ele ou ela agora tem o novo *status* sociológico atribuído de "estranho".

"O estranho" aqui é diferente do peregrino ou "pássaro de passagem". Ele ou ela agora tem o *status* de residente permanente e, como tal, cumpre papéis prescritos e apropriados, claramente delimitados e estrutural e socialmente diferentes de qualquer papel ou *status* ocupado pelos de dentro. Biblicamente, este é o estrangeiro ou "estranho residente" (*gēr*) com direitos e deveres específicos, em contraste com o *nokri* bíblico, o peregrino ou passageiro, a quem é concedida passagem segura, mas que não deve permanecer e que não tem *status* social permanente. Mas os estrangeiros aspirantes ou os estranhos residentes (*gēr*) não podem forçar ou impor-se à comunidade e devem passar pelo período de provação e teste antes de serem aceitos. Uma razão muito significativa para a cautela dos de dentro é que, embora a contribuição do estrangeiro possa ser vivificadora para a comunidade, a experiência mostra que estrangeiros também podem ser mortais. ("Temo que os gregos tragam presentes" diz uma conhecida frase de Virgílio na *Eneida*[111].) Tanto os de dentro como o estranho devem, por um longo tempo, agir com cautela. E o estranho vive em um estado de certa ambiguidade, precisamente por não estar totalmente integrado e nunca vir a ser um de dentro, sendo, portanto, inerentemente marginal. E, contudo, o potencial do estranho ambíguo ou marginal é enorme.

O estranho não é identificável só como alguém de fora, mas também como "um de nós", pois, quando abordamos outras comunidades mediante nosso ministério apostólico, muitas vezes

---

110. Cf. a figura 14, cap. 8. Isso também é altamente relevante para os membros em formação inicial: *por* postulantado, noviciado, primeiros votos ou estudos teológicos, eles passam de de fora/eles para de dentro/nós.

111. Virgílio, *Eneida*, II, 49.

o fazemos como estranhos em suas comunidades. Não devemos imaginar-nos ("nós") como de dentro e os outros ("eles") como os de fora. Jesus identificou seu próprio papel e *status quenótico*, de despojamento: "Eu fui forasteiro" (Mt 25,35). Porque ele mesmo se tornou um estranho, isso o coloca diretamente no quadrante 4 ou em suas margens, ao passo que, se fosse somente e sempre o anfitrião, ele estaria apenas e sempre no quadrante 1. Isso tem consequências profundas para sua maneira de realizar a missão e para nossa maneira de imitá-lo[112].

A propensão a separar, dividir, alocar e estratificar as pessoas é visível ou esconde-se logo abaixo da superfície de qualquer cultura ou grupo social, mesmo o mais esclarecido e comprometido. Jesus estava muito familiarizado com um mundo religioso com essa tendência e esforçou-se não para livrar-se de todas as regras, ou leis, mas para subordiná-las a necessidades e direitos legítimos de pessoas individuais: "[A Lei do] sábado foi feita para as pessoas" (Mc 2,27). Ao identificar cuidadosamente como Jesus aborda a vida comunitária no contexto de sua própria cultura, nós, por nossa vez, podemos esperar construir uma comunidade intercultural a partir da matéria-prima de várias culturas e de muitas pessoas diversas.

### A solução de Jesus: remover a barreira[113]

Como Paulo diz muito liricamente, "[A] Lei tomou conta de nós para nos conduzir a Cristo, a fim de que fôssemos justificados pela fé. Mas, chegada a fé, já não precisamos da Lei. Todos vós sois filhos de Deus pela fé em Cristo Jesus, pois todos vós, que fostes batizados em Cristo, vos revestistes de Cristo. Já não há judeu nem grego, nem escravo nem livre, nem homem nem mulher, pois todos vós sois um só em Cristo Jesus" (Gl 3,24-28 = Cl 3,11; 1Cor 12,12-13).

---

112. Cf. K. Koyama (1993, p. 183-295) e A. J. Gittins (1994, p. 164-182).
113. Cf. A. Walls (2002, p. 72-82).

Esse discurso revolucionário obviamente não elimina a distinção de gênero entre homens e mulheres mais do que a distinção étnica entre judeu e grego, ou a social entre o escravizado e a pessoa livre. Mas abole as distinções morais e legais que contaminam todas as culturas da terra e permitem que as pessoas usem diferenças simples para justificar a discriminação. Daí em diante, os cristãos são chamados a serem decididamente contraculturais em relação a seus semelhantes. Mas isso se mostrará quase surpreendentemente difícil por causa da falha cultural e nossa propensão pecaminosa de separar e discriminar onde Deus reuniu e abençoou. Depois de dois mil anos, não desenvolvemos um instinto muito bom para administrar a diversidade, e ainda assim o jeito de Jesus e seu exemplo nos encaram e desafiam, desde o início.

O último capítulo terminou com uma bem conhecida citação de Filipenses 2, mas, quanto ao assunto da não discriminação e da cooperação mútua, Paulo diz praticamente a mesma coisa, em termos diferentes, aos romanos, aos gálatas e aos coríntios. Assim instrui os romanos: "Nós, que somos fortes, devemos suportar as fraquezas dos fracos e não olhar apenas para nosso interesse. Cuide cada um de agradar o próximo para seu bem, para sua edificação [...]. Que o Deus da perseverança e da consolação vos dê harmonia de sentimentos em Cristo Jesus, para que glorifiquemos com um só coração e uma só voz a Deus" (Rm 15,1-2.5-6). Imediatamente antes disso, ele os havia alertado: "Recomendo a todos e a cada um de vós que não faça de si próprio um conceito maior do que convém [...]. Seja sincera vossa caridade. Detestai o mal e apegai-vos ao bem. Sede cordiais no amor fraterno entre vós. Rivalizai na mútua estima" (Rm 12,3.9-10).

Aos gálatas, ele é mais sucinto: "Se vivemos do Espírito, andemos também segundo o Espírito. Não cobicemos glória vã, provocando-nos e invejando-nos uns aos outros" (Gl 5,25-26). E implora assim aos coríntios: "Exorto-vos, irmãos [e irmãs], pelo nome de nosso Senhor Jesus Cristo: estai de acordo no que falais, e não haja divisões entre vós; antes, sede bem unidos no mesmo pensar e no mesmo sentir. Digo isso, irmãos, porque soube [...] que há discórdias entre vós" (1Cor 1,10-11).

Paulo, evidentemente, sentiu que precisava, com frequência, instruir suas várias comunidades sobre este assunto: a falha cultural é perniciosa e generalizada. Além disso, ele não apenas critica ou encoraja, mas também oferece uma explicação completa para as dificuldades que as comunidades enfrentam e para as respostas que elas buscam. Paulo está perfeitamente ciente de que o fruto de um propósito e um coração em comum não é produzir clones. Evidentemente, a diversidade deve ser compatível com a unidade. Mas na Carta aos Efésios[114], escrita quando estava preso em Roma, nos últimos anos de sua vida, ele tem condições de articular suas ideias maduras e sua tese em alguns detalhes, mostrando precisamente como Jesus abordou a diversidade que produz divisões na sociedade e contrapõe as pessoas. Ele começa assinalando a polarização "nós"/"eles" em sua sociedade. "Vós estáveis mortos", ele diz, "segundo a maneira de viver deste mundo." Em outras palavras, esses efésios eram "eles", literalmente opostos a "nós" (e Paulo conta seu antigo eu, de antes de sua conversão, entre "eles"; cf. Ef 2,1-3). Mas foi precisamente por Cristo que Deus restaurou as pessoas à vida: "Foi do agrado de Deus [...], por meio dele, reconciliar tudo consigo mesmo" (Cl 1,19-20). Desenvolvendo esse tema, Paulo, então, identifica os neófitos como recém-redesignados de "eles" para "nós", porque em Cristo não há mais divisão. Os próprios judeus classificavam os pagãos como "eles", os incircuncisos, mas Jesus mesmo os reclassificou como entre "nós" pelo Batismo na comunidade cristã: "Lembrai-vos, pois, de que antigamente vós, pagãos de nascimento – chamados 'incircuncisos' pelos que se chamam 'circuncidados', por causa da circuncisão que por mãos se faz na carne –, estivestes, então,

---

114. A autoria paulina de Efésios é contestada, mas esses sentimentos certamente se harmonizam com os de Paulo.

sem Cristo, afastados da cidadania de Israel, estranhos às alianças da promessa [...]. Ao passo que agora, em Cristo Jesus, vós, que antes estáveis longe, fostes aproximados pelo sangue de Cristo" (Ef 2,11-13).

Paulo, então, mostra como essa linha divisória cultural entre "os de dentro" e "os de fora" já não existe mais para aqueles que pertencem à comunidade cristã – embora ele saiba perfeitamente bem que ela continua perversamente a existir e a fortalecer-se na sociedade civil. Os versículos seguintes são decisivos: "*Ele é a nossa paz*, ele que de dois povos fez um só, derrubando o muro de separação, a inimizade, em sua própria carne" (Ef 2,14, itálico meu). E isso "para fazer em si mesmo, dos dois, um só homem novo. Estabeleceu assim a paz, reconciliou ambos com Deus em um corpo pela cruz e matou em si mesmo a inimizade" (Ef 2,15-16). Paulo conclui que, porque Jesus literalmente colocou sua vida na linha da separação e da discriminação, a distinção "nós"/"eles" não mais existe. Ele uniu novamente o que a humanidade dividira: "Já não sois estrangeiros [*gēr*] e hóspedes [*nokri*, 'eles'], mas concidadãos dos santos ['nós'] e membros da família de Deus" (Ef 2,19).

Isso nos traz de volta ao tipo de comunidade que Deus tinha em mente no início: uma comunidade de "nós", na qual a oposição "nós" e "eles" é resolvida e a divisão é curada. É uma exposição magnífica de como o cristianismo tem a capacidade de promover a dignidade da diferença e de usar a diversidade para desenvolver as pessoas e a sociedade, em vez de destruí-las. Mas continua sendo um sonho impossível, a menos que as pessoas – e os cristãos *a fortiori*, já que o professamos publicamente – se esforcem para torná-lo realidade. Assim, uma das principais tarefas das pessoas em comunidades interculturais é identificar cuidadosamente o que separa e divide seus membros e, então, com igual cuidado, tentar fazer precisamente aquilo por que Jesus deu sua vida: a reconciliação da humanidade e a criação de comunidades nas quais a diferença possa florescer para o bem comum. Como Paulo lembrou e encorajou a comunidade em Corinto: "Assim como o corpo é um só apesar de ter muitos membros, e todos os membros do corpo, embora muitos, são um só corpo, assim é Cristo. Pois todos nós fomos batizados em um só Espírito [...] e todos bebemos do mesmo Espírito" (1Cor 12,12-14).

A responsabilidade comum dos membros de comunidades interculturais é trazer isso para mais perto da realidade, identificando nossas diferenças culturais e buscando curá-las no espírito de Jesus.

**Sugestões para continuidade**
1. Identifique algumas diferenças óbvias entre as pessoas e discuta os critérios de aceitabilidade dentro de sua comunidade.
2. Você pode aceitar ser um "estranho" e identificar algumas de suas potenciais vantagens?
3. Discuta como é possível para uma comunidade marginalizar alguns de seus membros.
4. Use Efésios 2 (com várias traduções) como um ponto para discussão na comunidade.

# 11
## Comunidade, *communitas* e vida plena

**O sentido de tudo**

Os realistas não devem ter uma compreensão romantizada do quão bom e alegre seja para irmãos e irmãs viverem juntos em unidade (a linha de abertura frequentemente cantada do Salmo 133: *Ecce/O quam bonum et quam jucundum habitare fratres in unum*). Deveria ser óbvio para todos – pela experiência ou pela leitura – que viver dessa maneira exige muito trabalho e comprometimento. Como observado repetidamente, trata-se de um empreendimento essencialmente baseado na fé: não somos "colegas" em uma corporação multinacional, mas membros de uma família tentando viver juntos como discípulos mutuamente endividados. Portanto, nossas melhores aspirações devem encontrar sua *raison d'être* não em simples considerações pragmáticas, mas em necessidades pessoais e pastorais muito mais profundas: somos movidos pela fidelidade corporativa à missão de Deus pela comunidade em que vivemos.

Em um nível individual, a vida intercultural é exigida como constitutiva de nosso comprometimento de vida, como membros de comunidades internacionais, em um mundo globalizado e multicultural, para nossa conversão ou transformação contínua. Pastoralmente, é exigida em virtude dos requisitos intrínsecos do ministério com que estamos comprometidos. Dado que o que eram comunidades amplamente monoculturais (mesmo em congregações ou ordens internacionais) são agora cada vez mais multiculturais e multiétnicas, é simplesmente impossível operar como em tempos passados: uma nova forma de vida religiosa luta para nascer. Hoje, quando comunidades locais de congregações internacionais compreendem pessoas de vários grupos linguísticos e étnicos, o modelo "assimilacionista" de recrutamento é menos do que inadequado: é prejudicial tanto para os indivíduos como para a comunidade mais ampla.

No futuro, então, parece que o desenvolvimento de ordens religiosas internacionais ocorrerá por fissão ou por fusão. No primeiro caso, se certos grupos linguísticos ou étnicos forem fortes e os membros acreditarem que podem gerir-se melhor de modo independente, então a fissão – ou "desenvolvimento separado" – é um resultado provável. Sinais disso já são visíveis em regiões do mundo dentro e além do berço, em grande parte europeu, da vida religiosa, onde formas de tribalismo, divisões étnicas e inimizades históricas não são esquecidas. Tais sinais são uma indicação e um lembrete do quão desafiador é viver juntos e do quão mais fácil e atraente a opção de fissão pode parecer. Mas isso equivaleria a uma traição de nosso compromisso comum. Além dessas razões, no entanto, há outra: onde os membros não têm algumas habilidades vitais ou simplesmente não têm as ferramentas para lidar com os desafios contemporâneos apresentados por diferenças pessoais, étnicas, linguísticas ou históricas, a fissão é quase inevitável. O propósito deste livro é localizar e fornecer algumas dessas ferramentas.

É irônico e escandaloso que, na proporção em que o número de religiosos euro-americanos continua a cair vertiginosamente, e a maior parte do crescimento ocorre em outros continentes, particularmente África e Ásia, algumas das tensões étnicas que atormentaram a Europa estão se revelando também nesses territórios. O resultado é que em algumas comunidades internacionais e multiculturais os sinais de ruptura ou fissão são abordados pela multiplicação de províncias ou regiões, mesmo dentro de uma única área nacional ou linguística. Onde isso ocorre, as comunidades podem permanecer "internacionais". Mas, sem um compromisso com a vida intercultural, elas inevitavelmente se fragmentarão, pois as demandas de diferentes culturas e etnias são abordadas à custa de um espírito internacional evolutivo de cooperação e um *esprit de corps*. Santayana estava certo: "Aqueles que não conseguem lembrar-se do passado estão condenados a repeti-lo" (1998). Condenados talvez não, mas estão claramente comprometidos se não aprenderam.

Isso nos leva ao segundo caso: a alternativa à fissão da comunidade é a fusão, ou construir o futuro sobre as bases sólidas da vida intercultural, o que requer uma mentalidade de "desenvolvimento integral" e a dedicação a ele. Nos capítulos anteriores, exploramos vários desafios enfrentados por membros comprometidos com a vida intercultural. O propósito principal e essencial da vida intercultural nunca deve ser a sobrevivência institucional. Em vez disso, as comunidades devem comprometer-se com a vida intercultural para permitir que os membros sejam mais focados e comprometidos com o aspecto "missional" de seu carisma. "Missional" – palavra cunhada pelos presbiterianos estadunidenses como contraste para o termo "missionário", como substantivo e adjetivo – pode ajudar-nos aqui. Classicamente, "missionário" denotava tanto um grupo de elite de "especialistas" trabalhando longe de casa quanto seu ministério "especial" de pregar e levar o Evangelho a pessoas sem ele. Mas isso tendia a deixar as pessoas em casa para simplesmente se concentrarem em suas próprias paróquias ou cenas domésticas. Faltava a tais especialistas principalmente um senso de missão, porque a palavra em si era inevitavelmente pluralizada e ligada à palavra "estrangeiro", como em "missões estrangeiras", enquanto "missão" em si era frequentemente entendida de forma muito restrita, focada em estender a Igreja e fazer convertidos. Como, porém, muitas paróquias entraram em declínio acentuado, porque seu foco estava voltado para dentro e preocupado basicamente com sua própria sobrevivência enquanto seus membros atuais morriam, o entendimento do que era missão em si estava mudando. "Missional" foi cunhado para denotar qualquer pessoa ou paróquia, fortalecida pelo Batismo, com uma paixão por extensão e inclusão, independentemente de quão longe ou perto de casa ela pudesse estar.

Quando a ênfase foi colocada mais diretamente no envolvimento além dos confins da paróquia, em vez de simplesmente na sua manutenção aquém, em abrir os limites, em vez de protegê-los, muitas paróquias moribundas começaram a experimentar uma nova oportunidade de vida e senso de propósito: elas descobriram uma razão de ser mais profunda, que realmente reviveu muitas comunidades moribundas. O axioma então se tornou: "Todos nós devemos tornar-nos missionais", ou morreremos e falharemos em nossa responsabilidade para com aqueles que estão nas margens: pessoas sem-teto, indigentes, excluídas, desprezadas que, entretanto, continuam sendo nossos irmãos e irmãs. O Papa Francisco tem a mesma mensagem com uma terminologia antiga: ele diz que *todos* são chamados a ser um "discípulo missionário", não há outro tipo de discípulo de Jesus[115]. A vida intercultural, então, também deve ter um foco missional ou corre o risco da esclerose da superinstitucionalização. Para indicar como e por que temos a responsabilidade moral e batismal de escolher esse foco, exploraremos a formação, a natureza e as perspectivas de longo prazo da comunidade.

**Comunidade e institucionalização**

Podemos identificar três tipos de comunidade ou estágios de desenvolvimento comunitário: a comunidade espontânea (ou *communitas*), a normativa (ou institucionalizada) e a mecânica (ou moribunda).

---

115. Papa Francisco, *Evangelii Gaudium* (Sobre a alegria do Evangelho), 120, https://www.vatican.va/content/francesco/pt/apost_exhortations/documents/papa-francesco_esortazione-ap_20131124_evangelii-gaudium.html.

A *comunidade espontânea* é uma condição ou situação que, na verdade, precede uma comunidade estabelecida e estruturada. É quase uma pré-comunidade ou paracomunidade. Três exemplos podem ajudar. Primeiro, o "momento de Pentecostes": um grupo multicultural de judeus devotos se reuniu para uma festa judaica, sem nenhuma antecipação possível de um resultado inesperado (cf. At 2). Mas, então, eles ficaram "profundamente impressionados" (2,7) e incapazes de explicar o que estava acontecendo ou o que aquilo poderia significar: vento, barulho, algo como línguas de fogo – e pessoas falando e entendendo línguas estrangeiras (2,2-4). Enquanto alguns deles estavam simplesmente "zombando" (2,13) e acusavam seus companheiros judeus de ilusão intoxicada, Pedro se dirigiu à multidão e declarou que aquilo era um ato poderoso de Deus, e três mil foram adicionados à incipiente comunidade cristã (2,41). Aqui, temos uma comunidade espontânea, que se tornará estruturada e organizada gradualmente.

Segundo, considere os "momentos fundadores" em comunidades religiosas: os relatos (às vezes pouco menos do que escrupulosamente exatos), passados anos, ou séculos depois, contam histórias com muitas características comuns. Assim como aqueles que "zombavam" do "momento de Pentecostes", algumas pessoas no "momento fundador" diriam (e disseram) que os membros do grupo eram loucos, iludidos ou irremediavelmente românticos. Não obstante, um pequeno grupo – com um sonho incrivelmente ambicioso, pouco ou nenhum dinheiro ou recursos, e muitas vezes sem nenhum apoio de autoridades eclesiásticas, ou mesmo sob sua oposição direta –, inspirado por um sonho, se compromete totalmente, de corpo e alma, com sua realização. Essa é uma comunidade espontânea, sem estrutura ou organização, unida por um sonho e pouquíssimo mais que isso.

Terceiro, se riscarmos um fósforo e ele acender, há um breve momento de combustão e uma explosão de energia incandescente. Esse clarão inicial é todo chama e poder, muito parecido com os primeiros momentos de uma comunidade espontânea. Mas, imediatamente em seguida, o fósforo ou papel comprimido pega fogo, e a explosão inicial de energia se estabelece em uma chama constante à medida que começa a queimar a haste do palito de fósforo. A chama espontânea é prolongada em uma chama constante ou cintilante apenas por causa do palito de fósforo que a sustenta. Se não houvesse uma haste do palito que sustentasse o fragmento de fósforo, a incandescência estaria momentaneamente viva e morreria imediatamente. Este também é um exemplo da energia característica ou "espontânea" na comunidade espontânea.

A *comunidade normativa* começa, por assim dizer, *quando o fogo é direcionado ou controlado*, assim como a chama do fósforo se instala na haste do palito após a incandescência inicial e queima enquanto houver madeira ou material combustível: um palito de fósforo de quinze centímetros queimará por muito mais tempo do que um de cinco, embora o fósforo inicial seja o mesmo em ambos os casos. Mas é necessário mover e girar continuamente o palito de fósforo para capturar o ar disponível necessário para sustentar a chama. Deixado sem cuidados, um palito de fósforo de quinze centímetros não queimaria todo o seu comprimento, mas morreria muito antes que a chama queimasse além da metade do palito. Ele deve ser virado e gentilmente estimulado para manter a chama viva (lembre-se de São Paulo recordando a Timóteo de "reavivar o dom" [2Tm 1,6], a chama). Se a comunidade espontânea é gerada com a combustão inicial, então a comunidade normativa começa quando a explosão se adapta a uma chama constante. Como isso acontece quando pessoas, em vez de palitos de fósforo e fogo, estão envolvidas?

O início da comunidade normativa pode ser identificado como o momento em que, pela primeira vez, alguém pronuncia as palavras: "Precisamos ter uma reunião!" Há verdade nessa declaração que soa frívola, porque antes de reuniões, cronogramas, rotinas ou tarefas não havia apenas caos, mas espontaneidade verdadeira. As pessoas trabalhavam até ficarem exaustas, comiam – se houvesse comida – quando estavam com fome voraz e dormiam onde e quando podiam. Naquela fase inicial da comunidade espontânea, os recursos eram muitas vezes mínimos e a organização racional ou rotinização ainda não havia ocorrido. Uma moradia permanente e uma receita regular estavam longe de ser uma realidade, e os números eram poucos. O movimento da comunidade espontânea para a normativa se desenvolve em resposta ao aumento dos números e ao desenvolvimento de um foco mais claro e abrangente da comunidade. A comunidade em crescimento agora precisa de alguma ordem e de um modo de vida mais normatizado. As pessoas não podem mais trabalhar até ficarem exaustas e simplesmente se jogarem em cada necessidade percebida: refeições e espaço pessoal, orações e a distribuição de vários trabalhos devem ser organizados para o bom andamento da vida diária. Quando a regra e as constituições são aprovadas, uma comunidade já se tornou normativa, ou seja, adaptada para a sobrevivência a longo prazo.

Existe uma relação mútua entre a comunidade espontânea e a normativa, mas, antes de explorar isso, um terceiro tipo de comunidade deve ser nomeado.

A *comunidade mecânica* pode ser identificada de várias maneiras. O sociólogo Émile Durkheim distinguiu comunidade *mecânica* de *orgânica*. Um exemplo da primeira pode ser uma parede de tijolos: cada tijolo é uma sua parte constitutiva, mas, obviamente, não há compromisso ou relacionamento individualmente entre os tijolos. A solidariedade orgânica requer uma expressão intencional de "um por todos e todos por um", dedicada a um fim além e maior do que qualquer indivíduo possa alcançar sozinho. A solidariedade mecânica pode ser vista no comportamento instintivo que une um cardume de peixes. Em outras palavras (embora de forma menos atraente), esta última também pode descrever as pessoas em uma liturgia paroquial. Pode-se pelo menos dizer que os peixes têm um propósito comum, mesmo que nenhum deles individualmente esteja ciente disso. Nem sempre, porém, pode-se dizer o mesmo de pessoas que se reúnem para algumas liturgias. Por outro lado, a solidariedade orgânica se expressa no trabalho em equipe de um time de jogadores de futebol. "Ela se manifesta por um grupo de pessoas agindo em uníssono; e, embora cada pessoa tenha uma responsabilidade diferente, o resultado de todo o grupo depende do comprometimento de cada indivíduo" (Gittins, 2002b, p. 74). Há um "quadro geral" que é explicitado e abraçado por todos. A força incomum da solidariedade orgânica está no fato de ela poder produzir grandes avanços e uma criatividade surpreendente.

Mas há outra maneira de descrever a solidariedade puramente mecânica: um grupo de pessoas vivendo sob o mesmo teto e aceitando alguma responsabilidade formal, mas sem nenhum senso real de comprometimento ou responsabilidade mútua. Isso está muito mais próximo da solidariedade mecânica do que da orgânica. A história das ordens monásticas oferece inúmeros exemplos dessa falta de fogo e entusiasmo (ou da extinção do fogo) e de um declínio inevitável em direção à morte. No século XVI, a cozinha do abade (não a cozinha de toda a comunidade, mas a que atendia apenas às necessidades pessoais e sociais do abade) na Abadia de Glastonbury, na Inglaterra, era grande o suficiente para assar quatro bois simultaneamente e até cem cisnes, gansos ou patos: uma indicação segura de zelo religioso esgotado e uma traição dos princípios da vida comunitária monástica.

### *Communitas*: comunidade com uma missão[116]

Outro nome para comunidade espontânea é *communitas*. Mas a palavra não é autoexplicativa, e uma maneira fácil de lembrar disso é como "comunidade com uma tarefa" – diferente de qualquer outra comunidade que possa ter se perdido. Naquela

---

116. Este conceito foi explorado e elaborado pelo antropólogo social Victor Turner em uma série de publicações importantes. Embora se aplicasse originalmente a sociedades de pequena escala na África, desde então foi amplamente expandido e atualmente é usado de modo geral por liturgistas e missiólogos, bem como por cientistas sociais.

explosão de energia espontânea, naquela fusão de visões, naquele comprometimento mútuo – um com o outro e com o próprio ideal –, não há absolutamente nenhuma dúvida de que a pequena comunidade sabe a *que* se dedica, embora não saiba precisamente *como* prosseguirá ou atingirá seu objetivo. Ela tem claro seu objetivo, ainda que não o sejam seus meios ou os recursos que conseguirá gerar. A *communitas* é às vezes descrita como "antiestrutura": pode ser um estágio ambíguo ou intersticial no caminho para uma organização social mais formal. Mas sua própria "antiestrutura" (seja resistindo conscientemente às tendências de criar estrutura, seja simplesmente lutando para encontrar seu caminho) é, de forma paradoxal, previsivelmente imprevisível. A experiência do noviciado – quando os novatos são testados e nem sempre têm clareza sobre o caminho a seguir – pode gerar *communitas*, um verdadeiro vínculo entre pessoas passando por uma experiência comum que acreditam ser digna e valiosa, mas cujo controle não está inteiramente em suas mãos (Eilers, 2012, p. 116-117). Tal vínculo, porém, não é automático, e o processo pode não ser positivo para alguns, ou para nenhum, dos participantes. Supondo, entretanto, que a experiência da *communitas* continue a inspirar e atrair participantes, podemos identificar uma série de características que a tornam poderosa e transformadora, e não só para eles, mas também para futuros beneficiários.

A *communitas* é marcada pela elevada carga energética dos envolvidos: todos estão alertas e vivos. Ela evoca respostas criativas, em vez de simplesmente racionais, a situações imprevisíveis. Ela ressoa com perguntas nascidas da experiência, indagando-se: "e se?" ou "por que não?", em vez de satisfazer-se com respostas como: "não podemos fazer isso" ou "isso é impossível" ("porque não podemos pagar/não temos pessoal suficiente/isso não foi feito antes"). Acima de tudo, aqueles que estão envolvidos na experiência da *communitas* são totalmente dedicados, tanto uns aos outros como ao objetivo distante e invisível.

A *communitas* é exatamente o oposto da rotina organizada. Inspira verdadeiro heroísmo e sempre enfrenta uma tarefa significativamente maior ou mais desafiadora do que pessoas comuns ou "normais" pensariam em empreender. Longe de contentar-se com o que parece razoavelmente possível, o *éthos communitas* é idealista e utópico em seus sonhos. Mas isso também pode tornar certos tipos de *communitas* altamente voláteis e perigosos. Basta pensar em Jim Jones ou David Koresh – ou alguns jihadistas e grupos identificados como fanáticos – para saber que as pessoas podem unir-se e ser movidas por uma missão comum e perigosa que também é totalmente destrutiva e o exato oposto de um empreendimento nobre ou divino. E, tragicamente, houve cristãos fanáticos e motivados por – literalmente – um zelo de cruzada ou febre proselitista.

Assim, a *communitas* pode ser gerada em uma transformação semelhante a um Pentecostes, um momento fundador de uma comunidade religiosa, um processo de iniciação em uma sociedade tradicional, ou as percepções, a *mistagogia* e o vínculo produzidos pelo Rito de iniciação cristã (RICA). Além dos relatos de Pentecostes, podemos pensar no envio dos setenta discípulos (Lc 10,17-20), na transfiguração (Lc 9,28-36), na Igreja pós-Pentecostes (At 2,42-47), ou em um relato da *Carta a Diogneto*, do séc. II, que descreve os cristãos da seguinte maneira: como

> reconhecidamente extraordinários. Eles residem em seus respectivos países, mas apenas como estrangeiros. Participam de tudo como cidadãos e suportam tudo como forasteiros. Cada terra estrangeira é seu lar, e cada lar uma terra estranha [...]. Os cristãos estão trancados no mundo como em uma prisão, mas são eles precisamente que mantêm o mundo unido [...]. Quando penalizados, mostram um aumento diário em números por conta disso. Tal é o lugar de destaque ao qual Deus os designou, e eles não têm liberdade para abandoná-lo (Quasten; Plumpe, 1948, p. 139-140).

## Comunidade normativa: a institucionalização do carisma

Como um palito de fósforo, uma vez riscado, produz uma ignição crescente e um breve momento de incandescência e, então, continua a queimar com uma chama constante ou cintilante, assim a explosão de energia inicial da qual brota a erupção primordial da *communitas* não pode durar indefinidamente. Ela pode continuar a gerar calor e luz, mas muito rapidamente a incandescência se transformará em uma chama constante. É assim que a comunidade espontânea ou *communitas* se estabelecerá ou se tornará uma comunidade normativa ou *institucionalizada*. À medida que uma comunidade bruta se organiza, estruturas são necessariamente produzidas para garantir um funcionamento tranquilo, eficiência, divisão de trabalho e estabilidade, ou pelo menos sobrevivência, a longo prazo. Esta é a vida institucionalizada: muito mais ordenada e previsível do que a vida da *communitas*, seu propósito essencial é a manutenção da comunidade ao longo do tempo. Se, aqui, contrastarmos grosseiramente missão e manutenção, a *communitas* foca na missão enquanto a *institucionalização* tenta garantir a manutenção. Assim como missão e manutenção devem ser mantidas em tensão, o mesmo ocorre com a *communitas* e a *institucionalização*: ambas são necessárias. A menos que a explosão inicial de energia da *communitas* seja sustentada ao longo do tempo, uma comunidade incipiente simplesmente se esgotará – como um palito de fósforo aceso privado de ar.

A *communitas*, então, realmente precisa da *institucionalização* se a comunidade e sua missão devem sobreviver. Mas a comunidade normativa ou institucionalizada também precisa ser inspirada por explosões periódicas de energia da *communitas*, para que não se acomode em uma rotina confortável, mas sem inspiração, e a energia e o comprometimento dos membros se tornem difusos e drenados da paixão e da convicção que marcaram o momento original da *communitas*. A comunidade institucionalizada pode ser muito eficaz em garantir uma distribuição eficiente do trabalho, mas, sem a animação, a inspiração e a criatividade que marcam a *communitas*, ela se tornará excessivamente cautelosa, indevidamente prudente, judiciosamente equilibrada e comum, em vez de ousada e aberta ao risco e ao Espírito. Muitas características da vida comunitária normativa ou institucionalizada são projetadas para evocar a energia da *communitas*: capítulos provinciais ou gerais, retiros anuais ou a celebração de jubileus ou centenários.

A comunidade espontânea (*communitas*) tem a capacidade de gerar o tipo de impulso necessário para que um avião decole, enquanto o voo sustentado e nivelado é como o funcionamento suave da comunidade normativa. Mas a renovação da comunidade a longo prazo sempre requer a redescoberta da energia da *communitas* por causa da entropia: uma comunidade sem a energia da *communitas* se tornará como um fogo que perde sua chama e gradualmente esfria. A menos, portanto, que a centelha da *communitas* possa ser acesa novamente na pederneira da comunidade, se esgotarão as ideias criativas e a generosidade de espírito do grupo. A comunidade espontânea (*communitas*) é para a comunidade normativa e institucionalizada o que a chama é para o carvão, o que a centelha é para a pederneira ou o que o combustível é para o foguete. "Ambos são necessários, mas o agente ativo é a *communitas*. Quando a chama morre, quando a faísca falha, quando o combustível se esgota, nenhum carvão pode produzir calor, nenhuma pederneira, chama, nenhum foguete, decolagem" (Gittins, 2002b, p. 79) – e nenhuma comunidade normativa pode gerar a paixão e a convicção necessárias para ela permaneça fiel à missão de Deus e à própria. A questão, então, é: quanta *communitas* é necessária para garantir que adequadas explosões periódicas de energia mantenham a comunidade focada na missão, em vez de simplesmente na manutenção?

**Comunidade mecânica**

Há ainda algo a ser dito sobre a comunidade mecânica. Nosso tópico é construir e fortalecer comunidades interculturais, e nossa suposição subjacente é que qualquer pessoa que leia este livro traz uma atitude positiva para tal empreendimento. Comunidade mecânica é uma condição patológica que descreve uma comunidade rumando para o declínio terminal. Todavia, ao identificar alguns sintomas perigosos que podem desenvolver-se em uma comunidade intercultural, essa direção ainda pode ser revertida, não é inevitável, e a conversão é sempre possível.

O primeiro sintoma, mais óbvio, seria um rompimento na comunicação interpessoal. A comunidade pode parecer estar funcionando efetivamente, mas certas formalidades começariam a substituir o interesse mútuo autêntico. Os quadros de avisos podem garantir o fluxo eficiente de informações, mas à custa da comunicação real. A liturgia e a oração comum podem continuar, mas com o recurso cada vez maior a fórmulas padronizadas e ritualismo crescente, em vez de um ritual criativo e vitalizante. Segundo, haveria um perceptível voltar-se para dentro, em vez de estender o alcance do ministério para as margens, com e para as pessoas que ali vivem.

Anos atrás, o sociólogo Georg Simmel identificou isso como uma tendência – especialmente, segundo ele, entre pessoas mais velhas – a viver "ou de forma totalmente centralizada, abandonando e desconectando de sua vida essencial e de suas necessidades internas aqueles interesses periféricos; ou seu centro atrofia e sua existência segue seu curso apenas em detalhes isolados e insignificantes, acentuando meros aspectos externos e acidentais" (1959, seção 22; 1971, p. 191-192). Ele tem razão, embora sua aplicabilidade certamente não se limite aos idosos ou aos homens. E o que ele chama de "interesses periféricos" se refere àquelas coisas que antes eram de vital importância (o que seria central para nossa vocação), mas não o são mais. De fato, no mesmo ensaio, Simmel escreveu que a aventura é algo que começa na periferia de nossa vida, mas chega até o centro, o que parece aplicar-se muito bem à experiência dos membros de uma comunidade intercultural. Além disso, ele coloca o dedo infalivelmente em uma característica daqueles cuja comunidade se tornou esclerosada e patológica: a concentração em "aspectos externos e acidentais", como jogar muito golfe, assistir a muita TV, ler muitos romances e autoindulgência crônica. O quanto de "energia" se gaste nisso ou quanto dessas coisas seja "demasiado" é questão de julgamento e discernimento. Mas qualquer comunidade cujos membros não conseguem direcionar suas energias centrifugamente para a missão é uma comunidade que se move invariavelmente em direção à sua própria morte.

**Quanta energia-*communitas* é necessária?**

Todo automóvel requer combustível e todo fogo precisa de uma fagulha. Então, o que podemos dizer sobre a energia-*communitas* necessária para manter uma comunidade fiel à missão e viver uma vida com propósito? Ofereço, aqui, pouco mais do que um possível dispositivo heurístico ou "procedimento de descoberta", e não, certamente, um modelo científico precisamente regulado, como um modo de identificar se há energia, impulso ou comprometimento ("massa crítica") suficiente para sustentar uma comunidade em sua fidelidade ao carisma e à missão.

Para responder à pergunta – de vital importância para o futuro de qualquer comunidade, numerosa ou pequena, jovem ou velha –, é preciso pedir que cada pessoa declare sua posição acerca do projeto comum ou comunitário e seu comprometimento com ele[117]. Assim, imagine uma comunidade de cem pessoas (figura 18) na qual até vinte são apaixonadas, comprometidas e promovem ativamente a missão da comunidade. É importante, em seguida, identificar as disposições do resto da comunidade. Provavelmente há alguns membros que são "aproveitadores"[118], "de corpo mole",

---

117. O projeto comunitário é identificado no cap. 2.
118. R. Dunbar (1999, p. 194-213) tem um cap. muito útil sobre o assunto. Segundo ele, "aproveitadores (aqueles que recebem benefícios derivados de contratos sociais enquanto permitem que todos os outros paguem o custo) tornam-se um problema particularmente intrusivo" (p. 194). Veja também R. Stark (1995, p. 174-179). E em seu famoso *Dictionary of the English Language* ["Dicionário da língua inglesa"], o Dr. Samuel Johnson descreve um "abana-moscas" [*abbey-lubber*, no original em inglês] como "um preguiçoso vagabundo em uma casa religiosa, sob o pretexto de aposentadoria e austeridade".

"abana-moscas" ou "resistentes"[119], mas, se forem relativamente poucos, não devem comprometer seriamente a missão. Se cada membro da comunidade tiver sido questionado pessoalmente, não deve ser muito difícil avaliar os números. Então, se identificarmos positivamente até 20% da comunidade engajados ativamente e com garra, e negativamente outros 20%, correspondentes aos alienados, resistentes ou não envolvidos com o projeto comunitário, ainda resta uma maioria (60%) que podemos designar como "grupo central". O diagrama se parece com isto:

### EM BUSCA DA "MASSA CRÍTICA"

| Energia positiva | Grupo central | Energia negativa |
|---|---|---|
| 20% | 60% | 20% |

Figura 18

As pessoas no grupo central são, verdadeiramente, fundamentais para a realização e a sobrevivência da comunidade. Algumas delas, e talvez a maioria, podem ser idosas, enfermas ou incapacitadas, mas também estarão entre os membros mais dedicados e fiéis da comunidade. Supondo que uma comunidade possa contar três quartos desse grupo essencial (3/4 de 60% = 45% do todo) como zelosos e comprometidos com a missão da comunidade, isso permitiria identificar o outro quarto (1/4 de 60% = 15% do todo) constituído de mornos, entorpecidos, procrastinadores ou não confiáveis, ou como o filho que disse ao pai que iria à vinha, mas depois não o fez (Mt 21,30), embora não sejam alienados ou ativamente resistentes. Assim, chegamos a um cálculo aproximado (figura 19). O número de 65% de energia positiva é composto dos 20% de energia positiva mais 3/4 dos 60% (o grupo fundamental). Os 35% de energia negativa são compostos dos 20% de resistentes ou aproveitadores, mais 1/4 dos 60% do grupo fundamental. Então, com uma maioria

---

119. *Resisters*, em inglês, é composto de "re" e "irmãs" (*sisters*). É claro que não são apenas as irmãs que se tornam "re-sistentes", mas não consigo encontrar uma palavra adequada para descrever os irmãos ou irmãs que resistem.

de quase dois terços da comunidade gerando muita energia ou apoiando aqueles que a têm, pela oração, pelo apoio moral e pela aprovação real, parece que a comunidade certamente tem uma "massa crítica" de energia-*communitas* com a qual permanecer comprometida com a missão.

## CALIBRANDO A "MASSA CRÍTICA"

| TOTAL DE ENERGIA POSITIVA | TOTAL DE ENERGIA NEGATIVA |
|---|---|
| 20% + 45% = 65% | 20% + 15% = 35% |

**Figura 19**

Se, no entanto, o agregado de energia positiva caísse abaixo de 50% de toda a comunidade, seria duvidoso se há uma massa crítica. Nesse caso, algumas pessoas decidiriam deixa a comunidade para juntar-se a uma com mais energia e foco, outras "se aposentariam", deixando de ser responsáveis perante a autoridade legítima. Isso efetivamente sinaliza o fim de qualquer comunidade.

Esta é uma maneira simples e aproximada de identificar a "massa crítica". Originalmente, a frase em si se referia à quantidade mínima de material radioativo que permitiria que uma reação em cadeia prosseguisse, mas serve muito bem para identificar a quantidade mínima de comprometimento missionário necessária para garantir que uma comunidade esteja viva e fiel. Embora esses números sejam aproximados, qualquer comunidade pode fazer cálculos mais precisos sobre a força necessária para moldar políticas futuras. Evidentemente, quanto maior a percentagem de energia positiva acima do limite de 60% (ou menor a percentagem de energia negativa abaixo do limite de 40%), mais vital será uma comunidade e mais comprometida com a missão.

Não há exagero na importância do apoio da maioria do "grupo central", pois o fato de uma comunidade ter números reduzidos ou de estar doente e de envelhecer não é, por si só, impedimento à fidelidade da comunidade à missão. Muitas pessoas, enfermas ou inativas, são grande bênção e recurso para toda a comunidade e além dela, devido a seu zelo missionário e fidelidade intensa. Seu comprometimento pode ser uma inspiração para os 20% positivos, com energia física, mas muito necessitados do apoio moral da comunidade. Alguns dos membros mais velhos foram seus antigos mentores, continuam sendo figuras respeitadas e são dedicados à oração – o dínamo de indivíduos e comunidades.

Um dilema permanece. Os membros mais jovens da comunidade podem não ser culturalmente livres para tomar importantes decisões futuras enquanto os mais velhos vivem. Depois, não terão escolha. Mas, se já não estiverem claras as direções a serem tomadas em vinte anos, como os membros mais jovens de hoje viverão fielmente nesse meio tempo? O dilema deve ser abordado pela liderança atual.

### *Communitas*, liminaridade e criatividade

A energia-*communitas* é um imperativo para a sobrevivência e coloca sérias responsabilidades sobre os membros da comunidade, mas a profunda conexão entre *communitas* e liminaridade também deve ser reconhecida. A *communitas* se refere tanto a um grupo com uma visão comum quanto à energia que ele gera – e, por extensão, se refere também à comunidade com uma massa crítica de comprometimento com o desafio de uma causa nobre. Sua manifestação clássica é a aventura de um processo de iniciação cujo resultado não é claro, mas cujo valor é inquestionável: uma experiência de noviciado, de envio, de retiro ou de compromisso de vida. Durante esse processo, os aventureiros ou neófitos constituem um grupo separado da comunidade mais ampla e, embora mais tarde se reconectem, são, por um período de tempo desconhecido, marginais ou *liminares*, entre uma situação anterior e conhecida e uma subsequente, mas atualmente desconhecida.

*Liminaridade* ou marginalidade se aplica àqueles que são considerados não convencionais, típicos ou mesmo normais. Sua experiência é elevada e intensa, mas pode ser desconhecida ou ser de pouco interesse por parte da maioria. Alguns membros altamente zelosos podem ser marginalizados por outros que se sentem ameaçados ou com inveja: tal é o destino do profeta. Na medida em que são marginalizados ou ignorados, eles são frequentemente vistos como vulneráveis, aflitos e fracos, ou eles mesmos sabem que o são. Nossa tradição está cheia de exemplos de tal fraqueza e sofrimento. Jeremias clama: "Ah! Senhor Deus, eu não sei falar, porque sou ainda um jovem" (Jr 1,6); Deus diz sobre São Paulo: "Eu lhe mostrarei quanto deverá sofrer" (At 9,16), e inúmeros santos e fundadores falam de sua experiência pessoal de vulnerabilidade ou indignidade diante de uma grande missão. *Liminaridade* ou marginalidade é, portanto, mais do que simplesmente fragilidade ou enfermidade: é também força e criatividade potenciais, ou o que poderíamos chamar de *marginalidade criativa*. Seguir essa linha de pensamento nos levaria de volta ao trabalho de Jung Young Lee[120].

Pessoas *liminares* podem formar laços invisíveis de apoio como uma comunidade de iguais, comprometidas com um esforço inspirador, unidas por uma visão comum e confiança mútua. Embora não possam conhecer o futuro, estão apaixonadamente comprometidas com a jornada. Mas, se seu esforço deve dar frutos, é essencial criar e manter a confiança[121]. Se a confiança é perdida, seja entre a liderança e a comunidade mais ampla, seja entre os membros da comunidade em geral, é extremamente difícil recuperá-la. Como, porém, a vida intercultural é um compromisso *baseado na fé*, deve-se, como prioridade urgente, tentar recuperá-la. A *communitas* não é a experiência de um único indivíduo, pois prospera no apoio mútuo de um grupo frágil ou de um grupo de pessoas frágeis. Indivíduos, no entanto, que são criativos, inovadores, visionários e pioneiros, como Jesus, precisam de *communitas*. Embora a *communitas* tenda a não ter estrutura, se faltasse toda a estrutura para apoiá-la e sustentá-la, seria como vinho sem

---
120. Que se pode encontrar no cap. 8.
121. Cf. algumas das condições para a sobrevivência de uma comunidade intercultural no cap. 2.

garrafas. De modo semelhante, a comunidade normativa ou institucionalizada com bastante estrutura, mas sem a infusão de energia-*communitas*, seria como garrafas sem vinho. Vinho e garrafas podem existir independentemente, mas cada um é realçado pela presença do outro. São Paulo expressa essa relação vividamente quando exorta Timóteo a atiçar uma chama no dom de Deus ou "reavivar o dom de Deus que recebeste" (2Tm 1,6). Sem isso, a incandescência original irá desaparecer e falhar.

**Avivar a chama**

Quase quarenta anos atrás, Lawrence Cada e colegas escreveram a respeito da "curva de vitalidade", um jeito de identificar mudanças e estágios de crescimento e declínio na vida religiosa (1973, cap. 3). Como seus membros, uma comunidade é mortal. Ela pode crescer, diminuir e morrer, mas, se for refundada e revigorada em um ponto crucial, pode florescer novamente, desde que explosões periódicas de energia-*communitas* sejam geradas. Beatrice Bruteau, como outros, captou essa questão com perspicácia. Ela fala de crescimento ou decadência institucional como as estações do ano, "culminando no 'inverno' quando estão à beira do colapso" (2005, p. 114). Isso seria devido, com efeito, à mudança de comunidade normativa para mecânica. Nesse ponto, ela acredita, há quatro resultados possíveis: "Confusão, descida ao caos, autoritarismo crescente e mudança transformacional" (*ibid.*). Na terminologia usada aqui, essa mudança transformacional seria o resultado de uma nova infusão de *communitas*, sem a qual uma das outras três possibilidades se materializaria.

Ao considerarmos a longevidade da vida comunitária intercultural, também devemos ser encorajados ao lembrar que a *communitas* é a força vital da vida comunitária e que requer o comprometimento de pessoas que abraçam um grau de marginalidade e vulnerabilidade – pelo reino de Deus. De fato, a liminaridade permanente, como observamos, marcou toda a vida de Jesus: ele viveu à margem da sociedade, experimentou incompreensão e condenação, foi abandonado por seus amigos e deu sua vida por outros. O desafio da vida intercultural é o desafio do discipulado radical, que não é fácil nem indolor. Jesus disse aos Doze inequivocamente: "Para os seres humanos isso é impossível, mas não para Deus; pois para Deus tudo é possível" (Mc 10,27); "ninguém que põe a mão no arado e olha para trás serve para o reino de Deus" (Lc 9,62), e "passará o céu e a terra, minhas palavras não passarão" (Mt 24,35). É porque levamos essas palavras muito a sério que nos comprometemos com a vida intercultural, pelo bem do futuro da vida religiosa internacional e da missão que ela serve.

**Sugestões para continuidade**

1. Você pode identificar, em sua própria comunidade, aspectos de uma comunidade espontânea (*communitas*), institucional (normativa) e até mesmo mecânica (doente/morrendo)?

2. Sua comunidade tem uma "massa crítica" de energia e foco para continuar a missão?

3. Existe uma conexão entre *communitas* e *liminaridade* ou marginalização. Ela é um indicador de profetas e sonhadores criativos, pessoas que perguntam "e se?" e "por que não?" Quão abençoada é sua comunidade a esse respeito, e como os membros criativamente marginais ou *liminares* permanecem focados e fiéis? Há problemas?

4. A "liminaridade permanente" marcou a vida de Jesus. Ele também tinha uma comunidade (que praticamente o abandonou em um momento crítico) e tinha sua vida de oração para sustentá-lo. Assim deve ser para nós. Onde você encontra apoio comunitário, e como sua vida de oração pessoal o sustenta para o desafio da missão de Deus?

# 12

# Do convite à acolhida radical

**A realização da comunidade intercultural**

Neste livro, cada capítulo individualmente – e talvez algumas seções independentes dentro de um capítulo, bem como cada um dos cinco apêndices – pode ser visualizado como peça de um quebra-cabeça. Cada um deles pode representar o trabalho que cada membro da comunidade comprometido com a vida intercultural é obrigado a realizar para construir a nova entidade cultural. E, como quando um quebra-cabeça é montado a imagem que se revela ao final representa o que ele tentava recriar, assim também, se uma comunidade se compromete com essa tarefa, chegará o dia em que um novo, real e existencial modo de vida se tornará claramente identificável.

Mas nenhum montador de quebra-cabeças compraria um sem primeiro ver e ser atraído pela bela imagem na tampa da caixa, revelando como o quebra-cabeça concluído pode parecer. Essa imagem é um incentivo e um guia quando nada parece encaixar-se e ainda não surgiu nenhuma imagem clara. Igualmente, tendo tentado identificar várias peças e indicar sua inter-relação, antes de concluir o presente livro, precisamos fornecer uma imagem geral de como uma comunidade intercultural madura – não perfeita, sempre em processo, mas fundamentada em uma visão clara – pode realmente parecer.

## Do convite à acolhida radical

| | Convite | Inclusão | Acolhida radical |
|---|---|---|---|
| A mensagem | *"Venha e junte-se a nós e compartilhe as riquezas da nossa tradição cultural e religiosa."* | *"Venha e junte-se à nossa comunidade e ajude-nos a diversificar-nos interna e internacionalmente."* | *"Traga seus valores culturais e religiosos, sua voz e você mesmo: ajude-nos a nos tornar uma comunidade intercultural."* |
| O propósito | Assimilação: Convidamos novas pessoas para se tornarem parte de nossa comunidade. | Incorporação: Os "outros" marginais são bem-vindos, mas o estilo e as práticas da comunidade permanecem. | Encarnação: A comunidade será transformada pelos talentos e compromisso de fé de cada pessoa. |
| O custo | Pouco custo para a comunidade: estruturas são definidas e recém-chegados são incorporados a elas. Resistentes são marginalizados ou removidos. | Algum custo para a comunidade: prega a inclusão, mas não pratica análise de poder ou autoanálise. Indivíduos afundam ou nadam. | Custo significativo para a comunidade, esforçando-se para praticar a inclusão real e ser mutuamente enriquecida por meio da infusão de maneiras novas e culturalmente diferentes de viver a fé. |
| O resultado | Números encorajadores, mas a comunidade é muito monocultural. Aqueles que são diferentes são marginalizados ou negligenciados. | Alta rotatividade de membros. Quem não é mainstream é silenciado ou forçado a sair. A comunidade continua amplamente monocultural, com poucas exceções. | A comunidade evolui organicamente. A diferença é dignificada e valorizada. A autoridade não domina, mas respeita a todos. Há um espírito comum e um compromisso missionário. |

**Figura 20**

Tudo o que exploramos nas páginas anteriores tinha o objetivo de articular não apenas como uma comunidade intercultural pode de fato existir, mas também, seriamente, como ela pode cumprir melhor um propósito maior do que sua própria sobrevivência: a missão, o apostolado, o ministério que serve e ao qual cada membro é dedicado. O "modelo para"[122] tal comunidade que ofereço neste capítulo conclusivo deriva, em grande parte, de uma grade produzida por Stephanie Spellers, autora de um livro muito útil para congregações multiculturais (2006)[123]. De um modo um tanto semelhante a Eric H. F. Law, ela explica como as Igrejas podem acolher melhor os forasteiros ou "outros" com suas várias diferenças e, assim, expandir a mistura cultural de suas comunidades. Seus três estágios, do convite à acolhida radical, se encaixam muito bem com o que está sendo discutido aqui (figura 20).

Há três colunas verticais identificadas como "Convite", "Inclusão" e "Acolhida radical", usadas para descrever, respectivamente, três tipos diferentes de comunidade, da menos à mais eficaz no contexto da construção de uma comunidade inclusiva e cheia de fé. No lado esquerdo da grade, há um conjunto de parâmetros que especificam, primeiro, a mensagem transmitida por cada um dos três tipos de comunidade e, em seguida, o fim pretendido, os meios para esse fim, o custo e o resultado. Assim, podemos primeiro visualizar a comparação entre três comunidades: uma comunidade de convite, uma de inclusão e uma de acolhida radical. Então, podemos analisar suas características específicas.

---

122. No cap. 7 comparamos um "modelo de" e um "modelo para". O primeiro seria um modelo em escala de algo já existente, enquanto o segundo é mais imaginativo, mas ajuda a orientar as pessoas para um resultado possível e mostra como esse possa funcionar. Também pode acomodar ideias inovadoras sobre como criar o que precisa existir. E está sempre aberto ao desenvolvimento, à modificação e à inspiração.

123. O diagrama (modificado) é do *Study Guide*, p. 1. Usei a estrutura daquele modelo e alguma terminologia da autora, que modifiquei para o propósito atual.

### Três tipos ou estilos de comunidade
#### 1. *Uma comunidade de convite*

A *mensagem* transmitida aqui, implícita ou mesmo explicitamente, é de que a comunidade já está bem estabelecida, segura em sua identidade e propósito e aberta a novos membros sob certas condições bem especificadas. Os membros em potencial da comunidade serão levados a entender as condições para a adesão e, em seguida, avaliados adequadamente.

O *propósito* da comunidade é regenerar-se e crescer, assimilando novos membros. Esses serão socializados (aculturados à cultura comunitária existente) e avaliados de acordo com sua maleabilidade, adaptabilidade e conformidade. Eles devem ser tanto capazes de como estar dispostos a encaixar-se na comunidade, pois não devem ser um desafio para ela, nem ela os levará muito a sério, pelo menos nos primeiros anos. Uma das características do período de formação será eliminar, minimizar ou mesmo apagar seus elementos culturais e pessoais que variam das normas da comunidade, e o corolário: estabelecer e inculcar neles essas normas e expectativas.

O *custo* para a comunidade existente será muito pequeno, mas para o novo membro em potencial a experiência talvez seja traumática. "Regras são regras" na comunidade e não devem ser adulteradas ou desafiadas. "Mantenha a regra, e a regra o manterá." Aqueles que podem conformar-se à comunidade podem juntar-se a ela. Aqueles que não se conformam não permanecerão ou serão marginalizados. Se eles perseverarem e quiserem permanecer, sua conformidade terá um grande custo para sua integridade cultural e para a expressão legítima de sua fé.

O *resultado*, enquanto esta situação prevalecer, pode ser que números significativos de candidatos sejam inicialmente atraídos para a comunidade (e aqui seria necessário avaliar cuidadosamente os "atratores", para ver se são compatíveis com o espírito da comunidade: oportunidades educacionais e de viagem, mobilidade ascendente ou liberdade de restrições parentais ou de parentesco podem ser fatores contribuintes significativos aqui). No entanto, se a comunidade em si quisesse permanecer predominantemente monocultural, somente com o reconhecimento simbólico de outras culturas (ocasionalmente alimentos variados, vestimentas ou liturgias), então os indivíduos sacrificariam elementos significativos de sua identidade cultural (modos de rezar, celebrar, enlutar, socializar e assim por diante) ou, se estivessem em minoria numérica, seriam marginalizados, esquecidos e efetivamente "silenciados"[124].

## 2. Uma comunidade de inclusão

A *mensagem* aqui mudou de "junte-se a nós e lhe ensinaremos tudo o que você precisa saber e fazer" para uma muito mais complacente "venha e junte-se a nós para que você possa trazer sangue novo muito necessário, novas perspectivas e novas maneiras para que todos se aproximem mais da comunidade de inclusão prevista e ensinada por Jesus". A mensagem aqui é particularmente atraente para os de fora cientes de suas diferenças, mas que as veem como pontos fortes, e não simplesmente como desvio ou deficiência. E para os de dentro também é atraente, porque sugere que sua longevidade pode ser estendida e, portanto, a missão pode ser continuada, mas com algum pessoal, energia e ideias novos.

O *objetivo* não é mais assimilação, o que cheira a absorção e – para aqueles que estão sendo assimilados – perda de identidade. "Incorporação" pretende transmitir a noção de que a comunidade existente modificaria voluntariamente suas próprias estruturas e procedimentos para receber pessoas de diversas culturas, como um anfitrião se prepararia para mostrar respeito por um hóspede ou estranho antecipando algumas de suas reais necessidades. Essa atitude também implica que a co-

---

124. Cf. Apêndice I, quanto a "grupos silenciados" e "representatividade".

munidade anfitriã é uma ouvinte atenta, disposta a acomodar as necessidades do hóspede sempre que possível, *pelo bem da missão e da capacidade da comunidade de servi-la fielmente*. Não é questão de os de dentro comprometerem princípios, nem de o recém-chegado manipular a comunidade, mas sim de uma política deliberada de compromisso realista em situações que mudaram significativamente desde a era "monocultural" e as práticas monolíticas da vida comunitária religiosa – mas sempre em favor da missão, do apostolado e das necessidades dos destinatários do alcance de uma comunidade.

O *esforço* tende a ser pesado: explicitamente focado em maior inclusão e diversidade, mas consideravelmente menos sensível às necessidades de mudança estrutural na comunidade, o que implicaria principalmente uma avaliação cuidadosa da distância do poder e da análise do poder[125]. A retórica é atraente, mas a realidade nem tanto. O choque de expectativas, quando pessoas de culturas de alta distância do poder se envolvem com aquelas de culturas de baixa distância do poder, pode causar enorme confusão e má interpretação mútua. Novamente, os membros de uma comunidade estável, e particularmente monocultural, podem estar perfeitamente à vontade com a forma como a autoridade é exercida. Mas adicione à comunidade alguns novos membros de diferentes origens culturais, e a resistência, a má interpretação e a hostilidade latente podem explodir em ressentimento e até mesmo rebelião.

Como o poder (e a autoridade) é distribuído na comunidade é questão que precisa ser reavaliada com grande delicadeza e sutileza, se uma comunidade anteriormente estável deve ser capaz de funcionar quando novas pessoas com diferentes experiências e expectativas entram nela. Mal-entendidos não resolvidos podem ser o viveiro para respostas cruas e racistas de membros da comunidade, que poderiam ter sido antecipadas,

---

125. Cf. Apêndice V.

e talvez evitadas, se questões de poder e autoridade tivessem sido abordadas comunitariamente. Isso certamente não quer dizer, no entanto, que toda eventualidade negativa possa ser evitada simplesmente convidando todos a se sentarem e discutirem calmamente os assuntos. Contudo, muitos de nossos mal-entendidos são devidos a entendimentos e atitudes culturais implícitos que não seriam contestados em um ambiente monocultural, mas produzem confusão significativa, levando a julgamentos negativos em uma comunidade multicultural.

O perigo enfrentado por uma comunidade intencionalmente comprometida com a inclusão está no fato de os detentores do poder e da autoridade darem muitas coisas por certas e não ouvirem outras vozes. Um apelo geral da liderança a todos os membros para que sejam tolerantes e leais pode impedir uma discussão aberta muito necessária. E, se aqueles que estão em posições de liderança se sentirem ameaçados, a acolhida calorosa original oferecida pela comunidade pode esfriar rapidamente, e os recém-chegados de culturas diferentes daquela da liderança podem ser deixados para lutar uma batalha solitária contra probabilidades esmagadoras.

O triste *resultado* (triste porque, entre outras coisas, era evitável) é um fluxo constante de tráfego bidirecional: as pessoas são atraídas pelas promessas e perspectivas, mas a realidade não é o que esperavam ou com que conseguem lidar. Consequentemente, alguns irão embora e alguns ficarão por um período mais curto ou mais longo, conforme avaliam sua posição. Se eles se sentirem consistentemente negligenciados ou marginalizados, podem ir embora. E, se alguém que era sua âncora ou líder moral decidir ir embora, muitas vezes várias outras podem consequentemente fazer o mesmo. A comunidade, porém, não consegue entender a dinâmica envolvida, e, apesar do esforço simbólico em relação a indivíduos minoritários ou a diferenças culturais, a mentalidade e a organização institucionais permanecem resolutamente monoculturais e aparentemente incapazes de imaginar um futuro diferente de sua própria experiência passada.

### 3. Uma comunidade de acolhida radical

Tal comunidade só pode surgir como resultado de um momento anterior ou processo de conversão entre os membros. Às vezes, isso acontece como resultado de uma iniciativa na comunidade, como quando ela reflete seriamente sobre o chamado do Vaticano II para retornar a suas raízes e empreender um processo de revitalização: tanto um reexame de sua tradição oculta ou sobreposta, ou das fontes fundacionais, como uma renovação provocada pela descoberta de novos recursos. Entre os novos recursos mais óbvios que foram identificados, particularmente no último meio século, está o próprio pessoal, cada vez mais proveniente de muitas e diversas culturas, buscando fazer parte da missão da Igreja no contexto de comunidades internacionais e interculturais. Um simples "retorno às fontes" de uma fundação monocultural do século XVIII evidentemente não basta, sem uma "volta ao assunto" ou o reconhecimento do desafio e da oportunidade proporcionados pelos próprios novos recursos de pessoal.

Enquanto o clássico modelo "assimilacionista" dominou, mesmo que pudesse haver um gotejamento de pessoas de culturas diversas, elas certamente não tinham permissão para modificar velhas formas de organização comunitária e velhos entendimentos de "A Verdade" como uma mercadoria orgulhosamente mantida pela comunidade. Na Igreja de hoje, entretanto, as percepções das pessoas de diversas culturas devem ser verdadeiramente apreciadas como acréscimos de elementos novos e intrinsecamente importantes ao Corpo de Cristo. A Igreja precisa estar aberta a novas maneiras de viver a fé mediante a cultura, a novos entendimentos da verdade, não como uma mercadoria, mas como um tesouro ainda sendo descoberto, e a apreciá-los. Consequentemente, deve haver novas abordagens para a missão em si. Sem tais descobertas e abordagens, não haverá uma reimaginação e uma reestruturação radicais da vida comunitária, que a equipariam para envolver-se com os desafios contemporâneos, muito menos para que corresponda ao futuro.

A crescente abertura a pessoas de diferentes culturas, embora estimulada pelo Vaticano II, não teve origem na Igreja. Em vez disso, de muitos modos, o Vaticano II foi uma resposta a um mundo e a uma Igreja transformados, tanto quanto foi uma iniciativa. E o estímulo mais óbvio para a conversão da comunidade, no entanto, foi, em última análise, o fato de que pessoas de diferentes culturas – anteriormente receptoras da mensagem cristã, mas agora comissionadas por seu próprio Batismo – atualmente queriam ter uma participação mais ativa e até mesmo duradoura na missão de Deus. Esses dois conjuntos de estímulos – o chamado a resgatar as melhores percepções e práticas dos fundadores e o chamado a responder e colaborar com pessoas de diferentes culturas e experiências – são os pré-requisitos para a formação de comunidades interculturais. Onde cada um deles é levado igualmente a sério, há potencial para a evolução de comunidades de acolhida radical.

A *mensagem* proclamada por tal comunidade é de que há um convite aberto para que as pessoas venham, sem esconder ou minimizar sua própria identidade cultural e seu próprio eu maduro. E, assim, vejam se, entre a comunidade existente e elas mesmas, podem encontrar um jeito para que todos celebrem sua fé comum e seu compromisso vocacional, especificamente no contexto de uma comunidade de indivíduos diversos, comprometidos em desenvolver um relacionamento de interdependência respeitosa e respeito mútuo, de tolerância e longanimidade. Essa é, indubitavelmente, uma tarefa muito difícil, mas essa é a natureza do convite e o desejo expresso de uma comunidade de acolhida radical. Isso pressupõe, é claro, que os membros da comunidade atual também estejam buscando ativamente desenvolver algumas das habilidades e virtudes que identificamos, e que eles possam demonstrar paciência e orientação adequadas a qualquer um que seja relativamente novo na comunidade ou que esteja entrando nela.

O *objetivo* de tal comunidade não é nem a assimilação de novos membros nem a suposição de sua incorporação bem-sucedida sem ajustes apropriados por parte dos membros atuais. Em vez disso, o objetivo deve ser sempre a maior fidelidade a seu chamado individual e comum e à missão que eles servem como comunidade. Isso requer, da parte de todos, uma tentativa cuidadosa de ouvir, remeter, encorajar e mudar, em vez de simplesmente construir sobre a suposição de que os membros que chegarem obedecerão, se conformarão, aceitarão e mudarão a si mesmos. Uma comunidade intercultural bem-sucedida será medida pela atenção de cada membro aos muitos "outros" que constituem a comunidade toda. E tal atenção gerará no espírito de cada pessoa um chamado à conversão existente e contínua, para ser mais conformado a Jesus Cristo e mais informado e respeitoso das diferenças encontradas diariamente.

O *esforço* necessário aqui exige que os membros da comunidade se preparem adequadamente, não apenas socialmente, mas psicológica e espiritualmente, para acolher as semelhanças e diferenças encontradas em cada interação entre as pessoas. Particularmente necessária é a sensibilidade para com aqueles de origens culturais muito diferentes e para com aqueles que constituem uma minoria cultural de um na comunidade. Mas isso não deve significar tratar outros adultos como crianças indefesas. Há sempre uma tendência a ser intimidado por, e consequentemente a afastar-se da, "alteridade", ou a ser atraído por sua novidade e querer domesticá-la ou controlá-la. Portanto, a maturidade real é necessária, se pessoas de origens muito diferentes e com experiências muito diferentes quiserem unir-se com sucesso e formar relacionamentos maduros de interdependência mútua.

O *resultado*, é tentador dizer, seria uma comunidade perfeita. Mas isso não existe. E, porque as comunidades são orgânicas, mutáveis e evolutivas, o resultado será de fato uma comunidade de pessoas comprometidas umas com as outras, com a missão e com sua própria conversão contínua. Sua característica particular, porém, seria demonstrar a possibilidade real de que as pessoas podem ser unidas, em vez de divididas, por suas diferenças, e que a comunidade se esforça para ver, como Deus vê, que as diferenças podem ser profundamente enriquecedoras. A própria criação de Deus se manifesta em diferenças ilimitadas, e a sociedade humana em inúmeras culturas. Mas Deus chama toda a comunidade humana para tentar viver como uma família, e as diferenças culturais são, elas próprias, parte do que significa ser humano. A oração de Jesus, que pede a seu *abba* que "todos sejam um" (Jo 17,11.21), é a razão de nossos esforços para fazer comunidade, e o hino de São Paulo à unidade na diversidade ("porque, assim como o corpo é um só apesar de ter muitos membros, e todos os membros do corpo, embora muitos, são um só corpo, assim também é Cristo" [1Cor 12,12-27]) é nossa inspiração.

Claro, as pessoas disseram que isso é impossível, irremediavelmente romântico ou até mesmo equivocado, e que "crescer separadamente" é o melhor para todos. E algumas ainda o afirmam. Esse tipo de argumento está a apenas um passo da imposição de um *apartheid* ou da "solução final" de Hitler, e tão longe do chamado de Jesus quanto se poderia imaginar. Seu chamado à unidade na diversidade é o ideal pelo qual lutamos. Jesus nunca tentou esconder o custo real: impossível para os seres humanos, mas ainda possível com a ajuda de Deus (cf. Mc 10,27). É por isso que quaisquer aspirações a formar comunidades interculturais – apesar do comprometimento intelectual e moral – são, em última análise e inequivocamente, um ato de fé, sustentado pela esperança e fortalecido pelo amor.

**Sugestões para continuidade**
1. Você pode – individualmente e como comunidade – identificar a mensagem, o propósito, o custo e o resultado implícitos em sua própria comunidade?

2. Você pode sugerir possíveis melhorias que levariam sua comunidade a uma maior conformidade com a esperança de seus fundadores e o chamado de Jesus?

# Apêndice I
# Bagagem cultural

Durante anos, alertei os alunos sobre nunca usarem uma definição de dicionário ao lidar com palavras teológicas como "espiritualidade" ou "esperança". Sendo por demais especializada, um dicionário típico não consegue lidar adequadamente com a linguagem teológica. Mas hoje estou prestes a invocar uma definição de dicionário, em parte porque é adequada e em parte porque o termo que quero explorar não é exatamente uma palavra teológica: é simplesmente "bagagem".

Sempre que viajamos para longe de casa, carregamos malas ou bagagem. As palavras carregam conotações positivas e negativas. Positivamente, elas identificam o que for necessário para nossa jornada e permanência; negativamente, a definição do *Dicionário Aulete* traz "peso, fardo da existência, dificuldades, estorvos e sofrimentos que é preciso suportar". Mas, para nosso propósito, também tem uma referência à "bagagem cultural" ou "a soma de conhecimentos e experiências de uma pessoa". Isso nos fornece um tópico útil para reflexão: o que carregamos conosco em nossas experiências transculturais e interculturais? É necessário e útil, ou parte disso pode ser deixado para trás? Dificilmente podemos viajar para longe ou por longos períodos sem nenhuma bagagem, mas muito do que carregamos frequentemente se mostra supérfluo ou inútil nas situações que encontramos. Com esses pensamentos em mente, consideraremos alguma "bagagem cultural" que podemos carregar e avaliaremos sua adequação nas circunstâncias em que nos encontramos.

Como seres culturais, criaturas formadas e moldadas pela cultura, não podemos simplesmente abandonar todas as características de nossa identidade cultural (enculturada) e viajar culturalmente nus em direção a um encontro transcultural. Mas dificilmente temos consciência de alguns itens de nossa bagagem cultural, ou simplesmente os damos por certos, até sermos confrontados por uma situação em que eles parecem totalmente fora do lugar ou em gritante contraste com os estilos e modas que nos cercam. Refletiremos brevemente acerca de alguns desses itens e vemos o quão necessários ou descartáveis podem ser, começando com o já visto etnocentrismo[126].

**Etnocentrismo**

A propensão humana a ver as coisas e a formar opiniões inicialmente de um ponto de vista subjetivo é perfeitamente normal e natural. Mas, deixada "não redimida" ou não contrabalançada por uma tentativa séria de ver as coisas de forma mais objetiva ou de outras perspectivas, tal propensão pode ser perniciosa e destrutiva. Etnocentrismo não redimido é sinônimo de parcialidade, preconceito e condescendência – até chegar ao racismo, ao sexismo, ao clericalismo e muitos outros "-ismos" venenosos. Dos fatos brutos de que eu não sou o centro do universo e de que há miríades de outras pessoas com suas próprias visões subjetivas, segue-se que, se deve haver qualquer comunicação autêntica entre as pessoas – e *a fortiori* entre pessoas de diversas culturas ou etnias –, deve haver uma tentativa consciente e mútua de identificar seus respectivos preconceitos etnocêntricos e esforçar-se

---

126. Cf. cap. 7, "Desenvolvendo competência intercultural" e a seção sobre bagagem cultural em A. J. Gittins (2002a, p. 14-21).

para ver ou também apreciar outras perspectivas possíveis. Isso não quer dizer que todos devem abandonar imediatamente os princípios pelos quais vivem, mas pelo menos que devem submetê-los à prova do diálogo. O etnocentrismo nos dá uma visão estreita e míope da realidade, que simplesmente não é boa o suficiente para que a usemos adequadamente em situações novas. Como parte da bagagem cultural, ele precisa ser substituído por algo muito mais adequado: visão binocular e equilíbrio.

**Relativismo**

Em sua forma mais simples, o relativismo se refere a qualquer teoria ou critério de julgamento que esteja sujeito a revisão segundo a variação das circunstâncias. Esta seria uma abordagem de tipo "viva e deixe viver" com relação às diferenças humanas – em matéria de comida, moda, mobiliário e tudo o mais. Mas há graus de relativismo que precisam ser identificados. O relativismo extremo ou "absoluto" afirmaria que "vale tudo" e que não há critérios universalmente aplicáveis: todos são livres para fazer o que escolherem, e ninguém tem o direito de interferir. Essa é, certamente, uma receita para a anarquia total ou a ilegalidade.

Por outro lado, pessoas que deparam com certas coisas (muito mais fáceis de ver em culturas diferentes da sua), como maus-tratos a mulheres por tráfico sexual, violência doméstica, escravidão ou restrição de liberdade, trabalho ou pornografia infantil, imposição da pena de morte ou ataques militares preventivos, e assim por diante, ficam compreensivelmente chateadas e até indignadas. Na maioria das vezes, essas pessoas são relativistas "relativos": elas acreditam que a tolerância mútua e a liberdade são necessárias, mas não ilimitadas, que algumas coisas são relativas ou opcionais – mas não tudo.

Em uma comunidade intercultural, a bagagem cultural que cada pessoa traz, incluindo tolerância ou intolerância ao relativismo, será posta à prova. O relativismo extremo ou sem nuances (ausência total de quaisquer padrões morais, pura arbitrariedade a seu respeito ou afirmação do direito de alguém de fazer o que quiser) é evidente e totalmente inaceitável. Essa bagagem cultural não tem lugar em uma comunidade intercultural. Por outro lado, uma vez que cada pessoa pode muito bem ter algumas práticas ou comportamentos que os outros podem achar difíceis ou até mesmo questionáveis, todos juntos terão a responsabilidade de determinar o que constitui uma "bagagem" adequada a ser trazida para a comunidade. Ela ficará em algum lugar entre os extremos da uniformidade absoluta e do total interesse próprio.

**Romantismo**

Alguém pode chegar a uma comunidade com a mente e o coração abertos, mas também ser muito ingênuo. Esses românticos são "fantasiosos, pouco práticos e irrealistas", como o dicionário apropriadamente coloca. Eles acreditam, com *Cândido* de Voltaire, que vivem no "melhor dos mundos possíveis". Mas não estão, e nenhum de nós está. Consequentemente, os românticos às vezes acharão a vida comunitária difícil e provavelmente a tornarão difícil para os outros, a menos que se tornem muito mais realistas (mas sem degenerar em cinismo): os românticos tendem a ver tudo como bom ou a fazer de conta que tudo é bom, enquanto os cínicos percebem o oposto e tornam-se amargurados e egoístas. O romântico é sempre um otimista, sempre olhando, ou procurando, o bem em todos e em tudo. Mas o realista está ciente das imperfeições nos seres humanos e em suas culturas, e o realista virtuoso é apropriadamente tolerante e misericordioso. A dificuldade para o romântico se tornará aparente quando algo der muito errado ou quando receber más notícias pessoais. Para a comunidade a dificuldade está no fato de a ingenuidade do romântico, depois de um tempo, irritar a todos os outros. O romantismo deveria ter sido superado antes que alguém saísse de casa e se juntasse a uma comunidade. É uma bagagem que não deveria ter sido levada, mas é possível que uma pessoa possa gentil e gradualmente deixá-la de lado.

**Pessimismo**

Onde o romântico congênito tende a ignorar ou simplesmente não ver certas imperfeições importantes, o pessimista contumaz parece estar programado para não ver outra coisa. Se o romântico é "brilho eterno do sol" e o pessimista é "escuridão eterna", a realidade e o realista, então, podem ser encontrados em algum lugar no meio. O realista não chega a uma situação com a mente decidida, mas pesa as evidências antes de fazer um julgamento. O pessimismo crônico e o pessimista inveterado não contribuem em nada para a comunidade e não têm lugar nela. Ser pessimista, no entanto, não é não ter esperança: o pessimismo é uma tendência a antecipar resultados indesejáveis, e isso tem seu lugar: às vezes, há uma razão muito boa para esperar uma dificuldade ou fracasso. Mas o pessimista habitual não espera nada mais. A esperança, contudo, é uma virtude teológica inegociável para os cristãos. Portanto, pode ser perfeitamente apropriado ser pessimista em determinado momento *e* ainda assim esperançoso. Não importa o quão pessimistas possamos ser, nunca devemos abandonar a esperança. O pessimista congênito, porém, criará emanações negativas e deprimentes que, em última análise, exigirão nada menos do que sua erradicação total do ambiente comunitário. Como algo de bagagem cultural e temperamental, o pessimismo intratável e habitual não tem lugar na comunidade.

**Os "-ismos": tribalismo, racismo, sexismo, clericalismo**

Aqueles que protestam mais alto que não são manchados por nenhum desses "-ismos" podem estar entre os mais culpados. Às vezes, pode ser melhor para todos, à medida que nos envolvemos com uma nova realidade, reconhecer internamente que tendemos de fato a alguns dos itens acima – e a outros ainda. O tribalismo, de um modo ou de outro, pode corroer amizades e alienar amigos, embora às vezes seja suficientemente inofensivo, como quando alguém torce pelo time da casa. Mas, se isso for frequente e bastante alto, pode tornar-se altamente irritante para outras pessoas na comunidade: geralmente, em qualquer grupo misto, é preciso moderação, em vez de chauvinismo extremo. Mas também existem formas muito mais sérias de tribalismo ou racismo, de sexismo ou clericalismo que se manifestam em grosseria, intolerância ou injustiça para com pessoas de outros grupos tribais ou étnicos, outro gênero ou qualquer pessoa fora das fileiras do clero. Em geral, todos os "-ismos" representam excesso pecaminoso ou preconceito inaceitável: constituem uma bagagem cultural perigosa que o viajante não deve ter permissão para levar. Essas coisas são tóxicas e bastante antitéticas para o espírito de uma comunidade baseada na fé.

**Grupos silenciados e representatividade**

Esses dois últimos itens só podem ser identificados vagamente como bagagem cultural: são fatos ou realidades sociais que são o resultado ou efeito da insensibilidade cultural de uma pessoa, em vez de apenas características de personalidade ou disposição dessa pessoa. Mas esses resultados certamente não são aceitáveis e, na medida em que devem sua origem a um estranho que chega a uma comunidade, estão entre a bagagem ou os impedimentos que deveriam ter sido deixados em casa. Eles representam o poder que uma pessoa exerce sobre outra devido a insensibilidade culpável.

"Grupos silenciados" são vítimas, aquelas pessoas cujas vozes legítimas são silenciadas ou emudecidas. Eles estão incluídos aqui porque podem existir até mesmo dentro de uma comunidade religiosa devido a outros membros da comunidade com certas atitudes como parte de sua própria bagagem cultural. Algumas pessoas subscrevem o princípio segundo o qual "crianças devem ser vistas e não ouvidas", mas depois o generalizam. Assim, elas podem aplicá-lo a membros juniores da comunidade, a irmãos religiosos em uma comunidade clerical ou a pessoas em formação inicial – não os ouvindo ou mesmo não lhes dando oportunidade de falar e serem ouvidos respeitosamente. Quando isso acontece, há indivíduos ou grupos silenciados na própria comunidade. Pessoas altamente egocêntricas podem ser as mais culpadas a esse respeito, particularmente se também operam com um código de fala elaborado: juntas, essas duas tendências podem levar ao domínio sobre outros que podem ser de origem mais sociocêntrica e que operam com um código de fala mais restrito[127]. Esses, então, se sentem intimidados ao silêncio ou simplesmente não são ouvidos quando falam.

Dois fatores contribuem para a criação ou a perpetuação de grupos silenciados: culturais e interpessoais. Culturalmente, algumas pessoas não dominam uma conversa, são ouvintes respeitosos e receptores de informação e comunicação, e não se consideram essencialmente como dispensadores de opinião pessoal ou de capital intelectual. Se uma conversa é dominada por pessoas articuladas e opinativas, esses ouvintes-receptores podem ficar isolados de quaisquer decisões da comunidade e ser considerados sem voz ou opinião. Eric Law tem uma sugestão muito eficaz. Ele fala de "convite mútuo" como uma forma de garantir que ninguém seja silenciado ou excluído, mas cada pessoa seja convidada a falar e contribuir para conversas e tomadas de decisão (Law, 1993, p. 79-88). Em qualquer comunidade intercultural, isso poderia tornar-se um procedimento convencional, para reuniões comunitárias e em outros lugares, que permitiria abordar consideravelmente uma situação em que pode haver um grupo de indivíduos silenciado.

"Representatividade" também não é estritamente parte da bagagem cultural de alguém – é uma característica pessoal.

---

[127]. Para relembrar esses termos, veja o cap. 6, "Perfis sociais e interação social".

Se um político abre um discurso com um grandioso "falo em nome de todos os meus eleitores", é necessário que sejamos capazes de determinar até que ponto isso é verdade. Mas como uma pessoa pode representar a visão de "todos", especialmente quando "todos" representam uma grande variedade de pessoas? Ainda mais inaceitável seria um clérigo dizer: "Falo em nome das mulheres, ou dos pobres, ou dos sem-teto". É fácil cair nesse hábito. Os bispos estadunidenses tentaram essa abordagem uma vez, propondo escrever uma carta pastoral sobre as mulheres – até que foram lembrados pelas próprias mulheres de que os clérigos não tinham ideia das circunstâncias, das preocupações ou das emoções das mulheres em cujo nome eles presumiam falar. Uma resposta semelhante foi ouvida bem alto no Sínodo sobre a Família de 2014. No futuro, essas vozes "silenciadas" precisam ser ouvidas, e as pessoas em vários grupos precisam falar por si mesmas e ser respeitosamente ouvidas. Se uma pessoa ou grupo presume falar "em nome de" outros, a pergunta óbvia deveria ser: "Por que eles não podem falar por ("representar") a si mesmos?"[128]. Muito frequentemente, a resposta verdadeira seria que eles pertencem a um "grupo silenciado". Por essa razão, tal representatividade será sempre e, em última análise, inaceitável.

Esses tópicos podem nutrir o pensamento e estimular todos a identificar mudanças que podem ser necessárias, quanto a modos e comportamentos, no contexto de uma comunidade intercultural florescente.

---

128. Um artigo muito influente a esse respeito é "Can the Subaltern Speak?" ["Os subalternos podem falar?"] de G. C. Spivak (1988, p. 271-313).

# Apêndice II

# Habilidades e virtudes para a vida intercultural

Talvez, nas páginas anteriores, a afirmação "boa vontade não é suficiente" tenha sido repetida *ad nauseam*, geralmente ligada à afirmação igualmente forte de que a vida intercultural exige habilidades que devem ser adquiridas ou trabalhadas assídua e continuamente, se as pessoas quiserem viver de modo harmonioso e permanecer comprometidas com a missão. Agora é hora de identificar algumas de tais habilidades em termos específicos. Mas, em vez de listá-las, apresentarei os termos empregados por vários autores, embora alguns dos quais sejam quase sinônimos.

Duas autoridades contemporâneas proeminentes, Wolfgang Messner[129] e B. H. Spitzberg (2000, p. 375-387), criaram listas de verificação[130] que eu combino, comento e aplico a nosso contexto. Dois critérios são invocados: *adequabilidade*, que requer que os valores de cada parte sejam respeitados; e *efetividade*, julgada de acordo com a interação realizada em relação aos objetivos e esperanças de cada parte. Em nosso contexto, "cada parte" pode ser um indivíduo e a comunidade ou uma pessoa no ministério e as pessoas sendo servidas. Olharemos, então, para habilidades de particular relevância para pessoas em comunidades interculturais e baseadas na fé.

---

129. Messner (2013); Messner e Schäfer (2012); www.globusresearch.com.
130. Para um acesso fácil: http://en.wikipedia.org/wiki/Intercultural_communicaation.

**Identificando um conjunto de habilidades**

*Autoconsciência*: às vezes chamada de reflexividade ou introspecção, é a capacidade de avaliar os efeitos do comportamento e a atitude de alguém sobre os outros. Requer certa medida de simpatia ou empatia: a capacidade de se projetar na situação enfrentada por outra pessoa. Quem é autoconsciente tem ciência de seus preconceitos e limites, bem como de seus talentos e qualidades pessoais. Tem consciência também de sua influência moral ou posição na comunidade: a pessoa autoconsciente é cuidadosa para não abusar do poder pessoal.

*Adequabilidade* é sensibilidade a diferentes situações sociais, de modo que alguém pode adaptar-se coerentemente segundo o que é apropriado em matéria de vestimenta, de comportamento ou de fala. Algumas pessoas, por outro lado, embora competentes, parecem não ter nenhum ou muito pouco senso do que é apropriado e às vezes se recusam a reconhecer a importância da sensibilidade respeitosa a contextos e pessoas.

A *autoconfiança* se mostra na confiança de uma pessoa em sua própria capacidade de lidar com desafios (e consciência de limitações). Não deve ser confundida com impetuosidade ou desrespeito inconsequente e imprudente do perigo ou dos costumes.

*Efetividade* é simplesmente a capacidade de alcançar o que alguém se propõe a atingir. Mas requer autoconfiança realista e a capacidade de aprender com os erros. Pessoas que aprendem com os erros serão mais realistas quanto ao que devem ou não empreender e se podem ou não ser eficazes.

*Motivação* ou comprometimento com uma meta é um pré-requisito para uma vida intercultural bem-sucedida. Devemos supor que qualquer pessoa que voluntariamente busca pertencer a uma comunidade intercultural tem motivos teológicos e pragmáticos apropriados ou uma disposição sincera a mudar e a aprimorar sua motivação para colocá-la em sintonia com o grupo mais amplo.

*Flexibilidade* é a capacidade de mudar perspectivas na reciprocidade da vida comunitária e de ser um relativista apropriado, em vez de relativista absoluto (sem nenhum valor ou princípio essencial) ou absolutista (inflexível e querendo impor seus próprios valores a todos os outros). Aqueles que reconhecem várias percepções ou perspectivas válidas, em vez de apenas uma, provavelmente mudarão de perspectiva apropriadamente. A pessoa flexível é autônoma e colaborativa: fundamentada e enraizada em valores pessoais, mas aberta e adaptável aos valores dos outros, respeitando sua diversidade.

*Abertura de mente*: quando pessoas de diferentes culturas se encontram com a intenção de formar laços reais de colaboração, a abertura de mente de cada um é crucial para o resultado. Cada um deve encontrar um equilíbrio entre os princípios e as práticas que precisam manter e aqueles que podem ser adaptados e até abandonados. O compromisso que não impugna a integridade de uma pessoa é necessário, mas a intimidação ou a coerção de qualquer tipo azedam e destroem relacionamentos autênticos.

*Competência comunicativa*: a frustração de algumas pessoas aumenta como uma panela de pressão quando elas não conseguem expressar seus sentimentos ou pensamentos adequadamente. Isso ocorre porque se sentem intimidadas ou porque não têm a capacidade de expressar-se claramente e sem fazer ataques pessoais. Competência comunicativa é uma habilidade que pode ser desenvolvida por aqueles que verdadeiramente buscam e pedem assistência e que são pacientes consigo mesmos e com os outros. Pessoas impacientes ou ameaçadas dificilmente atingirão o nível de competência comunicativa necessário para uma vida intercultural harmoniosa.

*Tolerância* é a habilidade de identificar pessoas ou circunstâncias irritantes e, ainda assim, abster-se de ataques ou condenações. Tolerância não é aceitação acrítica, isso equivaleria a um relativismo indiscriminado. A chave para a tolerância autêntica é a paciência, que é anuência paciente ao que às vezes pode aborrecer ou irritar. É uma virtude ou habilidade muito necessária para a vida intercultural.

*Sensibilidade* ou simpatia intuitiva pelos sentimentos de outra pessoa requer, antes de tudo, que uma pessoa esteja ciente de ser uma entre muitas, em vez de ser o centro de tudo ou o único que está em ação. Ela ressoa com os humores e motivações de outros membros da comunidade e é capaz de afirmar e consolar apropriadamente.

Até aqui, tivemos um repertório de habilidades e valores, uma apresentação analítica que isola e separa. Na vida real, porém, as pessoas tendem a sintetizar ou integrar, então devemos complementar esse repertório com a indicação de algumas atitudes gerais que produziriam conjuntos inteiros de habilidades e valores – ou, na verdade, o oposto: incompetência, irresponsabilidade ou irresponsabilidade.

Assim, eis aqui uma imagem mais sintética de habilidades e suas respectivas virtudes, que derivam ou crescem de uma atitude ou *habitus* subjacente – uma mentalidade ou disposição madura que caracteriza uma pessoa como um todo integrado. Esta imagem é composta de "conjuntos" de vários componentes do repertório acima, e a imagem total é a agregação de todos os conjuntos. A seleção e a explicação oferecidas aqui não são imutáveis, mas podem servir para iniciar uma discussão que, por sua vez, levaria a acréscimos e modificações em contextos específicos[131]. Porque essas habilidades não são inatas, elas devem ser identificadas e trabalhadas. Isso faz parte do propósito da formação (religiosa). No momento em que uma pessoa realmente se junta a uma comunidade intercultural, algumas dessas habilidades já devem ter sido adquiridas. O quanto cada habilidade é desenvolvida varia entre os indivíduos, mas as habilidades sempre precisam de aprimoramento e refinamento contínuos nas circunstâncias reais da vida de uma pessoa.

---

131. Cf. uma abordagem mais completa em A. J. Gittins (2009, p. 9-22).

## Formando um "habitus" ou disposição

As habilidades seguintes são mais do que capacidades individuais e isoladas. Cada uma especifica uma atitude ou estado de espírito subjacente ou por trás de esforços específicos na aquisição de habilidades. Se as próprias habilidades identificam o que precisamos ou buscamos, então essas disposições dizem mais sobre o motivo pelo qual as buscamos.

*Respeito pela pessoa e pelas culturas humanas.* Etnia, como mencionamos, identifica quem as pessoas são, cultura especifica o que elas fazem e como vivem. Atacar a cultura de outras pessoas é agredir seu espírito. Uma pessoa extremamente focada em si mesma será insensível à etnia e à cultura dos outros e, de fato, não responderá a outras pessoas como sujeitos e agentes. O nível de sensibilidade (ou sua falta) determinará se a vida intercultural constante é possível. O chauvinista arrogante – quanto ao aspecto nacional, ao étnico ou ao cultural – não tem lugar em tal comunidade.

*Compromisso com a busca pela verdade mediante o diálogo respeitoso.* Algumas pessoas acreditam que a verdade seja uma mercadoria a ser apreendida e possuída, pertencente apenas a alguns. Tais pessoas, então, mostram pouco respeito pelo outro ou tentam persuadir os outros – por vários meios – do erro de seus caminhos. Outros, no entanto, a veem como um tesouro disperso, a ser identificado e descoberto por um empreendimento colaborativo de diálogo ou busca mútua pela verdade. Três características do diálogo podem servir como um teste autoadministrado. Primeiro, o diálogo muda ambas as partes. Segundo, o resultado do diálogo não pode ser conhecido com antecedência. E, terceiro, de uma perspectiva estrutural, diálogo e hierarquia são incompatíveis: eles não podem ocupar o mesmo terreno ao mesmo tempo. Se algum desses critérios não for atendido, não há diálogo autêntico, mas algum grau de intransigência, manipulação, desonestidade ou cegueira. Uma vez que uma comunidade intercultural precisa de diálogo autêntico, seus membros precisam de habilidades apropriadas.

*Cultivo de uma atitude de aprendizado*. A palavra "discípulo" (em grego *mathētēs*) significa simplesmente "um aprendiz". Em uma comunidade intercultural, embora haja pessoas diferentes e uma variedade de papéis, é importante que todos se tornem aprendizes e aceitem esse papel. Alguns podem de fato ser "professores", pois é impossível ter um aprendiz sem um professor, ou vice-versa. Mas, como Jesus disse, a troca de papéis é sempre necessária: em algumas situações, o primeiro deve tornar-se o último, e o professor, o aprendiz (cf. Mc 10,43-45). Todos têm algo a aprender, e só os arrogantes e os ignorantes não conseguem entender isso. Eles não têm lugar permanente em uma comunidade intercultural e, portanto, devem ter, ou buscar adquirir, as habilidades necessárias, e urgentemente.

*Aprender a "mobilidade descendente" e aceitar a marginalidade.* À medida que a lacuna entre ricos e pobres (ou "quem têm" e "quem não têm") aumenta, qualquer incremento na mobilidade ascendente de uma pessoa aumenta a lacuna entre eles. Se o propósito das comunidades interculturais é servir à missão de Deus e à opção preferencial de Deus pelos pobres, devemos aprender com o exemplo de Jesus e escolher a "mobilidade descendente" para encontrar aqueles que pretendemos servir. Isso já foi tratado em outro lugar. Mas, como a única maneira de aprender uma habilidade é praticar repetidamente, os membros das comunidades interculturais devem comprometer-se com um curso de ação específico para adquirir a habilidade de *verdadeiramente* encontrar pessoas pela mobilidade descendente e de *buscar* aquelas que são marginalizadas por frequentarem as próprias margens. Em uma comunidade há grande perigo da formação de uma hierarquia doentia, e de que certas pessoas (particularmente o líder ou aqueles com autoridade) não tenham tempo para alcançar as margens, enquanto outras pessoas (normalmente os juniores ou aqueles em formação) recebem incumbências que os colocam em contato com pessoas nas margens. Mas, a menos que todos em uma comunidade busquem a mobilidade descendente e certo *status* marginal, a própria comunidade deixará de demonstrar um compromisso claro com os pobres (*não* "os" pobres, mas pessoas reais, de carne e osso). Sem essa busca por parte de todos, o espírito comunitário será afetado negativamente, e certas pessoas se tornarão um contrassinal, alegando que suas responsabilidades, na verdade, os impedem de encontrar os *anawim* – o que, claro, é o propósito mesmo da comunidade.

*Cultivar uma abordagem "ecumênica".* A palavra "ecumênica" é usada aqui em um sentido amplo, para indicar abertura e colaboração com pessoas de diversas culturas e personalidades. Todos estão cientes de quão desafiador é simplesmente viver em uma comunidade monocultural e reconhecer e respeitar as diferenças de todos. Viver em uma comunidade intercultural é muito mais desafiador, mas "o prevenido vale por dois", espera-se. As pessoas devem ser preparadas com antecedência para trabalhar construtivamente com suas diferenças culturais e pessoais. Sem essa sensibilidade, seria impossível construir uma comunidade saudável. Todavia, a sensibilidade por si só não levará as pessoas muito longe: é necessário cultivar relacionamentos interpessoais mais qualificados, praticando e promovendo algumas das atitudes já listadas.

*Aprender a sabedoria da parteira*[132]. Como alguém com um papel social distinto, a parteira tem muito a ensinar-nos. Em inglês, parteira é *midwife*, palavra formada de *mid*, que significa "com", e *wife*, que significa "mulher": uma parteira, curiosamente, é uma "com-mulher". Mas não precisa ser necessariamente uma mulher. Pessoas com uma mulher, que a atendem e apoiam profissionalmente no parto, têm papéis múltiplos e extremamente importantes, que incluem as seguintes características e habilidades: elas literalmente têm outra vida em suas mãos, sustentam a vida, e a sociedade não pode viver sem elas.

---

132. Cf. uma abordagem mais completa em A. J. Gittins (2002b, p. 131-141).

Além disso, as parteiras precisam de criatividade e credibilidade: seu trabalho não é nem dar à luz, por si mesmas, nem perturbar, mas sim facilitar, guiar e afirmar a mãe biológica. As parteiras sempre trabalharam "no limite" e mostraram-se particularmente eficazes entre medrosos, oprimidos e necessitados. A expressão francesa para parteira é simplesmente *sage femme*, "mulher sábia". Isso pode ser um incentivo para todos em formação, sejam eles "parteiras" (líderes) ou "mães" dando à luz uma nova vida.

*Aprender com as ciências sociais.* Uma justificativa ou razão fundamental para este livro é oferecer e misturar conhecimentos das ciências sociais – psicologia, sociologia e, particularmente, antropologia social/cultural – com a sabedoria acumulada que nossa teologia e nossa tradição religiosa nos oferecem. Como nenhum adulto pode aprender outra língua simplesmente estando entre pessoas que a falam, mas deve estudá-la intencional, motivada e sistematicamente, assim também muitas habilidades necessárias para uma vida intercultural bem-sucedida não podem ser adquiridas simplesmente vivendo em uma comunidade por certo tempo: comprometimento real e dedicação à tarefa exigem medidas específicas – que podem ser aprendidas pelo estudo ativo de um pouco da sabedoria das ciências sociais. Mas, porque os leitores destas páginas e os membros de comunidades interculturais não precisam tornar-se cientistas sociais, informações e recomendações são oferecidas aqui em uma tentativa de compartilhar o que pode ser relevante para uma pessoa que busca crescer em uma comunidade intercultural. A sabedoria popular nos lembra que quem busca ou deseja o fim deve buscar e desejar os meios para isso, e as ciências sociais e seus profissionais podem oferecer o fruto da experiência e da sabedoria prática.

*Aprender com a teologia e a tradição.* Sem uma base ou raciocínio teológico firme, não alcançaremos nenhum grau de vida comunitária intercultural honesta. Como nosso empreendimento é baseado na fé, devemos retornar frequentemente às nossas raízes teológicas e, particularmente, à vida e aos ensinamentos de Jesus: ele é o "mestre", nós somos os "discípulos", e os evangelhos estão cheios de exemplos do que isso implica, desde: "Ao discípulo basta ser como o mestre" (Mt 10,25), até: "Dei-vos o exemplo para que façais o mesmo que eu vos fiz" (Jo 13,15).

**Formando pessoas virtuosas**

Habilidades podem ser impressionantes, mas nosso objetivo não é impressionar: é espelhar e exemplificar algumas das qualidades que marcaram a missão de Jesus e levaram as pessoas a segui-lo. Primeira e definitivamente, somos seus discípulos. Não somos o Mestre, como ele nos lembrou: "Não deixeis chamar de mestre, porque um só é vosso mestre, e todos vós sois irmãos" (Mt 23,8), aprendizes, discípulos. Então, vejamos algumas das virtudes que devemos procurar cultivar para o bem da comunidade e da missão.

A formação de um caráter moral é incumbência de qualquer um que presume servir os outros, o que inclui chamá-los para desenvolver seu próprio caráter moral. Santidade e humanidade devem unir-se em uma mistura incomum. Sempre haverá uma espécie de disjunção entre o que proclamamos e quem somos, mas devemos estar comprometidos em preencher a lacuna entre os dois. Isso requer virtude – uma vida virtuosa, especificamente. Seguem-se aqui cinco grupos de virtudes que parecem ser particularmente apropriadas para qualquer pessoa comprometida com a vida comunitária intercultural apostólica. Alguns deles estão incluídos acima, e seria útil consultar novamente o repertório de habilidades. Mas, especificamente como virtudes, elas são produtos da graça habilitadora de Deus e da nossa cooperação com essa graça.

*Paciência, longanimidade, tolerância: virtudes do servo.* A paciência implica a capacidade de sofrer e perseverar. "Longanimidade" – um dos doze frutos do Espírito Santo – é paciência e tolerância (de *animus*, "alma", significa "grandeza de alma"). Tolerância é a capacidade de suportar. Cada uma dessas virtudes está associada a um compromisso de longo prazo, e cada uma é particularmente necessária em uma comunidade, um lar que existe ao longo do tempo e não é um hotel nem uma residência temporária. As pessoas que enfatizam a "autoatualização" e elevadas conquistas pessoais podem precisar adquirir maior paciência se quiserem ajustar-se às demandas da comunidade. E resistência tem a raiz no verbo latino *sisto, sistere*, que, entre outras coisas, significa "reforçar", "estabelecer firmemente". Devemos posicionar-nos firmemente, não como sílex, mas como aço de alta resistência: não quebradiços, mas flexíveis. Cultivar a firmeza paciente diante de mal-entendidos e do sofrimento real é oferecer um poderoso testemunho de compaixão e comprometimento com Deus, com a comunidade e com aqueles entre os quais servimos.

*Humildade: virtude da terrenalidade e da fecundidade.* Muitos escritores comentaram sobre a etimologia da palavra "humildade". *Húmus* é o componente orgânico escuro dos solos, a fonte da fertilidade e da vida. Foi da terra, o *húmus*, que o ser humano (*'adam*) foi formado. Maria, a mãe de Jesus, é chamada de humilde porque de seu corpo fértil Jesus nasceu. O *Magnificat* é seu louvor exultante ao Deus que pode fazer coisas maravilhosas com e para as pessoas humanas. Como Maria, cada um de nós é chamado a ser fértil e a produzir uma colheita de tudo o que somos e fazemos. De nossa humildade, Deus encontra uma voz para falar e ações para curar. Consequentemente, uma das virtudes mais importantes e criativas a serem praticadas e polidas na comunidade é a humildade: fecundidade. A vida em comunidade nunca deve ser degradante ou destrutiva para o amor-próprio das pessoas ("humilhar" é tratar o outro como lixo improdutivo, em vez de permitir-lhe ser produtivo). Uma comunidade deve ser um viveiro ("seminário") no qual cada um pode esforçar-se para atingir seu potencial pleno e fértil, e não se tornar estéril e improdutivo. Uma comunidade de membros autenticamente humildes nunca ficará murcha pela competição destrutiva, mas prosperará como um jardim de flores florescentes.

*Sabedoria: discernimento e percepção.* Sabedoria é uma rara combinação de conhecimento e experiência. Se o conhecimento por si só fosse suficiente, todos os graduados, educadores e professores seriam sábios. Se a experiência por si só fosse suficiente, todas as pessoas mais velhas seriam sábias. Mas nenhuma dessas duas sentenças é verdadeira. A sabedoria é revelada quando o julgamento justo é adicionado ao conhecimento e à experiência. Um de seus componentes é o "senso comum", que está longe de ser reles, porque nem todos possuem julgamento maduro ou apropriado, um de seus constituintes essenciais. Mas a sabedoria – um dom do Espírito – é vital para a transmissão da fé. Sem ela, o melhor que podemos fazer seria simplesmente transmitir o que recebemos. A sabedoria ajuda uma pessoa a destilar conhecimento e transmiti-lo de maneiras e circunstâncias apropriadas, o que requer discernimento e percepção. Além disso, sem uma base de senso comum, não pareceria haver caráter moral suficiente para a sabedoria enraizar-se. E, sem o florescimento da sabedoria, nossa capacidade de viver e trabalhar dentro e além de uma comunidade intercultural seria seriamente inibida. A sabedoria não é dada a todos, mas toda comunidade precisa dela. Pode-se rezar pedindo-a e, se for dada, pode ser estimada e praticada.

*Comprometimento com a conversão pessoal.* Quem evangelizará o evangelizador? Quem converterá aquele que busca levar outros à conversão? Parecem perguntas retóricas, mas exigem uma resposta urgente, uma resposta de cada um de nós. Como São Paulo disse de forma bastante dramática: "Castigo meu corpo e o domino, para que não suceda que, tendo anunciado a mensagem para os outros, venha eu mesmo a ser reprovado" (1Cor 9,27). Se cada um de nós é um aprendiz ao longo da vida, bem como um professor, devemos estar comprometidos com nossa conversão pessoal contínua. Em nenhum momento de nossa vida podemos saber quem ainda pode ser decisivo nesse processo (ou como podemos contribuir para a conversão de outros). Nossa comunidade, entretanto, certamente deve ser um lugar em que nossa conversão realmente acontece. Se estivermos verdadeiramente abertos para que o Espírito de Deus trabalhe em nossas vidas, devemos rezar para que as oportunidades no contexto de nossa comunidade não sejam negligenciadas ou minimizadas. Parte de nosso compromisso com nossa conversão pessoal, portanto, deve ser a real disposição de nos envolvermos com aqueles entre os quais vivemos: eles podem estar entre os agentes mais imediatos de nossa conversão.

*Confiabilidade e coração confiante.* Recentemente, o escândalo do abuso sexual de menores comprometeu enormemente a confiança entre muitas pessoas e o clero e os religiosos. Mas também afetou relacionamentos nas comunidades e entre seus membros. A confiança é como uma porcelana: se ela se estilhaça, é irreparável. E, contudo, a confiança é a própria pedra angular dos relacionamentos, por isso *deve* ser reparada. Quem leva uma vida dupla não é digno de confiança, mas quem não confia nos amigos e nos parentes com quem vive também não é digno de confiança. Assim, todos os membros da comunidade têm a responsabilidade moral de buscar tornar-se confiáveis e também de esforçar-se para confiar naqueles com quem vivem. Sem esse suporte, uma comunidade não pode sobreviver, muito menos permanecer fiel à missão. No capítulo 2, identificamos algumas características de uma comunidade intercultural. Entre elas deve estar a disponibilidade de mecanismos para lidar com a suspeita mútua ou a erosão da confiança intracomunitária. Tais mecanismos, porém, nunca serão suficientes, a menos que cada pessoa se comprometa a trabalhar em questões de confiança e a cultivar essa virtude.

# Apêndice III

# Vida intergeracional

**O desafio**

A vida intercultural é um *desafio*, mas não um *problema*, o que não quer dizer que seja sempre fácil lidar com ela. Mas, se a visualizarmos de forma positiva, como um convite ou um desafio, em vez de uma vicissitude ou um problema, seremos muito menos propensos a procurar culpados e podemos até achá-la mais envolvente. Problemas (sugerindo dificuldade, sofrimento e incerteza) desencorajam muitas pessoas e podem frequente e facilmente ser atribuídos a outra pessoa. Mas desafios (sugerindo a necessidade de coragem e ousadia) podem parecer muito mais atraentes para muitos outros.

Mas um dos desafios da vida intercultural diz respeito tanto aos indivíduos quanto às culturas. Uma vez que os indivíduos são, sem dúvida, moldados pela cultura, exploramos alguns dos efeitos da cultura sobre os indivíduos[133]. Mas outra característica dos indivíduos precisa ser explorada aqui, e essa é menos obviamente fundamentada na identidade cultural de alguém do que em parte da identidade de cada pessoa (embora culturalmente manipulada ou interpretada): a idade. Membros de cada comunidade podem, em princípio, ser reunidos em turmas ou grupos etários e separados em gerações ou níveis

---

133. Cf. "Perfis sociais e interação social", cap. 6.

etários. Mas como as pessoas nesses e entre esses grupos se relacionam entre si, e como isso afeta a comunidade como um todo, é intrinsecamente interessante – talvez especialmente em algumas comunidades contemporâneas.

### Gerações: mesmas, adjacentes e alternadas

Eis aqui algumas generalizações que não se mostrarão verdadeiras em todos os casos, mas que fornecerão uma regra prática ou aproximação útil. Pessoas da *mesma geração* que você (frequentemente identificadas como pares ou um grupo de pares) podem oferecer, ou ser chamadas para dar, o apoio e o encorajamento de pares, e frequentemente o fazem de forma muito eficaz. Mas elas também podem exercer um poder considerável: o poder de exercer pressão de pares, desaprovação ou sanções sobre outros de seus pares, também com grande – e às vezes muito doloroso – efeito. Durante o período de socialização secundária (*grosso modo*, na adolescência), os indivíduos podem ser particularmente influenciados por seu grupo de pares[134]. De fato, as gangues são moldadas, sustentadas e motivadas por ele. Então, no contexto de uma comunidade, seria útil identificar grupos de pares e sua significância.

*Gerações adjacentes* são quaisquer duas gerações próximas ou contíguas, isto é, pessoas relacionadas como pais e filhos. Mas, mais do que filhos e seus pais, isso também se aplica a filhos adultos e seus pais idosos, bem como a pais mais jovens e seus próprios filhos em crescimento. Dinâmicas sociais muito diferentes caracterizam cada uma dessas configurações. Normalmente, no entanto, podemos dizer que os relacionamentos aqui são marcados por estresse, luta, ambiguidade e atrito estrutural: eles se tocam, às vezes amorosa e harmoniosamente, mas outras vezes de modo contencioso e antagônico. Essa característica parece encaixar-se na experiência de pessoas de cul-

---

134. Cf. "A necessidade de esclarecer a terminologia", no cap. 4.

turas amplamente diferentes e pode ser um universal cultural. O relacionamento entre pessoas de gerações adjacentes é muitas vezes volátil, pelo menos até que haja algum abrandamento e tolerância por parte de cada um.

Compare essa situação com o relacionamento entre pessoas de *gerações alternadas*, nas quais pode haver pouco ou nenhum embate por autoridade, mas colaboração, em vez de competição, e facilidade estrutural, em vez de atrito estrutural[135]. Gerações alternadas são quaisquer duas gerações separadas por pelo menos uma geração intermediária, como netos e seus avós ou bisavós. Os avós são frequentemente (mas nem sempre ou universalmente) muito mais relaxados com seus netos do que jamais foram com seus próprios filhos em crescimento, enquanto os netos são tipicamente mimados ou "estragados" por seus avós de maneiras que seus próprios pais nunca demonstraram.

Entretanto, por mais interessante que isso possa ser, não é nosso ponto principal. Quando aplicada à vida comunitária, no entanto, essa informação pode ser bastante esclarecedora. Se tivéssemos de escolher entre gerações "iguais", "adjacentes" ou "alternativas", como descreveríamos – no mundo de hoje, em comparação com o de meio século atrás – o relacionamento entre um noviço e um mestre de noviços, um superior e a comunidade, e um pequeno número de pessoas de idades muito diferentes, mas que professaram no mesmo dia?

### Turmas transversais e gerações misturadas

Em meu noviciado, meio século atrás, éramos mais de cinquenta noviços. O mestre de noviços era um homem "velho" com mais de cinquenta anos, e com duas exceções muito óbvias e destacadas, todos nós nascemos com dois anos de diferença uns dos outros. O mestre de noviços era claramente a figura pa-

---

135. Onde, contudo, os avós criam os filhos devido a algum mau funcionamento da família nuclear, a relação avô-neto pode replicar o atrito estrutural mais típico da relação pai-filho.

ternal na geração adjacente à nossa. Dois dos confessores eram, sem dúvida, de uma geração alternativa à nossa, eram nossos avós. Mas o outro confessor parecia mal ter idade para continuar a estar ali. Ele era mais como um irmão de idade avançada, mas poucas pessoas o fizeram seu confessor, porque se sentiam desconfortáveis com ele naquelas circunstâncias. Todos os noviços eram, é claro, da mesma comunidade religiosa, e éramos estrita e somente homens.

Atualmente, trabalho com vários grupos de internoviciado. Trata-se de aglomerados de meia dúzia ou mais comunidades, masculinas e femininas, clericais e leigas, cada uma com algo entre nenhum e meia dúzia de noviços em um determinado ano. Quando entro na sala, onde pode haver entre vinte e cinco e cinquenta pessoas, incluindo os mestres de noviços, não tenho ideia de quem é quem, além de supor que qualquer um que pareça muito jovem (dos quais há apenas alguns) não seja um mestre, mas um noviço. Assim, sempre preciso perguntar, porque um homem de sessenta anos – outrora casado, agora talvez divorciado ou viúvo, talvez um avô – pode ser um dos noviços daquele ano – ou, na verdade, o mestre dos noviços. E uma pessoa na casa dos quarenta pode muito bem ser qualquer um dos dois. Novamente, isso é familiar o suficiente para nós, mas a dinâmica dos relacionamentos interpessoais e intracomunitários pode frequentemente tornar-se confusa e confundir.

Um noviço com menos de trinta anos, sem muita experiência de vida, pode ser um verdadeiro colega na mesma comunidade de outro noviço que tem mais de cinquenta anos e teve uma carreira no ensino, no setor bancário ou no direito? E um mestre de noviços que tem quase a mesma idade do único noviço na comunidade pode ser um colega ou um amigo? Às vezes, é tão difícil para uma pessoa mais velha mostrar deferência apropriadamente a um mestre mais jovem como é para um diretor mais jovem ser apropriadamente diretivo com o noviço.

Depois, há os "avós" na comunidade, e também os "mentores" e as "parteiras". Os avós geralmente têm idade suficiente para fazer parte de uma comunidade que inclui pessoas de duas ou três – ou quatro – gerações, e os mentores ou parteiras são guias pessoais confiáveis que provaram ser pessoas de autoridade moral, mas não autoritárias, que são gentis, em vez de severas, e tão ansiosos para apoiar como capazes de corrigir sem minar dignidade alguma, nem a própria nem a de outra pessoa. Mas os mentores raramente são pais ou colegas, e nem os pais nem os colegas podem assumir esse *status*: cabe à pessoa que está sendo mentorada afirmar esse título. E uma pessoa pode ser mentora em uma comunidade sem ser o superior. Quanto às parteiras, que também não são necessariamente superiores da comunidade, sua reputação as precede e determinará em grande parte a resposta daqueles que atendem ou auxiliam. E pode ser muito interessante para os líderes de comunidades masculinas saber que em um dos diálogos de Platão ele cita Sócrates sobre o assunto de parteiros *masculinos*. Sócrates diz: "Minha arte de parteiro é em muitos aspectos como [a das mulheres]; mas é diferente, pois atendo homens, não mulheres; e cuido de suas almas quando estão em trabalho de parto, não de seus corpos; e o triunfo da minha arte está em examinar minuciosamente se o pensamento que a mente de um jovem traz à luz é um falso ídolo ou um nascimento nobre e verdadeiro" (*Teeteto*, 150 b-c).

Em suma, há muitos e múltiplos papéis e *status*, em qualquer comunidade hoje, que criam um desafio delicado em si mesmos. Se, pois, complicarmos o desafio identificando diferenças culturais específicas entre essas várias pessoas, então estamos nos aproximando da realidade que se obtém em uma comunidade intercultural. Um mestre de noviços de uma cultura completamente diferente das de todos os noviços, e alguém que eles não podem ver como um ancião ou mentor, mas apenas como uma figura paternal ou disciplinadora, vai achar a vida tão difícil quanto os novatos. E, se o mestre não tiver um colega para consultar, a solidão e o isolamento podem complicar uma situação já delicada.

### O que é possível e o que não é?

Algumas pessoas em posições de liderança tentam ser colegas ou camaradas de tantas pessoas quanto possível, enquanto outras abdicam de sua responsabilidade por causa de conflitos de personalidade. Alguns influenciam sendo "avós", quando isso é bastante inapropriado porque a natureza do relacionamento é patentemente de atrito estrutural. E, enquanto alguns podem tentar impossivelmente ser tudo para todos (par, amigo, pai, avô, mentor e parteira), outros podem optar, igual e impossivelmente, por manter um único *status* e papel que seria adequado para enfrentar todos os desafios da vida em comunidade.

Cada um de nós é desafiado a examinar a si mesmo e – de preferência com um amigo ou mentor perspicaz – a identificar nossos pontos fortes e fracos, nossas aptidões e inépcias para a vida comunitária intergeracional e/ou para a liderança. Então, precisaríamos explorar variáveis culturais como a meia dúzia a seguir.

Primeiro, verifique quem são consideradas figuras de sabedoria nas culturas dos membros da comunidade e descubra como alguém se torna uma figura de sabedoria: por idade, papel social, gênero, realizações e assim por diante. Então, identifique os diferentes papéis e expectativas entre as pessoas com autoridade e seus encargos em outras culturas. Terceiro, identifique como os membros individuais da comunidade percebem a(s) figura(s) de autoridade em sua comunidade religiosa e descubra o que é e o que não é considerado comportamento apropriado entre um líder específico e seu subordinado. Em seguida, lembre-se de que a reciprocidade pode ser simétrica ou assimétrica. Entre pares deve ser simétrica e igual; entre líder e encarregado, ou superior e subordinado, pode ser assimetricamente recíproca ou mútua, mas desigual, como entre pai e filho ou avô e neto. Veja se você consegue esclarecer quais relacionamentos em uma comunidade podem ou devem ser simétricos e quais são ou devem ser assimétricos. Quinto, não imponha hierarquia em situações potencialmente dialógicas ou force o diálogo em situações hierárquicas. (Diálogo e hierarquia são estruturalmente incompatíveis: não podemos ter os dois ao mesmo tempo, como observamos no Apêndice II.) Por fim, esclareça objetivos e expectativas pessoais e interpessoais em circunstâncias específicas, depois verifique novamente para ver se eles eram realistas e/ou foram cumpridos, e, se não, por que não.

**Ferramenta de análise SWOT**

A sigla SWOT, em inglês – e assim conhecida entre os falantes de português, clássica no mundo corporativo, e que manteremos aqui –, designa *strengths, weaknesses, opportunities, threats*, isto é, "forças", "fraquezas", "oportunidades" e "ameaças", associadas a uma situação real ou a uma possível realização. Uma análise SWOT ou matriz SWOT é uma maneira de identificar fatores críticos envolvidos em um empreendimento e analisá-los com o objetivo de avaliar a viabilidade de um plano ou estratégia pretendido. Foi inicialmente desenvolvida como uma ferramenta para ser usada no campo empresarial, mas desde então tem se mostrado útil para organizações sem fins lucrativos e até mesmo pequenas comunidades. Ela pode ajudar as pessoas a identificar oportunidades e problemas potenciais e avaliar a probabilidade de sucesso ou fracasso em empreendimentos específicos. Não podemos entrar em detalhes aqui, basta identificar a ferramenta em si e como ela pode ser utilizada.

Ao usar a abordagem SWOT, o objetivo é procurar um *ajuste estratégico* entre os recursos disponíveis e o resultado proposto. À medida que cada componente do SWOT é identificado, o planejamento futuro pode ser calibrado adequadamente. A eficácia da análise SWOT em uma consulta a toda uma comunidade, ou entre um mestre de noviços e um noviço, dependerá em parte da capacidade de fazer as perguntas mais pertinentes – sobre os pontos fortes, fracos, oportunidades e ameaças – que produzirão respostas úteis que levem à ação.

No *site* da Wikipédia há um diagrama simples para análise SWOT, semelhante ao proposto abaixo (figura 21).

## ANÁLISE SWOT

|  | *ÚTIL* | *PERIGOSO* |
|---|---|---|
| **ORIGEM INTERNA** *(Atributos da comunidade ou do indivíduo)* | Forças | Fraquezas |
| **ORIGEM EXTERNA** *(Atributos do ambiente em geral)* | Oportunidades | Ameaças |

**Figura 21**

Para obter mais informações, basta pesquisar no Google por Modelo de análise SWOT ou Ferramenta de análise SWOT.

# Apêndice IV
# A opção preferencial pelo "Outro"

**O estranho em cada um de nós**

"O conceito de estranho continua sendo uma das ferramentas sociológicas mais poderosas para analisar processos sociais de indivíduos e grupos confrontando novas ordens sociais" (Shack, 1979, *apud* Gudykunst; Kim, 1992, p. 19). Já olhamos para Jesus como um estranho e para a necessidade de não apenas alcançar o estranho que é "o outro", mas também identificar e abraçar esse *status* e papel[136]. Desenvolvi esse tema mais completamente em outro lugar (Gittins, 2002a, p. 121-160). O ponto desta reflexão é lembrar-nos que "o outro" não é só outra pessoa, mas também, no contexto de uma comunidade intercultural e do compromisso com a missão transcultural, "o outro" é a pessoa em seu espelho: você mesmo. Cada um de nós se torna o estranho ou "o outro", o que significa que temos dois papéis: agir apropriadamente como o estranho, a pessoa que não está em casa, mas também tratar os outros apropriadamente como estranhos. Se esses dois papéis forem devidamente compreendidos e vividos, haverá, ou deverá haver, um desenvolvimento progressivo de relacionamentos mútuos. Como resultado, todos serão o estranho ("outro" e "o de fora participante"), mas também incorporados (não assimilados) como um membro verdadeiro e pleno da comunidade intercultural

---

136. Cf. cap. 10 e quadrante 3, "de fora participantes", e "A solução de Jesus".

("de dentro participante"). Isso deixará cada membro em uma situação delicada ou volátil às vezes se sentindo muito como um estranho se sente (não assimilado e não exatamente pertencente) e às vezes muito "em casa". Alternar entre esses dois estados é exatamente o que uma pessoa marginal faz. E, como cada membro da comunidade tenta viver apropriadamente como uma pessoa marginal, assim cada membro deve tentar ter empatia com todos os outros, pois eles também vivenciam a ambiguidade da pessoa marginal ou liminar, vivendo, como Jung Young Lee (1995) expressa, "entre", "em ambos" e "no além"[137].

Como vimos no capítulo 8, no entanto, assim como Jesus veio não apenas para identificar, mas também para remover ou apagar ativamente a linha divisória entre os de dentro e os de fora, "nós" e "eles" (Ef 2,14), cada membro de uma comunidade intercultural é obrigado a tentar o mesmo feito.

**Reflexão teológica**

Em um breve apêndice, podemos somente mencionar algumas contribuições significativas para este tópico e encorajar as pessoas a realizarem leituras adicionais. Eis aqui algumas reflexões muito úteis de alguns autores significativos.

Em um artigo brilhante e presciente, Johannes Metz analisou uma situação que se torna mais aguda a cada ano que passa: a mudança de uma Igreja culturalmente monocêntrica (euro-americana) para uma Igreja policêntrica (1989, p. 79-87). O desafio específico é a unidade na diversidade e se ela é enfrentada por uma mentalidade defensiva, de "segurança em primeiro lugar", ou por uma "lealdade ofensiva" à missão de Deus e da Igreja (*ibid.*, p. 79). Este é, naturalmente, o propósito essencial das comunidades interculturais. Metz identifica o desafio ou dilema em quatro partes: o policentrismo cultural está sendo rapidamente corroído pela globalização, culturas não europeias

---

137. Cf., anteriormente, cap. 8.

estão sendo puxadas para um "redemoinho eurocêntrico", povos não ocidentais estão sob intensa pressão para conformar-se aos processos de secularização, e a sobrevivência do policentrismo cultural diante de um mundo globalizado que parece ter perdido suas amarras morais. Dadas essas correntes, que esperança há de unidade autêntica na diversidade?

Metz sugere que uma Igreja culturalmente policêntrica (e para nossos propósitos específicos, uma comunidade intercultural) é possível em duas condições. Primeiro, ela deve estar explicitamente comprometida em buscar liberdade e justiça para todos; segundo, ela deve ser demonstravelmente "baseada no reconhecimento do outro em sua diversidade [...] tal como deveria ser familiar para nós pela história do cristianismo primitivo" (*ibid.*, p. 82). Para que isso aconteça, a Igreja deve "implementar a herança bíblica principalmente como a base de uma cultura hermenêutica: isto é, uma cultura que reconhece o outro em sua alteridade". Essa "nova" cultura hermenêutica – uma que interpreta e explica a realidade de uma nova maneira ao endossar e defender a "diversidade", a "alteridade", ou a dignidade da diferença – é precisamente o que defendemos no capítulo 2 como "cultura E", uma *nova* comunidade intercultural. Metz se refere a ela como uma cultura de reconhecimento. Mas o reconhecimento não é suficiente. Devemos ir mais longe e criar uma cultura de acolhida e inclusão radicais, como vimos em nosso capítulo final. Mas Metz também acrescentaria à frase clássica da "opção preferencial pelos pobres" uma segunda "opção pelos outros em sua diversidade" (*ibid.*, p. 83). Membros de comunidades interculturais devem certamente abraçar a mesma opção não opcional.

Wilhelm Dupré fala em termos mais amplos (2002, p. 161-177), olhando para uma tradição religiosa em si em âmbito nacional ou diocesano. Mas suas observações se aplicam pertinentemente a uma comunidade intercultural local. Ele cita Julia Kristeva, que fala de uma "comunidade contrastante" que é "composta de estrangeiros que se reconciliam consigo mesmos à medida que se reconhecem como estrangeiros" (Kristeva, 1991, p. 195, *apud* Dupré, 2002, p. 169). Ele prossegue dizendo que tal comunidade não opera por assimilação, mas sim por "uma integração parcial com uma condição favorável de autoidentificação. Qualquer um que queira vir e aceite as condições que delineiam essa possibilidade é bem-vindo [...]. É a residência fatual (e livremente escolhida) que determina o significado da cidadania" (Dupré, 2002).

O filósofo Emmanuel Lévinas foi uma fonte de grande percepção sobre as relações entre o eu e o outro (1969). Para ele, "o outro" é, em primeiro lugar, o outro ser humano que evoca a responsabilidade ética" (Veling, 1999, p. 275) de si mesmo. O teólogo David Tracy ecoa isso: "A virada para o outro é a virada quintessencial da própria pós-modernidade. É essa virada, acima de tudo, que define o significado intelectual e ético da pós-modernidade. O outro e o diferente surgem agora como categorias intelectuais centrais nas principais disciplinas, incluindo a teologia" (Tracy, 1994, *apud* Veling, 1999, p. 276). Em outro lugar, ao reconhecer que Lévinas usa "outro" como se referindo tanto a um "outro" humano quanto ao "Outro" transcendente, Tracy mostra a relação entre eles: "Certamente, esta rota ética para o Outro absoluto somente mediante as inter-relações de outros humanos é o movimento mais original e ousado de Lévinas, e, para a teologia judaica e cristã, promissor e controverso" (Tracy, 1995, p. 194). E Terry Veling acrescenta: "Como as sensibilidades da teologia da libertação, Lévinas quer manter o próximo humano entre mim e Deus, de modo que não possamos aproximar-nos muito facilmente do Deus invisível sem primeiro encontrar a altura de nosso próximo" (Veling, 1999, p. 283).

O pai da teologia da libertação, Gustavo Gutiérrez, escreveu: "Redescobrir o outro significa entrar em seu próprio mundo. Também significa uma ruptura com o nosso. O mundo da absorção introspectiva com o eu [...] não é apenas interior, mas é socioculturalmente condicionado. Entrar no mundo do outro [...] com as demandas reais envolvidas [...] é começar [...] um processo de conversão" (1974, p. 59, *apud* Veling, 1999).

Seria, é claro, muito mais fácil – pelo menos a curto prazo – tratar o outro apenas como um convidado ou estranho, mantendo assim nossa própria iniciativa e controle. É muito mais difícil, como diz Lévinas, "enfatizar, em vez disso, o ato de deferência ao Outro na alteridade dele [dela], que só pode ocorrer pelo despertar do Mesmo [isto é, de si] – sonolento na identidade dele [dela] – pelo Outro" (Lévinas, 1989, p. 209). Veling segue esse pensamento de uma forma que desafia nossas próprias comunidades interculturais. Ele diz que, se tivermos dificuldade em ajustar-nos ao outro, pelo menos estaremos mais cientes da existência real do outro, ao passo que quanto mais conforto sentirmos, mais imunes à própria existência do outro nos tornaremos. A tarefa da revelação, ele diz, "é sempre anunciar, comandar, perfurar, romper, desestabilizar – abrir nosso mundo e voltar-nos para o chamado e a demanda do outro em nosso meio" (Veling, 1999, p. 279). É aqui que sentimos o chamado à conversão. "O rosto do outro irrompe em meu mundo e me chama. Não sou um eu para mim mesmo, mas um eu diante do outro. O outro evoca minha resposta, comanda minha atenção, se recusa a ser ignorado, reivindica minha existência, me diz que sou responsável" (Veling, 1999, p. 281).

**Vivendo com a ambiguidade**

O outro, então, é o estranho, o estranho é o outro, e cada um de nós é ambos: esse é o desafio enfrentado por aqueles que se comprometem a criar e viver em comunidades interculturais. Lembramos os grandes versículos de abertura de Gênesis 18: "O Senhor apareceu a Abraão pelos carvalhos de Mambré, enquanto ele estava sentado na entrada de sua tenda no calor do dia. Ele olhou para cima e viu três homens em pé perto dele".

Também podemos estar cientes de que os rabinos ensinaram que esse é o versículo mais longo de toda a Bíblia: o espaço invisível entre o sentido do versículo um e do versículo dois é onde a epifania toma corpo: Deus realmente aparece como os estrangeiros. Eis Lévinas novamente: "A Justiça prestada ao Outro[138], ao meu próximo, me dá uma proximidade insuperável de Deus [...]. Alguém segue o Deus Altíssimo, acima de tudo, aproximando-se do próximo e mostrando preocupação com 'a viúva, o órfão, o estrangeiro e o mendigo', uma abordagem que não deve ser feita de 'mãos vazias'" (Lévinas, 1990, p. 18 e 26, *apud* Veling, 1999, p. 292).

Uma voz teológica final é a de David Power, que, em um belo ensaio, fala sobre o respeito pela diversidade do outro e procura sinais de um acordo comum entre pessoas de diferentes culturas acerca da importância crítica dessa atitude (Power, 1996, p. 79-101). Ele então identifica um imperativo "cívico" (comum a muitas ou a todas as pessoas) e um imperativo "religioso" (especificamente para os cristãos) (Power, 1996, p. 93-94). Este último é ter fé permanente em Jesus Cristo. Mas essa fé cristã, diz ele, "tem de ser recuperada como comum, além das particularidades das expressões culturais específicas dadas a ela" (Power, 1996, p. 94). Assim, essa fé deve ter três referentes. Primeiro, ela deve atrair-nos "à memória de Jesus Cristo como ela vem a nós primeiramente e acima de tudo na formulação dos evangelhos, o que quer que tenhamos feito em nossas culturas particulares para buscar entender e ler abaixo ou através dessa formulação, e como ela é mantida viva na adoração cristã, em toda a sua diversidade" (*ibid.*). Segundo, nossa fé deve sensibilizar-nos "ao poder do próprio Espírito de Deus [...] trabalhando mediante uma variedade de formas culturais" (*ibid.*). E, terceiro, a fé deve ajudar-nos a estar comprometidos "com a esperança da reconciliação quando ofuscada, ou sobre-

---

138. Esse "O", em "Outro", é deliberadamente ambíguo, denota Deus como o próximo.

carregada, pela negação do outro e pelo excesso de mal que isso traz consigo" (*ibid.*). Isso é uma convocação à mobilização para todas as pessoas chamadas à vida intercultural.

E a voz final é de um antropólogo social leigo, que diz isto:

> Ao nos tornarmos interculturais, nos elevamos acima das garras ocultas da cultura e descobrimos que há muitas maneiras de ser bom, verdadeiro e belo. Nesse processo, adquirimos uma maior capacidade de superar o paroquialismo cultural e desenvolver um círculo mais amplo de identificação [...]. De certo modo, tornar-se intercultural é um processo de nossa libertação de uma perspectiva limitada sobre a vida – ou nos tornarmos mais plenamente humanos, com uma maior consciência e sensibilidade para consigo mesmo, para com os outros e para com o relacionamento entre eles (Gudykunst; Kim, 1992, p. 255).

# Apêndice V

# Poder e autoridade[139]

**Limpando o terreno**

Uma criança bem pequena pode ter o poder (capacidade física) de furar o olho de alguém. O estado pode ter o poder (autoridade legitimada) de executar um criminoso. Um pai pode ter poder (autoridade moral) de moldar uma criança em um adulto virtuoso, e uma nação pode ter poder (capacidade militar) de destruir uma cidade. Claramente, a palavra "poder" é usada de muitas maneiras e em diversos contextos. Comecemos, então, com uma definição funcional das ciências sociais. Poder é a enorme capacidade de agir sobre algo ou alguém, e autoridade é o direito de fazê-lo. Eu tenho o poder, mas não a autoridade, de fazer muitas coisas, de assar um bolo a chutar alguém, de oferecer assistência a uma pessoa necessitada a detonar uma bomba. Autoridade é a autorização ou legitimação de um ato. Então, um juiz tem autoridade para sentenciar um criminoso, e um pai tem autoridade para disciplinar uma criança. Mas às vezes a autoridade é invocada quando não há nenhuma. Às vezes é invocada apenas como exercício de poder bruto, como em um ataque preventivo a um inimigo declarado, um marido batendo em sua esposa, um militar torturando um suspeito.

---

139. Algo do que se encontra aqui pode ser encontrado no cap. 3, em "Política".

O conceito de poder em si é moralmente ambivalente, ambíguo ou neutro, mas, uma vez aplicado, oferece o contexto para seu julgamento moral. Afirmar categoricamente que o poder corrompe é muito elegante. Em todo caso, Lord Acton disse que ele *tende* a corromper. O teólogo e bispo emérito Stephen Sykes escreveu um tratado muito bem argumentado e apresentado a respeito das abordagens teológicas ao poder, no qual ele identifica duas principais (Sykes, 2006). Algumas pessoas defendem que o uso de todo poder é antitético à vida e ao espírito de Jesus; outros, que Deus é a *fons et origo*, a própria fonte, de todo poder, e que a humanidade pode exercer um poder divino derivado. Mas, como Sykes mostra de modo claro, o poder legitimamente derivado ou reivindicado (isto é, autoridade) tem sofrido terríveis abusos ao longo da história: Deus tem sido frequentemente invocado para alguns propósitos muito ímpios.

De um ponto de vista teológico, um problema relacionado ao uso do poder como autoridade é precisamente o fato de que todos nós agimos culturalmente: somos pessoas de cultura, e a cultura fornece o contexto para todas as nossas ações. Além disso, as culturas humanas são inúmeras, e todas as noções acerca de Deus, sobre sua natureza e quanto à autoridade que os humanos derivam de Deus são cultural e linguisticamente codificadas e ligadas de maneira inextricável a ideias mais seculares de governança e de sanções apropriadas. Os agentes humanos são sempre capazes de invocar Deus como seu aliado ou a autoridade máxima quando exercem sua própria autoridade, mesmo quando se tornam corruptos e causam grande dano físico ou moral. Então, vejamos o uso do poder e da autoridade no contexto de comunidades interculturais.

**A distância do poder**

Geert Hofstede definiu a "distância do poder" como "a extensão em que os membros menos poderosos de instituições e organizações aceitam que o poder é distribuído de forma desigual" (Hofstede; Bond, 1984, p. 417-422, p. 419). Aqui, "poder" é entendido como "poder em autoridade", em vez da enorme capa-

## DISTÂNCIA DO PODER

| DISTÂNCIA DE ALTO PODER | DISTÂNCIA DE BAIXO PODER |
|---|---|
| • Indivíduos aceitam o poder (autoridade) como constitutivo da sociedade ordenada | • A maioria das pessoas busca uma minimização da autoridade hierárquica |
| • A hierarquia é construída na organização | • O poder (autoridade) só deve ser invocado raramente |
| • Superiores e subordinados são distintos e diferenciados | • O poder hierárquico (autoridade) é reconhecido como um valor organizacional |
| • Líderes/superiores têm um senso de direito e privilégio legítimo | • As diferenças não equivalem a distinções morais |
| • O poder inclui a ameaça legítima ou o uso de sanções | • Cada indivíduo tem os mesmos direitos |
| • Pais/superiores esperam obediência | • As pessoas valorizam o trabalho honesto como sua própria recompensa |
| • Estudantes/subordinados valorizam a conformidade e exibem atitudes autoritárias entre si | • Conhecimento, respeito e felicidade são mutuamente compartilhados e esperados |
| • Forte supervisão e medo do superior produzem falta de confiança, tanto vertical como horizontalmente (entre sujeitos) | • As pessoas têm "mobilidade social", a capacidade de se mover livremente na instituição |
| • Discrição, tato e subserviência são valorizados pelos subordinados | • Há um esforço real por mutualidade e colaboração em vez de competição |
| • Todos têm um lugar, mas é atribuído e as pessoas são desiguais | • O poder (autoridade) é entendido como serviço |
| • O poder (autoridade) é mantido pelos superiores e raramente desafiado | • Aqueles que têm poder estão cientes e são inclusivos dos menos poderosos |

Figura 22

cidade de obter um resultado, e Hofstede distingue a distância de alto poder da de baixo poder. Podemos mostrar isso em uma tabela (figura 22), cujo conteúdo total deve tanto a Eric H. F. Law (1993, p. 19-27)[140] quanto a Geert Hofstede, com algumas adições minhas:

Usando a "distância de poder" como um esquema, um modelo explicativo ou hermenêutico, torna-se possível adicionar variáveis culturais, como enculturação masculina ou feminina, egocêntrica ou sociocêntrica, etnia ou idade, para obter maiores detalhes explicativos. Por exemplo, Law caracteriza franceses, mexicanos, indianos, filipinos e brasileiros como culturas de alta distância de poder, em contraste com britânicos, alemães, norte-americanos (Estados Unidos e Canadá), australianos e escandinavos como culturas de baixa distância de poder. Isso poderia fornecer um ponto de discussão interessante para uma noite intercultural, mas imediatamente parece uma generalização muito ampla: "Grã-Bretanha" e "América do Norte" contêm uma variedade tão grande de culturas e estilos que seria impossível usar esse esquema como algo mais do que uma ferramenta *muito* rudimentar.

O esquema de Hofstede pode ser útil quando contrastamos comunidades de homens e mulheres. Resumindo sua contribuição, Gudykunst e Kim compararam grupos de alta masculinidade (ou baixa feminilidade) com grupos de alta feminilidade (ou baixa masculinidade). Os primeiros enfatizam coisas, assertividade, o poder em si, separação e especialização de papéis e independência pessoal, enquanto os últimos valorizam pessoas, educação e mutualidade e se preocupam mais com a integração de papéis em cada pessoa e com a interdependência

---

140. E. Law, sacerdote episcopal (anglicano), passou mais de vinte anos trabalhando com comunidades multiculturais nos Estados Unidos e além. Seu objetivo é ajudá-los a trabalharem efetivamente juntos, fornecendo informações e desenvolvendo habilidades em indivíduos e comunidades. Grande parte de seu trabalho é extremamente relevante para o propósito deste livro, embora ele lide com comunidades paroquiais ou *ad hoc*, em vez de explicitamente com comunidades permanentes e residenciais.

(Gudykunst; Kim, 1992, p. 47, em referência a Hofstede, 1980). Isso, na verdade, polariza e opõe as atitudes de mulheres e homens, enquanto se esperaria que, na realidade, houvesse mais sobreposição ou desvio de atributos "masculinos" e "femininos" em comunidades específicas. Contudo, o esquema de Hofstede novamente fornece material para pensar e conversar em comunidade. Pois ajuda a explicar algumas diferenças culturais e baseadas em gênero. Para nós, como o estranho ou "o outro" é tratado é muito importante, e talvez culturas de alta distância de poder sejam menos acolhedoras do que comunidades de baixa distância de poder. Se os recém-chegados são constantemente levados a se sentirem inapropriadamente isolados após certo período de tempo em uma comunidade, talvez seja necessário prestar atenção à relação de distância de poder ali operante. Comunidades de baixa distância de poder incluiriam muito mais facilmente os de fora e seriam menos propensas a fazer cerimônia ou enfatizar protocolos para integração gradual.

### O exemplo de Jesus

Jesus tinha um senso muito forte e claro de sua própria identidade e autoridade, mas não dominou ninguém e advertiu explicitamente seus seguidores a não fazerem isso: "Sabeis que os que parecem governar as nações as oprimem e os grandes as tiranizam. Entre vós, porém, não deve ser assim" (Mc 10,42-43). O texto grego realmente diz: "não é assim", mas o sentido é: "não é para ser assim", ou, como bem traduziu a versão da Vozes, "não deve ser assim". Mas, sobre sua autoridade pessoal, Jesus também lembrou as pessoas: "Ouvistes o que foi dito [...]. Pois eu vos digo" (Mt 5,21-22). Como resultado disso, as pessoas questionaram a fonte dessa afirmação, avaliaram sua pessoa e suas ações, e, consequentemente, tomaram suas decisões a respeito dele. Ele, porém, definiu poder como a capacidade de amar, expressa de forma não violenta como serviço sacrificial oferecido a todos, especialmente aos mais necessitados e explorados.

**Análise do poder**

Eric H. F. Law oferece descrição e análise perspicazes de como o poder é distribuído em qualquer grupo. Ele fala de grupos de etnias mistas, circunstâncias econômicas e gêneros. Nosso foco normalmente seria mais restrito: etnias e idades mistas, é claro, mas o mesmo gênero e – em princípio – as mesmas circunstâncias econômicas caracterizam nossas comunidades interculturais. Se considerássemos nosso alcance missionário, é claro, a situação seria diferente. Em uma comunidade de alta distância de poder – ou em uma comunidade de baixa distância de poder em que as pessoas são altamente independentes – pode haver considerável gama de circunstâncias econômicas, com alguns membros com muito mais acesso a recursos financeiros do que outros. Então, com modificações mínimas, as questões que Law apresenta podem ser muito pertinentes para qualquer comunidade intercultural. Ele dedica uma dúzia de páginas à análise de poder, identificando questões pertinentes e oferecendo um estudo de caso útil (Law, 1993, p. 57-69). Aqui, nós simplesmente relacionamos parte do que ele diz a alguns temas de capítulos anteriores deste livro.

Vimos os quatro quadrantes no capítulo 10, primeiro identificando os de dentro e os de fora e, então, participantes e não participantes. Esse esquema poderia ser usado em uma conversa sobre análise de poder tanto em nossas próprias comunidades como entre nós e aqueles a quem servimos. Eric Law apresenta questões como as seguintes: como o poder é distribuído neste grupo em particular, entre homens e mulheres, entre diferentes etnias, entre grupos com diferentes níveis de educação, entre a liderança e os membros, entre os membros mais velhos/com mais tempo de serviço e os juniores? E assim por diante. Tendo primeiro identificado quem tem poder e quem não o tem, e, então, indagando se há uma relação causal entre essas duas condições, "devemos determinar onde estamos em relação aos outros no contínuo do poder" (Law, 1993, p. 57-58). Então, a partir da experiência pessoal e da intuição, Eric Law propõe esta preciosidade de sugestão: "Se eu me encontrar em uma situação de impotência em relação aos outros, devo praticar uma espiritualidade do túmulo vazio. Se eu me encontrar em um lugar poderoso, devo praticar a espiritualidade da cruz" (Law, 1993, p. 58). Esse é um alimento sólido acerca do qual pensar muito seriamente.

**Líderes devem liderar**

Tendo confrontado culturas de alta e de baixa distância de poder e, em seguida, a análise de poder, o que acontece com o exercício legítimo da autoridade, e como a responsabilidade dos líderes de servir suas respectivas comunidades é exercida adequadamente? Desde o Vaticano II, muitas comunidades experimentaram diferentes estruturas de autoridade com as quais estamos familiarizados – da piramidal ou vertical à pirâmide quase invertida ou horizontal. Mas tentativas de ser menos autoritário e mais inclusivo às vezes resultam em grande confusão ou quase anarquia. Aqueles que ocupam posições de autoridade – o uso legítimo do poder – têm a responsabilidade moral de liderar, embora haja estilos diferentes e compatíveis de liderança que variam não apenas com as pessoas, mas também com a natureza de diferentes comunidades. Para concluir esta reflexão sobre poder e autoridade, pode ser muito instrutivo retornar a um estudo bem conhecido e altamente respeitado sobre a vida religiosa que remonta a vinte e cinco anos (Nygren; Ukeritis, 1993; 1992, p. 158-272).

Resumidamente, os autores identificam quatro categorias de líder, dois estilos de liderança e dois graus de líder (*ibid.*, p. 166-171):

*1. Quatro categorias de líder*
 1. *Baseado em valores*: vê valores, mas não consegue ver estratégias.
 2. *Visionário*: tem senso de direção e entende de estratégias.
 3. *Conflituoso*: é incapaz de lidar com mudanças: frustrado, irritado, desesperado.
 4. *Inconsciente*: não tem ciência dos principais problemas e, portanto, não consegue lidar com eles.

*2. Dois estilos de líder*
 1. *Transformacional*
    - Proporciona visão e senso de missão.
    - Instila um senso de orgulho.
 2. *Transacional*
    - É administrador e operador, baseado em metas ou projetos.
    - Monitora e sanciona comportamentos.
    - Alguns evitam tomar decisões e abdicam de responsabilidades.

*3. Dois graus de liderança*
 1. *Excelente*
    - É explicitamente dedicado a fazer melhor do que antes.
    - Busca novas maneiras de atingir metas.
    - Tenta servir melhor aos outros.
    - Tem iniciativas e lida com problemas.
    - Usa seu "poder" para influenciar decisões e comportamentos do grupo.
    - Tenta construir consenso.
    - Frequentemente se refere a Deus como líder.

2. *Típico*
    - Ameaça impor sanções.
    - Invoca autoridade formal.
    - Atola-se nos problemas dos indivíduos
    - Raramente se refere a Deus como líder.

Esse é um rico material para reflexão e conversa em comunidades interculturais, nas quais pessoas de diferentes culturas têm diferentes entendimentos de autoridade e liderança, obediência e iniciativa, responsabilidade pessoal e responsabilização mútua.

**Sugestões para continuidade**
1. Explore a noção de distância de poder conforme você a vivencia na comunidade. Você acha essa noção útil para explicar algumas de suas experiências?
2. Você vê possibilidades de mudar para uma distribuição de poder mais semelhante à de Jesus na comunidade?
3. Reflita sobre qualidades de liderança. O que você pode aprender para ajudar seu próprio estilo de liderança? Como as percepções de Nygren-Ukeritis ajudam você a se comunicar com a liderança e a vivenciá-la?

# Referências

ADLER, P. S. Beyond Cultural Identity: Reflections on Cultural and Multicultural Man. *In*: SAMOVAR, L.; PORTER, R. (ed.). *Intercultural Communication*: a Reader. Belmont, CA: Wadsworth, 1987.

AIXALA, J. (ed.). *Other Apostolates Today*: Selected Letters and Addresses of Pedro Arrupe, SJ. Vol. 3. St. Louis: Institute of Jesuit Sources, 1981.

ARBUCKLE, Gerald A. *Culture, Inculturation, & Theologians*: a Postmodern Critique. Collegeville, MN: Liturgical Press, 2010.

ARNETT, R. *Communication and Community*. Carbondale, IL: Southern Illinois University Press, 1986.

ARRUPE, Pedro. Letter to the Whole Society on Inculturation. *In*: AIXALA, J. (ed.). *Other Apostolates Today*, 1981, p. 172-181.

ASUNCION-LANDE, N. C. (ed.). *Ethical Perspectives and Critical Issues in Intercultural Communication*. Falls Church, VA: Speech Communication Association, 1978.

AUSTIN, J. L. *How to Do Things with Words*. Oxford, UK: Clarendon Press, 1962.

BARNLUND, D. The Cross-Cultural Arena: An Ethical Void. *In*: ASUNCION-LANDE, N. C. (ed.). *Ethical Perspectives and Critical Issues in Intercultural Communication*. Falls Church, VA: Speech Communication Association, 1979.

BARNSLEY, J. *The Social Reality of Ethics*. London: Routledge, Kegan, Paul, 1972.

BEATTIE, J. *Other Cultures*: Aims, Methods, and Achievements in Anthropology. New York: The Free Press, 1964.

BELL, C. *Ritual Theory, Ritual Practice*. Oxford, UK: Oxford University Press, 1992.

BELLAH, R. *et al. Habits of the Heart*. Berkeley: University of California Press, 1985.

BENEDICT, R. *Patterns of Culture*. New York: Houghton Mifflin, 1934.

BENNETT, M. J. Developing Intercultural Sensitivity: an Integrative Approach to Global and Domestic Diversity. *In*: LANDIS, D. *et al.* (ed.). *Handbook of Intercultural Training*. 3. ed. Thousand Oaks, CA: Sage Publications, 2004, p. 147-165.

BENNETT, M. J. Transition Shock. *In*: JAIN, N. (ed.). *International and Intercultural Communication Annual*. Vol. 4. Falls Church, VA: Speech Communication Association, 1977.

BENNETT, M. J. A Developmental Approach to Training for Intercultural Sensitivity. *International Journal of Intercultural Relations*, v. 10, p. 179-196, 1986.

BENNETT, M. J. Toward Ethnorelativism: a Developmental Model of Intercultural Sensitivity. *In*: PAIGE, M. (ed.). *Education for the Intercultural Experience*. 2. ed. Yarmouth, ME: Intercultural Press, 1993, p. 21-71.

BENNETT, M. J. Becoming Interculturally Competent. *In*: WURTZEL, J. S. (ed.). *Toward Multiculturalism*: a Reader in Multicultural Education. 2. ed. Newton, MA: Intercultural Resource Corporation, 2004, p. 62-77.

BERGER, P.; LUCKMANN, T. *A construção social da realidade*: tratado de sociologia do conhecimento. 36. ed. Petrópolis: Vozes: 2014.

BERNSTEIN, B. Elaborated and Restricted Codes. *In*: SMITH, A. (ed.). *Communication and Culture*. New York: Holt, Reinhart, and Winston, 1966.

BERNSTEIN, B. Social Class, Language, and Socialization. *In*: GIGLIOLO, P. P. (ed.). *Language and Social Context*. New York: Penguin Books, 1972.

BETEILLE, A. Inequality and Equality. *In*: INGOLD, T. (ed.). *Companion Encyclopedia of Anthropology*. London: Routledge, 2002, p. 1010-1039.

BHABA, H. *The Location of Culture*. London: Routledge, 1994.

BIERNATZKI, W. E. *Roots of Acceptance*: the Intercultural Communication of Religious Meanings. Roma: Editrice Pontificia Università Gregoriana, 1991.

BOCHNER, S. The Social Psychology of Cross-Cultural Relations. *In*: BOCHNER, S. (ed.). *Cultures in Contact*: Studies in Cross-Cultural Interaction. International Series in Social Experimental Psychology. Vol. 1. Oxford, UK: Pergamon Press, 1982, p. 5-44.

BRUTEAU, B. *The Holy Thursday Revolution*. Maryknoll, NY: Orbis Books, 2005.

BUBER, M. *I and Thou*. New York: Scribner, 1958.

BUBER, M. *Between Man and Man*. New York: Macmillan, 1965.

CADA, L.; FITZ, R. *Shaping the Coming Age of Religious Life*. New York: Seabury Press, 1977.

CENKNER, W. (ed.). *The Multicultural Church*. Mahwah, NJ: Paulist Press, 1996.

CHOMSKY, N. *Syntactic Structures*. The Hague, Holland: Mouton, 1957.

COLEMAN, J. Pastoral Strategies for Multicultural Parishes. *Origins*, 2000, p. 497-505.

COSTAS, O. Conversion as a Complex Experience. *In*: COOTE, R.; STOTT, J. (ed.). *Down to Earth*: Studies in Christianity and Culture. Grand Rapids, MI: Eerdmans, 1980. Também em *Occasional Essays*, v. 1, n. 5, p. 21-44, 1985.

COUTURIER, D. At Odds with Ourselves: Polarization and the Learning Cultures of Priesthood. *Seminary Journal*, v. 9, n. 3, p. 64-71, 2003.

DAWKINS, R. *The Selfish Gene*. Oxford, UK: Clarendon Press, 1976.

DEREGOWSKI, J. B. *et al*. *Expiscations in Cross-Cultural Psychology*: Selected Papers from the Sixth International Congress of the International Association for Cross-Cultural Psychology Held at Aberdeen, July 20-23, 1982. Lisse, NL: Swets & Zeitlinger, 1983.

DERRIDA, J. Cogito and the History of Madness. *In*: *Writing and Difference*. London: Routledge, 1978.

DIETTERICH, I. *The Gospel in Our Culture*, v. 8, n. 3, p. 1-6, 1996.

DORR, D. *Spirituality and Justice*. Maryknoll, NY: Orbis Books, 1984.

DUNBAR, R. Culture, Honesty, and the Freerider Problem. *In*: DUNBAR, R. *et al.* (ed.). *The Evolution of Culture*: a Historical and Scientific Overview. Edinburgh, UK: Edinburgh University Press, 1999, p. 194-213.

DUPRÉ, W. Multiculturalism and Xenophobia: Reflections on a Common Dilemma. *In*: WIJSEN, F.; NISSEN, P. J. A. (ed.). *Mission Is a Must*. Leiden: Brill, 2002, p. 162-177.

EARLEY, C. P.; SOON, A. (ed.). *Cultural Intelligence*: Individual Interactions across Cultures. Stanford, CA: Stanford University Press, 2003.

EILERS, F.-J. *Communicating between Cultures*: an Introduction to Intercultural Communication. 4. ed. Manila: Logos Publications, 2012.

FERNANDEZ, P. Constructing Religious Community: A Spiritan Reading. *Spiritan Horizons*, v. 8, p. 25-38, 2013.

FOX, R. *Kinship and Marriage*: an Anthropological Perspective. Cambridge Studies in Social Anthropology. Cambridge, UK: Cambridge University Press, 1967/1988.

FRANKL, V. *Man's Search for Meaning*. New York: Pocket Books/Simon & Schuster, 1959.

FRIEDLI, R. Interkulturelle Theologie. *In*: MÜLLER, K.; SUNDERMEIER, T. (ed.). *Lexikon Missionstheologischer Grundbegriffe*. Berlin: Reimer Verlag, 1987, p. 181-185.

FRIEDLI, R. *et al.* (ed.). *Intercultural Perceptions and Prospects of World Christianity*. Frankfurt: Peter Lang, 2010.

FRIEDMAN, M. *The Confirmation of Otherness*. New York: Dell, 1983.

FRIEDMAN, M. Prefácio a Arnett, R. *Communication and Community*. Carbondale, IL: Southern Illinois University Press, 1986, p. vii-xix.

GALLAGHER, M. P. *Clashing Symbols*: an Introduction to Faith and Culture. London: Darton, Longman & Todd, 1997.

GEERTZ, C. *The Interpretation of Cultures*. New York: Basic Books, 1973.

GEERTZ, C. On the Nature of Anthropological Understanding. *American Scientist*, v. 63, n. 1, p. 47-53, 1975.

GITTINS, A. J. Belief and Faith, Assent and Dissent. *New Theology Review*, n. 3, p. 65-85, 1989.

GITTINS, A. J. Beyond Hospitality? The Missionary Status and Role Revisited. *Currents in Theology and Mission*, 1994, p. 164-182.

GITTINS, A. J. *Ministry at the Margins*: Strategy and Spirituality for Mission. Maryknoll, NY: Orbis Books, 2002a.

GITTINS, A. J. *A Presence That Disturbs*: a Call to Radical Discipleship. Liguori, MO: Liguori Publications, 2002b.

GITTINS, A. J. Developing Mature Ministers for Diverse Cultural Contexts. *Reflective Practice*: Formation and Supervision in Ministry, v. 29, 2009, p. 9-22.

GITTINS, A. J. Prefácio a Arbuckle, G. *Culture, Inculturation, and Theologians*: a Post-Modern Critique. Collegeville, MN: Liturgical Press, 2010a, p. xi-xvii.

GITTINS, A. J. Spirituality and Mission: Body, World, and Experience of God. *New Theology Review*, v. 23, n. 4, p. 62-73, 2010b.

GOFFMAN, E. *Asylums*: Essays on the Social Situation of Mental Patients and Other Inmates. Garden City, NY: Anchor Books, 1961.

GOFFMAN, E. *Stigma*: Notes on the Management of Spoiled Identity. Englewood Cliffs, NJ: Prentice-Hall, 1963.

GOFFMAN, E. *Strategic Interaction*. Philadelphia: University of Pennsylvania Press, 1969.

GORRINGE, T. J. *Furthering Humanity*: a Theology of Culture. Hants, UK: Ashgate Publishing, 2004.

GREELEY, A. *The Catholic Imagination*. Berkeley: University of California Press, 2000.

GREEN, A. *Cultural History*: Theory and History. New York: Palgrave Macmillian, 2008.

GRIMES, R. *Beginnings in Ritual Studies*. Waterloo, Canada: Ritual Studies International, 2013.

GROSS, R. M. Excuse Me, But What's the Question? Isn't Religious Diversity Normal? *In*: KNITTER, P. (ed.). *The Myth of Religious Superiority*. Maryknoll, NY: Orbis Books, 2005, p. 75-87.

GUDER, D. *Missional Church*. Grand Rapids, MI: Eerdmans, 1998.

GUDYKUNST, W. B. *Bridging Differences*: Effective Intergroup Communication. Newbury Park, CA: Sage Publications, 1991.

GUDYKUNST, W. B. (ed.). *Cross-Cultural and Intercultural Communication*. Thousand Oaks, CA: Sage Publications, 2003.

GUDYKUNST, W. B.; TING-TOOMEY, S. *Culture and Interpersonal Communication*. Newbury Park, CA: Sage Publications, 1988.

GUDYKUNST, W. B.; YOUNG YUN, K. *Communicating with Strangers*: an Approach to Intercultural Communication. 2. ed. New York: McGraw-Hill, 1992.

GUDYKUNST, W. B.; YOUNG YUN, K. *Communicating with Strangers*: an Approach to Intercultural Communication. 4. ed. New York: McGraw-Hill, 2003.

HALL, E. T. *The Silent Language*. Greenwich, CT: Fawcett Publications, 1959.

HALL, E. T. A System for the Notation of Proxemic Behavior. *American Anthropologist*, v. 65, p. 1003-1026, 1963.

HALL, E. T. *The Hidden Dimension*. New York: Anchor/Doubleday, 1966.

HALL, E. T. *Beyond Culture*. New York: Anchor Books, 1976.

HAMMER, M. *Intercultural Development Inventory*. http://idiinventory.com

HICK, J.; KNITTER, P. (ed.). *The Myth of Christian Uniqueness*. Maryknoll, NY: Orbis Books, 1987.

HOFSTEDE, G. H. *Culture's Consequences*. Beverly Hills, CA: Sage Publications, 1980.

HOFSTEDE, G. H. Dimensions of National Cultures in Fifty Countries and Three Regions. *In*: DEREGOWSKI, J. B. *et al.* (ed.). *Expiscations in Cross-Cultural Psychology*. Lisse: Swets & Zeitlinger, 1983, p. 335-355.

HOLLENWEGER, W. *Erfahrungen der Leibhaftigkeit*: interkulturelle Theologie. 2. ed. Munich: s.n., 1990.

HUNSBERGER, G.; VAN GELDER, C. (ed.). *The Church between the Gospel and Culture*. Grand Rapids, MI: Eerdmans, 1997.

INGOLD, T. (ed.). *Companions Encyclopedia of Anthropology*. London: Routledge, 2002.

JAIN, N. (ed.). *International and Intercultural Communication Annual*. Vol. 4. Falls Church, VA: Speech Communication Association, 1977.

JAMPOLSKY, G. *Out of Darkness and into the Light*. New York: Bantam, 1989.

KLOPF, D. W.; McCROSKEY, J. *Intercultural Communication Encounters*. New York: Pearson, 2007.

KOYAMA, K. "Extend Hospitality to Strangers" – A Missiology of *Theologia Crucis*. International Bulletin of Missionary Research, v. 82, p. 283-295, 1993.

KRISTEVA, J. *Strangers to Ourselves*. New York: Columbia University Press, 1991.

LANDIS, D. (ed.). *Handbook of Intercultural Training*. 3. ed. Thousand Oaks, CA: Sage Publications, 2004.

LANE, H. *The Wild Boy of Aveyron*. Cambridge, MA: Harvard University Press, 1975.

LAW, E. H. F. *The Wolf Shall Lie Down with the Lamb*: a Spirituality for Leadership in a Multicultural Community. St. Louis: Chalice Press, 1993.

LAW, E. H. F. *The Bush Was Blazing but not Consumed*: Developing a Multicultural Community Through Dialogue and Liturgy. St. Louis: Chalice Press, 1996.

LAW, E. H. F. *Inclusion*: Making Room for Grace. St. Louis: Chalice Press, 2000.

LAW E. H. F. *Sacred Acts, Holy Exchange*: Faithful Diversity and Practical Transformation. St. Louis: Chalice Press, 2002.

LEE, Jung Young. *Marginality*: the Key to Multicultural Theology. Minneapolis: Fortress Press, 1995.

LONERGAN, B. *Method in Theology*. London: Darton, Longman & Todd, 1972.

MAGESA, L. *What Is not Sacred?* African Spirituality. Maryknoll, NY: Orbis Books, 2012.

MARTIN, J. K. (ed.). Theories and Methods in Cross-Cultural Orientation. *International Journal of Intercultural Relations*, v. 10, n. 2, 1986.

MEIER, J. P. *A Marginal Jew*: Rethinking the Historical Jesus. 4 vols. New York: Doubleday, 1991-2009.

MESSNER, W. *International Communication Competence*: a Toolkit for Acquiring Effective and Appropriate Intercultural Communication. Bangalore, India: Messner Consulting & Training Pvt, Ltd., 2013.

MESSNER, W.; SCHÄFER, N. (ed.). *The ICCA™ Facilitator's Manual*: Intercultural Communication and Collaboration Appraisal. London: Createspace, 2012. www.globusresearch.com.

MICHAEL, S. M. Interculturality and the *Anthropos* Tradition. *Verbum, SVD*, v. 54, n. 1, p. 60-74, 2013.

MOLONEY, F. X. *A Hard Saying*: the Gospel and Culture. Collegeville, MN: Liturgical Press, 2001.

MOORE, N. *Nonverbal Communication*: Studies and Applications. New York: Oxford, 2010.

MÜLLER, K.; SUNDERMEIER, T. (ed.). *Dictionary of Mission*. Maryknoll, NY: Orbis Books, 1997.

MURRAY, P. Intercultural Leadership. UISG Assembly, Rome, Italy, May 7, 2013. Unpublished manuscript.

NGUYEN, T. V. Biblical Foundations for Interculturality. *Verbum, SVD*, v. 54, n. 1, p. 35-47, 2013.

NISSIOTIS, N. Conversion and the Church. *The Ecumenical Review*, v. 19, n. 3, p. 261-270, 1967.

NOWAK, M. A.; COAKLEY, S. (ed.). *Evolution, Games, and God*: the Principle of Cooperation. Cambridge, MA: Harvard University Press, 2013.

ONG, W. *Orality and Literacy*: the Technologizing of the Word. New York: Routledge, 1982/2002.

PECK, M. S. *The Different Drum*: Community Making and Peace. New York: Simon & Schuster, 1987.

PLATO. *Theaetetus*. *In*: HAMILTON, E.; CAIRNS, H. (ed.). *The Collected Dialogues*. Princeton, NJ: Princeton University Press, 1969.

POWER, D. Communion within Pluralism in the Local Church: Maintaining Unity in the Process of Inculturation. *In:* CENKNER, W. (ed.). *The Multicultural Church*: a New Landscape in U.S. Theologies. Mahwah, NJ: Paulist Press, 1996, p. 79-101.

QUASTEN, J.; PLUMPE, J. (ed.). *The Epistle to Diognetus.* Ancient Christian Writers Series 6. Westminster, MD: The Newman Press, 1948, p. 135-147.

RAMBO, L. Conversion. *In*: HUNTER, R. (ed.). *Dictionary of Pastoral Care and Counselling.* Nashville, TN: Abingdon Press, 1990.

RHOADS, D. *The Challenge of Diversity*: the Witness of Paul and the Gospels. Minneapolis: Augsburg Fortress, 1996.

ROBERTS, S. *Order and Dispute.* Harmondsworth, UK: Penguin Books, 1979.

SACKS, J. *The Dignity of Difference*: how to Avoid the Clash of Civilizations. London: Continuum, 2003.

SACKS, J. *The Home we Build together*: Recreating Society. London: Continuum, 2007.

SAMOVAR, L.; PORTER, R. (ed.). *Intercultural Communication*: a Reader. 3. ed. Belmont, CA: Wadsworth, 1982.

SAMOVAR, L.; PORTER, R. (ed.). *Intercultural Communication*: a Reader. 5. ed. Belmont, CA: Wadsworth, 1987.

SANTAYANA, G. *The Life of Reason.* Vol. 1. Amherst, NY: Prometheus Books, 1998.

SCHEUERER, F.-X. *Interculturality*: a Challenge for the Mission of the Church. Bangalore, India: Asian Trading Co., 2001.

SCHREITER, R. *The New Catholicity*: between the Global and the Local. Maryknoll, NY: Orbis Books, 1997.

SEN, A. "Social Exclusion": Concept, Application, and Scrutiny. *Social Development Papers*, 1. Office of Environment and Social Development. Asian Development Bank. Manila, 2000.

SHORTER, A. *Toward a Theology of Inculturation.* London: Geoffrey Chapman, 1988.

SILLITOE, P. Why Spheres of Exchange? *Ethnology*, v. 45, n. 1, p. 1-26, 2006.

SIMMEL, G. The Stranger. *In*: LEVINE, D. N. (ed.). *Georg Simmel*: on Individuality and Social Forms. Chicago: University of Chicago Press, 1971, p. 143-149.

SIMMEL, G. The Adventure. *In*: WOLF, K. H. (ed.). *George Simmel, 1858-1918*: a Collection of Essays, with Translations and a Bibliography. Columbus, OH: Ohio State University, 1959/1971. Publicado também *In*: LEVINE, D. (ed.). *Georg Simmel*: Selected Writings on Individuality and Social Forms. Chicago: University of Chicago Press, 1971, p. 191-192.

SMITH, A. *Communication and Culture*. New York: Holt, Rinehart, Winston, 1966.

SMITH, W. C. Idolatry in Comparative Perspective. *In*: HICK, J.; KNITTER, P. (ed.). *The Myth of Christian Uniqueness*. Maryknoll, NY: Orbis Books, 1987, p. 53-68.

SOBRINO, J. *Witnesses to the Kingdom*: The Martyrs of El Salvador and the Crucified Peoples. Maryknoll, NY: Orbis Books, 2003.

SPADARO, A. A Big Heart Open to God: the Exclusive Interview with Pope Francis. *America*, v. 30, p. 15-38, p. 28, set. 2003.

SPELLERS, S. *Radical Welcome*: Embracing God, the Other, and the Spirit of Transformation. New York: Church Publishing, 2006.

SPITZBERG, B. H. A Model of Intercultural Communication Competence. *In*: SAMOVAR, L. A.; PORTER, R. E. (ed.). *Intercultural Communication*: a Reader. Belmont, CA: Wadsworth Publishing, 2000, p. 375-387.

SPIVAK, G. C. Can the Subaltern Speak? *In*: NELSON, C.; GROSSBERG, L. (ed.). *Marxism and the Interpretation of Culture*. Basingstoke, UK: Macmillan Education, 1988, p. 271-313.

STARK, R. S. *The Rise of Christianity*. Princeton, NJ: Princeton University Press, 1995, p. 174-179.

STEINDL-RAST, D. Belonging to Community: Earth Household and God Household. *In*: *Fugitive Faith*. Maryknoll, NY: Orbis Books, 1999, p. 102-117.

STONEQUIST, E. *The Marginal Man*. New York: Russell & Russell, 1961.

SYKES, S. *Power and Christian Theology*. London: Continuum, 2006.

TAN, J. *Asian American Theologies*. Maryknoll, NY: Orbis Books, 2008.

TRACY, D. *The Analogical Imagination*: Christian Theology and the Culture of Pluralism. New York: Crossroad, 1981.

TURNER, V. *The Forest of Symbols*. Ithaca, NY: Cornell University Press, 1967.

USDORF, W. The Cultural Origins of "Intercultural" Theology. *In*: FRIEDLI, R. (ed.). *Intercultural Perceptions and Prospects of World Christianity*. Frankfurt: Peter Lang, 2010, p. 81-105.

VAN GENNEP, A. *The Rites of Passage*. London: Routledge & Kegan Paul, 1908/1977.

VELING, T. A. In the Name of Who? Levinas and the Other Side of Theology. *Pacifica*, 12 out. 1999.

VENTER, D. Mending the Multi-Coloured Coat of a Rainbow Nation. *Missionalia*, 1995, p. 316-317.

WALLIS, J. *The Call to Conversion*. San Francisco: Harper San Francisco, 1981.

WALLS, A. The Ephesian Moment. *In*: *The Cross-Cultural Process in Christian History*. Maryknoll, NY: Orbis Books, 2002, p. 72-82.

WIEBE, R. *The Blue Mountains of China*. Toronto: McClelland & Stewart, 1970.

WIJSEN, F.; Nissen, P. (ed.). *"Mission Is a Must"*: Intercultural Theology and the Mission of the Church. Amsterdam/New York: Rodoni, 2002.

WILLIAMS, R. *A Vocabulary of Culture and Society*. New York: Oxford University Press, 1985.

WURTZEL, J. S. (ed.). *Toward Multiculturalism*: a Reader in Multicultural Education. 2. ed. Newton, MA: Intercultural Resource Corporation, 2004.

YOUNG YUN, K.; GUDYKUNST, W. (ed.). *Theories in Intercultural Communication*. Newbury Park, CA: Sage Publications, 1988.

# Índice

## A

Acolhida 151, 261, 262, 263, 267, 268, 269, 303
radical 261, 262, 263, 268, 269
Acton, Lord 310
Aculturação 72, 103, 104, 106, 107, 108, 109
Agentes pastorais 10, 18
Ajuste psicológico 202
Análise do poder 79, 266
Apolíneo 117
Arbuckle, G. 12, 69, 70, 95
Assimilação 10, 17, 21, 26, 27, 52, 65, 188, 265, 270, 304
Austin, J. L. 227
Autoridade 79, 80, 84, 106, 139, 141, 163, 166, 211, 229, 231, 232, 256, 262, 266, 267, 286, 295, 297, 298, 309, 310, 311, 312, 313, 315, 317

## B

Bagagem cultural 273, 274, 275, 277, 278, 279
Bennett, M. 28, 157, 158, 159, 160, 161, 162, 163, 164, 167, 169, 174, 175, 179, 204, 208
Bicultural 47, 67, 103
Boa vontade 23, 30, 43, 58, 101, 152, 169, 170, 171, 214, 281
Bruteau, B. 259

## C

Cada, L. 259
Cadinho de fundição 52
Caldeirão de fundição 52
Carisma 17, 25, 58, 211, 213, 223, 243, 250, 254
fundacional 17, 25, 58
Ciências sociais 11, 20, 27, 28, 54, 65, 103, 185, 288, 309
*Communitas* 200, 241, 244, 248, 249, 250, 251, 252, 254, 256, 257, 258, 259, 260
Comportamento 9, 17, 76, 77, 78, 84, 91, 92, 93, 94, 95, 103, 126, 138, 139, 153, 161, 162, 172, 204, 206, 207, 208, 211, 247, 282, 298
Comunidade espontânea 244, 245, 246, 247, 248, 251, 252, 260
Comunidades de acolhida radical 269
Conhecimento
acadêmico 20
do aprendizado 20
Contexto
cultural 10, 108, 111, 159, 173, 178, 217
intercultural 83, 96, 133, 152, 179
Controle social 79
Conversão 11, 12, 25, 30, 38, 39, 40, 41, 42, 43, 66, 103, 105, 109, 131, 175, 206, 238, 241, 253, 268, 269, 270, 291, 305

Convite 12, 63, 181, 261, 262, 263, 264, 269, 279, 293
Correção 62, 97, 128, 214
Costas, O. 40, 41
Couturier, D. 71
Crença 9, 86, 94, 216
Criatividade ditada por regras 212
Cultura
　institucional 74
　material 74
　moral 74, 78
　simbólica 74, 76

## D

Derrida, J. 224
Dialético 37, 43, 225
Diferenças 17, 22, 23, 32, 36, 37, 51, 52, 53, 62, 67, 71, 113, 115, 117, 118, 119, 121, 133, 134, 139, 154, 159, 160, 161, 163, 164, 165, 166, 167, 168, 169, 177, 213, 223, 224, 225, 229, 237, 240, 242, 263, 265, 267, 270, 271, 275, 287, 297, 311, 313
Dionisíaco 118
Distância do poder 266, 310
Diversidade 62, 67, 171, 213, 224, 226, 237, 238, 239, 266, 271, 283, 302, 303, 306
Doença 112, 120, 121, 122, 178, 217
Dorr, D. 40

## E

Economia 79, 80, 82, 86, 122, 145
Enculturação 72, 103, 104, 106, 109, 136, 158, 312
Esgotamento 62, 63, 184, 214
Espaço 43, 57, 61, 100, 122, 124, 126, 132, 134, 143, 144, 178, 194, 195, 205, 217, 223, 247, 306
Éthos 16, 102, 250
Etnia 19, 31, 142, 160, 183, 285, 312
Etnocêntrico 208
Etnocentrismo 37, 93, 104, 131, 153, 158, 159, 160, 161, 164, 167, 168, 169, 174, 176, 179, 274, 275
Etnorrelativismo 158, 159, 167, 168, 174, 176

## F

Falha cultural 226, 227, 228, 231, 233, 237, 238
Fé e cultura 108, 131
Fissão 35, 242, 243
Francisco, Papa 11, 20, 37, 60, 170, 244
Frustração 45, 50, 61, 92, 106, 119, 133, 134, 171, 283
Fusão 35, 242, 243, 249

## G

Gallagher, M. P. 130
Globalização 13, 70, 303
Grupos silenciados 265, 279

## H

Habilidades 10, 11, 20, 22, 23, 28, 31, 37, 38, 53, 62, 65, 66, 69, 75, 76, 91, 101, 134, 158, 175, 200, 212, 242, 269, 281, 282, 284, 285, 286, 287, 288, 289, 312
Habitus 284, 285
Hall, E. T. 29, 76, 91, 122, 124, 149
Hofstede, G. 310, 312
Hume, Cardeal B. 216

## I

Inclusão 86, 122, 151, 176, 188, 227, 229, 244, 262, 263, 265, 266, 267, 303
Inculturação 29, 71, 72, 103, 104, 108, 109, 130
Individualismo 18, 146, 223
Internacionalidade 28

## J

Jesus 11, 12, 20, 37, 38, 41, 75, 76, 112, 129, 130, 131, 132, 136, 137, 153, 154, 180, 182, 185, 186, 190, 192, 194, 213, 218, 222, 229, 236, 237, 238, 239, 240, 244, 259, 260, 265, 270, 271, 286, 289, 290, 301, 302, 306, 310, 313, 317

## K

Kairós 124, 126

## L

Law, E. H. F. 19, 29, 51, 61, 189, 194, 197, 263, 279, 312, 314
Lee, Y. J. 47, 49, 174, 185, 186, 194, 197, 212, 258, 302
Lévinas, E. 304, 305, 306
Liderança 20, 53, 62, 67, 107, 161, 163, 165, 170, 211, 219, 231, 257, 258, 267, 298, 315, 316, 317
Liminaridade 53, 174, 175, 181, 187, 189, 199, 210, 257, 258, 260
Limite 134, 187, 189, 222, 253, 256, 288
Localização social 115, 116, 135, 139, 178, 217
Lonergan, B. 42, 43

## M

Macrocosmo 113, 189
Margens 50, 130, 131, 177, 179, 180, 181, 182, 183, 184, 185, 186, 189, 190, 191, 192, 193, 194, 195, 196, 197, 236, 244, 253, 286
Massa crítica 39, 60, 200, 254, 255, 256, 257, 260
Metz, J. 302, 303
Microcosmo 113, 115, 132, 189
Missão 10, 11, 13, 17, 18, 21, 22, 54, 58, 62, 64, 129, 130, 132, 155, 177, 178, 179, 180, 185, 192, 194, 196, 210, 218, 224, 229, 236, 241, 243, 248, 250, 251, 252, 254, 255, 256, 257, 258, 260, 263, 265, 266, 268, 269, 270, 281, 286, 289, 292, 301, 302, 316
Missio Dei 177
Missional 243, 244
Mobilidade 101, 115, 265, 286, 311
Moloney, F. X. 132
Monocultural 45, 46, 67, 103, 161, 165, 262, 265, 266, 267, 268, 287
Mosaico 52
Multicultural 14, 15, 18, 19, 28, 29, 31, 39, 50, 51, 52, 54, 55, 62, 65, 67, 83, 103, 104, 115, 140, 146, 147, 165, 168, 169, 172, 176, 199, 214, 218, 241, 245, 267

## N

Nissiotis, N. 42
Nova cultura 48, 49, 56, 91, 102, 109, 200, 201, 213

## O

Oralidade 75

333

## P

Parentesco  79, 82, 84, 85, 86, 265
Participantes  40, 49, 56, 182, 194, 229, 231, 232, 233, 234, 249, 301, 314
Partilha da fé  152, 216, 217
Pecado e graça  77, 163
Pensamento analógico  38
Perfis sociais  21, 134, 153, 179
Pessimismo  277
Pobreza  83, 131, 145, 184
Política  40, 67, 79, 80, 86, 87, 131, 211, 232, 266
Power, D.  306
Projeto comum  58, 59, 254
Projeto comunitário  58, 215, 254, 255

## R

Rambo, L.  40
Relativismo  169, 224, 225, 275, 283
Representatividade  265, 278, 280
Ritual  75, 76, 77, 87, 113, 187, 253
Romantismo  213, 214, 215, 276
Romero, O.  131

## S

Sacks, J.  22, 32, 34, 35, 36, 37, 43, 56, 213, 223, 224, 225
Sanções  50, 79, 84, 95, 106, 138, 202, 211, 232, 294, 310, 311, 317
Saúde  22, 64, 101, 112, 120, 121, 122, 132, 178, 205, 217
Schreiter, R.  70
Sen, A.  184
Simmel, G.  185, 253

Socialização  73, 84, 102, 104, 105, 109, 115, 136, 152, 158, 165, 169, 209, 294
Spellers, S.  263
SWOT  299, 300
Sykes, S.  79, 310

## T

Tempo litúrgico  123, 124, 126
Tipos sociais  135
Tolerância  50, 51, 67, 169, 199, 211, 224, 269, 275, 283, 289, 295
corporal  115, 117, 118, 119, 132, 134, 178, 205
Tracy, D.  38, 225, 304
Tradição  17, 28, 42, 80, 102, 112, 127, 143, 144, 204, 206, 258, 262, 268, 288, 303
Transcultural  21, 28, 47, 48, 49, 54, 55, 56, 67, 90, 103, 157, 171, 200, 202, 205, 274, 301
Turner, V.  187, 189, 248

## V

Van Gennep, A.  187
Variáveis culturais  127
Veling, T.  304, 305, 306
Virtudes  31, 37, 38, 66, 77, 87, 101, 105, 212, 215, 269, 281, 284, 289, 290
Visão  18, 31, 35, 37, 45, 63, 85, 104, 131, 163, 168, 173, 183, 209, 212, 213, 224, 225, 231, 257, 258, 261, 275, 280, 316

## W

Wallis, J.  41
Wiebe, R.  22, 38

Conecte-se conosco:

 facebook.com/editoravozes

 @editoravozes

 @editora_vozes

 youtube.com/editoravozes

 +55 24 2233-9033

www.vozes.com.br

Conheça nossas lojas:

www.livrariavozes.com.br

Belo Horizonte – Brasília – Campinas – Cuiabá – Curitiba
Fortaleza – Juiz de Fora – Petrópolis – Recife – São Paulo

  *Vozes de Bolso*

**EDITORA VOZES LTDA.**
**Rua Frei Luís, 100 – Centro – Cep 25689-900 – Petrópolis, RJ**
**Tel.: (24) 2233-9000 – E-mail: vendas@vozes.com.br**